冯海发 / 著

NONGCUN
CHENGZHENHUA
FAZHAN TANSUO

农村城镇化
发展探索

吉林出版集团股份有限公司

图书在版编目（CIP）数据

农村城镇化发展探索 / 冯海发著. -- 长春：吉林出版集团股份有限公司，2015.12（2024.1重印）

ISBN 978 - 7 - 5534 - 9815 - 7

Ⅰ．①农… Ⅱ．①冯… Ⅲ．①城市化—研究—中国 Ⅳ．①F299.21

中国版本图书馆 CIP 数据核字(2016)第 006774 号

农村城镇化发展探索

NONGCUN CHENGZHENHUA FAZHAN TANSUO

著　　者：冯海发

责任编辑：杨晓天　张兆金

封面设计：韩枫工作室

出　　版：吉林出版集团股份有限公司

发　　行：吉林出版集团社科图书有限公司

电　　话：0431 - 86012746

印　　刷：三河市佳星印装有限公司

开　　本：710mm×1000mm　　1/16

字　　数：272 千字

印　　张：15.75

版　　次：2016 年 4 月第 1 版

印　　次：2024 年 1 月第 2 次印刷

书　　号：ISBN 978 - 7 - 5534 - 9815 - 7

定　　价：66.50 元

目　录

第 1 章　加快农村城镇化发展的意义

推进农村城镇化，提高农村城镇化发展水平，是我国经济和社会发展的一项重要内容。《中共中央关于制定国民经济和社会发展第十个五年计划的建议》中明确指出："提高城镇化水平，转移农村人口，可以为经济发展提供广阔的市场和持久的动力，是优化城乡经济结构，促进国民经济良性循环和社会协调发展的重大措施。"目前，我国的农村城镇化水平还比较低，不能适应国民经济持续快速发展的要求。必须采取有力措施，加快我国的农村城镇化建设，提高我国的农村城镇化水平。

1.1　农村城镇化的含义

农村城镇化是我国经济和社会发展中的一个综合性问题。尽管农村城镇化的表象是越来越多的农村人口居住、工作和生活在城镇，城镇人口在总人口中所占的相对份额不断上升，但就其实质而言，农村城镇化则是社会经济系统中各个要素的联系与组合的不断优化，是农村产业系统的不断优化和资源配置的不断优化。做出这种理解的依据是：

第一，农村城镇化要求越来越多的农村人口离开农业从事非农产业活动，但能够脱离农业的劳动力和人口的数量，则是由农业自身的发展水平决定的，而不是由城镇化的要求来决定。因此，农业的发展水平就制约着农村城镇化的进程，农村城镇化的推进就必须要考虑农业的发展状况。

第二，农村城镇化还要求农村非农产业在地域点上的集中和扩大，但农村非农产业尤其是农村工业在地域点上的集中并不是一个必然的事情。没有农村工业化固然不可能有农村城镇化，但有了农村工业化也并不意味着就必然能实现农村城镇化。农村工业化和农村城镇化之间存在着一个优化协调的问题。因此，农村工业化的模式就制约着农村城镇化的进程，农村城镇化的推进就必须考虑农村非农产业尤其是农村工业的发展状况。

第三，生产要素和经济活动在一个地域点上的集聚，要求这个地域点有一个良好的空间安排，即生产要素在地域点上的空间配置要合理，这样才能实现要素集聚的有效率，才能使农村城镇化的推进顺利进行。而生产要素和经济活动在空间点的配置问题，就是实际生活中的城镇规划和建设问题。因此，城镇自身的规划和建设也是制约农村城镇化推进的一个基本因素，农村城镇化的推进也要考虑城镇的规划建设状况。

第四，生产要素和经济活动在地域点上集聚的结果，会割裂生态系统内部的一些既存的联系，如人口在城镇的集中会使原来回归于农田的排泄物和有机垃圾进入其他系统，农业生态系统的能量输入与输出关系会因此而发生改变；乡镇企业在城镇的集中则会使工业活动的废物排放在地域点上也集中起来，从而形成明显的负"外部性"，这些都属于环境问题。可见，农村城镇化是和环境问题联系在一起的。农村城镇化的推进就必须要考虑相应的生态环境治理和保护问题。

第五，农村城镇化的推进不能离开政府的宏观管理，政府对城镇化的认识以及相应的政策措施，对农村城镇化发展影响甚大。因此，农村城镇化的推进还必须考虑政府对城镇发展的宏观管理问题。

总而言之，既然农村城镇化表现为经济系统中各个要素相互联系与组合的改变，那么，农村城镇化的推进就不能简单地只是把原来分散居住的农村人口集中到各个相应的地域点上，而必须综合考虑经济系统的各个要素，即要从农业发展、乡镇企业发展、城镇规划建设、环境保护和政府管理方面综合考虑推进农村城镇化的对策措施。只有这样，才能使农村城镇化与农业发展、乡镇企业发展、农业劳动力转移、产业结构调整、农民收入增加、城镇自身建设、生态环境保护和政府行为等有机地协调起来，实现农村城镇化的高质量和高效率发展。

1.2 加快农村城镇化发展的战略意义

目前，我国农村城镇化发展明显滞后，以城乡人口分布为代表的社会结构不合理，不仅影响了整个的国家城市化进程，制约了国民经济和社会的更快发展，而且也极大地制约了农村人口收入的更快提高。统筹城乡经济社会发展，加快农村小城镇建设，推进农村城镇化，对于促进国民经济和社会发展，逐步消除城乡二元结构，实现城乡协调发展，具有长远的深刻影响。

首先，依托小城镇加快农村建设步伐，能形成长期持续的经济增长点。在当前和今后一个时期内，适当加大基本建设规模是保持国民经济持续快速增长的重大措施，对于实现农民收入持续较快增长也将发挥重要的作用。近年来对加大水利、公路、铁路、电力等基础设施建设建设力度已收到显著成效，加快农村小城镇发展也提上议事日程。小城镇发展既包括水、电、路等基础设施建设，又包括工商企业、个体工商户的投资建设和居民住房建设，特别是住房建设潜力巨大。建房购房是我国农民储蓄的主要动机之一，迁移到小城镇居住更是已在非农产业就业的农村青年普遍梦寐以求的目标。长期以来，农民只能在本村分给的宅基地上建房。在乡镇企业发达地区，许多农民收入水平提高后，相互攀比，在有限的宅基地上多次翻建住房，浪费很大。如果把农民住房建设与小城镇发展结合起来，不论是农民进镇自建住房，或者是进镇购买商品房，都将促进房地产业的发展，使小城镇房地产业成为农村经济和整个国民经济中一个长期发生作用的增长点。与其他基础设施建设相比，投资小城镇建设对扩大国内需求、促进经济增长往往具有更大的刺激作用。据调查测算，按照现代小城镇发展的要求，仅基础设施建设平均每平方公里需要投资 1 亿～2 亿元，如果全国每年新建 600 个小城镇，每个小城镇以 3 平方公里计算，投资规模可达 1800 亿～3600 亿元，推动国内生产总值增长约 2～3 个百分点。不仅可以拉动建材、建筑、家电、家具、电力、交通、供水、环保等许多行业的发展，尤其对乡镇企业持续快速增长的拉动作用更大，而且可以创造农村劳动力的大量就业机会，并通过建设资金转化为消费资金，实现农民收入的持续增长，并为国民经济持续增长提供新的增长点。

其次，依托小城镇开拓农村市场，可以明显地增加农村商品消费需求。我国城乡收入差别的表现，是大中城市高于小城镇，小城镇高于普通农村，农村兼业户高于一般纯农户。据调查分析，小城镇居民平均收入水平一般高于农村 0.5～1 倍，有些地区高得甚至更多。农民迁居到小城镇居住和进入二、三产业就业，收入来源增多，收入水平将会有不同程度提高。同时，大批农民进入小城镇就业，减少了直接从事农业的劳动力数量，相应增加了农业劳动力的人均自然资源，有利于扩大农业经营规模和提高农民收入，也有利于缩小城乡收入差距。农村经济能否持续快速发展，农民收入能否持续较快增加，很大程度上在于市场容量的持续扩大，不仅要拓宽城市商品市场，更要开辟农村商品市场，使农民生产的农产品和乡镇企业产品能够较为顺利地销售出去。农村市场的消费主体就是农村人口自身，但由于农村人口居住过于分散，收入水平较低，加上自给半自给性质的生活方式和消费方式，较少购买生活消费品，极大地限制了商品性消费。在这种社会背景下，只有结合农业剩余劳动力向非农产业转移，加快农村人口向小城镇集中，才能有效地改变农村人口的生产方式和消费方式，增加农民的商品性消费，不断扩大农村市场容量。

提高家电产品在农村的普及率，应从小城镇入手。部分先富裕起来的农民向小城镇集中，供水、供电条件得到改善，将会增加家电产品的消费。农民集中居住到小城镇后，一些原先自己生产的农产品也会逐步转向购买，从而增加农产品和日用工业品的市场容量。小城镇的投资建设与居民消费的持续扩张，将可能构成未来几十年内我国经济增长的长久推动力。如果到 2010 年全国小城镇人口总数达到 3 亿人，即使按城镇人口社会消费品平均额高于农村人口平均额 2800 元计算，小城镇居民社会消费品零售额即可增加近 4000 亿元，相当于目前全国社会消费品零售总额的 13%，可使全国社会消费品零售额平均每年增长 1 个百分点以上。这将有利于逐步改变多数人生产农产品而商品供给少数人消费的状况，也使乡镇企业产品乃至大中城市工业产品会有更多的销路，为农民收入持续较快增长拓宽经济空间，进而形成消费与收入之间相互依存、相互促进的良性循环，推动农民收入水平和消费水平不断攀升，从而扩大国内消费需求和促进整个国民经济持续快速健康发展。

再次，依托小城镇发展农村第三产业，是增加农民就业门路和收入来源重要来源。我国农村第三产业之所以发展迟缓，主要原因是需求严重不足。农村人口居住分散，交通不便，收入来源单一，局限于家庭自我服务的传统圈子里，参与各种社会活动不多，不可能最大限度地拓宽经济发展的空间，更不可能形成对第三产业的规模需求。没有相应的规模消费需求，第三产业发展就没有多少市场前景，也就不可能得到较快发展。农村第三产业发展与小城镇发展是相辅相成的。加快小城镇发展，改变农村居民分散居住的状况，将逐步改变农村居民的生活方式，有利于形成对第三产业的规模需求。原先的农民既是第三产业的消费者，又是第三产业的就业者。很明显，农村居民分散居住在村庄，所从事的往往只能是（至少主要是）第一、第二产业，而集中居住在小城镇除了可以继续从事第一、第二产业外，还将可以推动第三产业的不断发展壮大，致使第三产业超过第一、第二产业。各地新建小城镇的实践证明，小城镇非农产业主要是第三产业的发展，不仅可以满足已在镇区居住的劳动力就业需要，而且可以吸纳相当大数量的镇区以外的劳动力就业。一般而言，小城镇第三产业就业人员占镇区劳动力总数的 50％ 以上，而小城镇劳动力又占镇区人口总数的 60％ 左右，因此小城镇第三产业就业比重大体占镇区人口总数的 30％。如果 2010 年全国小城镇人口达到 3 亿，第三产业就业人员可达 0.9 亿以上，将比目前增加 4000 多万。这将极大地缓解农村就业压力，减轻农村劳动力跨地区流动的压力。随着农村居民集中居住的增加，小城镇第三产业的需求规模将随之增大，农村居民的就业和收入也随之增加。在第三产业发展较快的地区，农村居民来自第三产业的收入很可能分别超过农业和农村工业，成为第一大收入来源。

复次，依托小城镇调整农村产业布局，还能够提高乡镇企业的综合效益。目前我国乡镇企业布局过于分散，由此派生出许多产生弊端：从农村角度讲，占用土地过多，企业分布凌乱，环境污染严重，农业发展受到影响；从企业角度讲，企业信息不灵，交通运输不便，基础设施投资过多，资产流转受到阻碍。所有这些，导致乡镇企业综合效益不高（包括经济效益、社会效益和生态效益都是如此），市场竞争能力相对下降，农民收入也必然会相当程度上受到影响。通过加快小城镇发展，使乡镇企业向工业小区相对集中、连片发展，是改变这种状况、提高乡镇企业整体素质和综合效益的有效途径。与一般村庄相比，小城镇具有明显的区位优势和其他多种优势。乡镇企业在小城镇的工业小区实行相对集中、连片发展，除了可以继续保持劳动力成本较低的优势外，既可以减少占用土地，减轻环境污染，改变农村面貌，还可以减少道路、管道、电网、通信等基础设施投资，确立区位优势，改善交通运输，方便信息交流、商品流通和技术传播，加强产业管理，促进资产流转和保值增值，从而增强乡镇企业竞争能力，提高乡镇企业综合效益。所有这些，最终将有利于更加充分地发挥乡镇企业在国民经济发展中的巨大作用，也有利于持续较快地增加农民收入。

最后，依托小城镇减少农业劳动力数量，可以加快农业现代化进程。通过农村现有人口向小城镇转移和集中，逐步做到农村绝大多数人口居住在小城镇，减少现有农户和农村自然村庄，减少农村直接从事农业的劳动力数量，以及通过承包地使用权的流转，使土地逐步向种田能手和其他种植业专业户集中，增加仍然从事农业的农村劳动力人均自然资源占有量，相应扩大农业经营规模。在这个基础上，结合土地整治和农田水利建设，拆除已经全家迁入小城镇的原有农户住房，进行复垦和恢复农业用途，使农田地块面积相应扩大，提高农业机械化水平，扩大运用先进科学技术和设备，促进农业转向集约化经营，加快建设现代化农业，从而加速提高农业劳动生产率和经济效益，增强我国农产品在国际市场上的竞争能力，长期保持农业发展的内在动力。

另外，依托小城镇推进少生优育，还能够提高农村人口的综合素质。我国农村人口增长远远快于城镇人口增长，固然与农村长期形成的传统意识有密切关系，但主要是由从事农业生产活动决定的。农村人口集中居住到小城镇，将有利于逐步减少直接从事农业的劳动力，逐步改变人们的传统意识，造就人们容易接受控制人口增长的客观条件。小城镇的文化教育事业发达程度高于村庄，人们能够享有更好的教育和文化生活，有利于促进农村社会发展，提高农村人口综合素质。人口自然增长率的有效控制和人口综合素质的全面提高，可以获得更多的就业机会，而且能够胜任劳动复杂程度较高的工作岗位，从而创造更多的价值，获得较高的劳动收入，使农村按人口平均的收入相应增加。

第 2 章　农村城镇化与农业发展

农业是影响农村城镇化发展的重要因素。推进农村城镇化，必须要首先考虑农业的发展状况。因此，需要首先从农业发展的角度审视推进农村城镇化的对策措施。

2.1　农业与城镇化之间内在联系的理论分析

从理论上讲，农业与城镇化之间存在着内在的必然联系，这种联系是农村城镇化过程中所涉及的所有各种联系的基础。揭示和认识农业与城镇化之间的内在联系，是设计推进农村城镇化对策措施的重要理论依据。

在理论上，农业与城镇化之间的内在联系表现在两个方面：一是农业发展对农村城镇化的作用，二是农村城镇化对农业发展的作用。这些作用表现为相互联系、相互推进、相互制约的辩证统一关系。

2.1.1　农业发展对农村城镇化的作用

农业是国民经济的基础，因而也是农村城镇化的基础。这种基础地位可以从两个方面理解：一是正的层面，即农业发展对农村城镇化的推动作用；二是负的层面，即农业发展不足对农村城镇化的制约作用。这两个层面的作用，都是通过农业与农村城镇化的经济联系表现出来的。

单就生产要素的地域集聚来讲，农村城镇化是农村工业经济活动在地域点上集聚后，带动相关第三产业相应发展后的结果。因此，城镇化了的产业，一定是非农产业而不可能是农业。这样，农业与城镇化之间的经济联系，实质上就是农业与非农产业之间的经济联系；农业发展对城镇化推进的推动或制约作用，就是通过农业发展对非农产业发展的推动和制约作用表现出来的。

从理论层面分析，农业发展对农村城镇的作用表现在这样五个方面：

第一，农业为城镇化提供食物产品，这表现为农业发展对农村城镇化的"食物贡献"。

城镇化所需要的农产品包括两大类：食物型农产品和原料型农产品，前者主要是粮食、蔬菜、水果、肉类、奶类及蛋类等，主要用于城镇居民的生活；后者主要是棉花、油料、糖料、烟叶等经济作物产品，主要用于城镇企业的生产。由于城镇化了的人口一般不再从事农业生产活动，但他们仍然需要消费农产品，且城镇人口比农村人口有着更高的消费能力，城镇化后的人口对农产品的消费量（包括直接消费量和间接消费量）要多于城镇化前，这部分农产品是要由农业提供的。因此，农业就通过所能提供的食物商品的数量决定着城镇化的人口规模。换言之，城镇化的规模和程度就直接制约于农业所能够提供的食物商品数量。农业提供商品性食物的数量，取决于农业的发展水平。这样，农业发展水平就通过所能够提供的商品食物数量规定着城镇化的规模和程度。这是农业与城镇化之间最基本且最重要的联系。农业发展与城镇化之间所有推动或制约关系的形成，从本源上讲都是由这种联系决定的。

我们可以用一个理论模型来定量分析农业与城镇化之间的这种食品联系。假定起始点一个区域的人口全部是农业人口，这时城镇化规模和程度都为零。若用 TP 代表全部人口数量，AF 代表人均食物的必需消费量，这样，食物的总需求量 TF 即为：

$$TF = TP \cdot AF$$

假定此时的食物总生产量 TO 恰好与 TF 相等，这意味着食物商品量为零，即：

$$TO - TF = 0$$

这说明，在食物商品量为 0 的情况下，农村城镇化的水平为零。也说明，在食物商品量为零时，食物的劳动生产率与食物的人均消费量相等，若用 FP 表示食物劳动生产率（为了分析便利，模型中对农业人口和农业劳动力未做区别，这样的处理不影响分析结论），则：

$$FP = TO/TP$$
$$= AF$$

现假定总人口中的一部分要脱离农业，转移到城镇，形成城镇化的人口，这部分人口用 UP 表示，剩余的人口仍为农业人口，用 RP 表示，即：

$$TP = UP + RP$$

城镇人口与总人口的比率就是反映城镇化水平的城镇化率，用 UR 表示，即：

$$UR = UP/TP$$

为分析问题的方便，假定城镇化了的人口的人均食物必需消费量不变，即仍为 AF，这样，在出现了城镇人口后，对食物的消费总需求仍为 TF，即：

$$TF = UP \cdot AF + RP \cdot AF$$

然而，由于一部分人口离开了农业，要使得食物消费总需求能得到满足，即要使离开农业的人口能够实现城镇化的转移，食物的劳动生产率必须提高，这是一部分农业人口能够城镇化的基本保证。若假定食物生产的劳动生产率提高的程度为 G，则食物总产量 TO、农业人口 RP、原有的食物劳动生产率 FP 和劳动生产率的增长率 G 之间形成如下关系：

$$TO = RP \cdot [FP \cdot (1+G)]$$

与食物总需求量联系起来，由生产量要满足需求量的设定，可以得出如下方程式：

$$\begin{aligned}
TO &= RP \cdot FP \cdot (1+G) \\
&= TF \\
&= UP \cdot AF + RP \cdot AF
\end{aligned}$$

由前面的分析而知，AF 与 FP 相等，用 FP 替换上式消费需求量中的 AF 后，得：

$$\begin{aligned}
TO &= RP \cdot FP \cdot (1+G) \\
&= RP \cdot FP + RP \cdot FP \cdot G \\
&= TF \\
&= UP \cdot FP + RP \cdot FP
\end{aligned}$$

即：

$$RP \cdot FP + RP \cdot FP \cdot G = UP \cdot FP + RP \cdot FP$$

对上式推导，得：

$$RP \cdot FP \cdot G - RP \cdot FP = UP \cdot FP - RP \cdot FP$$
$$RP \cdot FP(G-1) = UP \cdot FP - RP \cdot FP$$

即：

$$\begin{aligned}
G-1 &= (UP \cdot FP - RP \cdot FP)/(RP \cdot FP) \\
&= [(UP \cdot FP)/(RP \cdot FP)] - 1
\end{aligned}$$

所以：

$$G = [(UP \cdot FP)/(RP \cdot FP)] - 1 + 1$$
$$= UP/RP$$

由于：

$$UP/RP = (UP + RP - RP)/RP$$
$$= (TP/RP) - 1$$

而：

$$TP/RP = 1/(RP/TP)$$
$$= 1/[1 - (UP/TP)]$$
$$= 1/(1 - UR)$$

所以：

$$G = [1/(1 - UR)] - 1$$

上式就是食物增长与城镇化率之间内在联系的最终结论。它的理论含义是：当城镇化率为 UR 时，食物劳动生产率的提高速度要达到 1 与城镇化率之差的倒数再减去 1 或 100%，亦即食物劳动生产率的提高速度必须等于非城镇化率的倒数再减去 1 或 100%。

例如，当城镇化率为 10% 时，食物劳动生产率的提高速度为：

$$G = [1/(1 - 10\%)] - 1 = 11\%$$

当城镇化率要达到 50% 时，食物劳动生产率的提高速度应为：

$$G = [1/(1 - 50\%)] - 1 = 100\%$$

即城镇化率要达到 10%，食物的劳动生产率必须提高 11%；城镇化率要达到 50%，食物的劳动生产率必须提高 100%，即要翻一番。

如果考虑到城镇化了的人口的农产品的消费量增多的事实，上述模型所确定的食物农产品劳动生产率的增长速度实际上只是一个下限值，即在 UR 的城镇化水平下，食物农产品劳动生产率的增长速度至少要达到 $[1/(1 - UR)] - 1$。

由上述的理论模型推导，我们可以得出以下三个重要推论：

结论 I：当食物生产的商品量为零时，城镇化的水平为零。

结论 II：当食物农产品的劳动生产率增长率为零时，城镇化水平将维持不变，即若在起始点，则城镇化水平为零，若在起始点以后，则城镇化水平的变动为零。

结论 III：对于一个具体的城镇化水平 UR，则要求食物农产品劳动生产率的增长至少要达到 $[1/(1 - UR)] - 1$。

这几个结论是非常重要的，它深刻揭示出了农业发展在食物农产品方面对城镇化的决定作用，是我们从农业发展角度探求推进农村城镇化对策的重要依据。

显而易见，当食物农产品生产的劳动生产率增长能够满足上述的理论模型要求时，即：

$$G \geqslant [1/(1-UR)] - 1$$

则农业发展就会对农村城镇化起推动作用。相反，当食物农产品的劳动生产率增长不能满足理论模型的要求时，即：

$$G < [1/(1-UR)] - 1$$

则农业发展就会对农村城镇化起制约作用。$G < [1/(1-UR)] - 1$ 的情况，就是农业发展不足，其实质是农产品短缺，即所谓的"费—拉粮食短缺点"[1]。当粮食生产的劳动生产率增长不足时，就会出现粮食短缺，从而使农业人口向非农产业进而向城镇的流转速度减慢甚至停滞或倒流，这就是农业发展不足时，城镇化推进所受到的制约。看来很明显，要避免农业发展不足对农村城镇化的制约作用，必须有效地提高农业劳动生产率。

第二，农业为城镇化提供原料产品，这表现为农业发展对农村城镇化的"原料贡献"。

从理论上讲，布局于农村小城镇的工业企业由于接近农产品产地，能够比较容易地获得农产品，因而在发展农产品加工业方面具有经济优势。事实上，在我国农村城镇的不少乡镇企业，都是从事农产品加工活动的。这样，农业作为农产品加工业原料的提供者，就与农村城镇化之间形成了联系。由于农产品加工业的发展依赖于农业提供原料型农产品的状况，只有当农产品以一个适当的比率增加时，供用农产品作为原料的工业部门增长率才能提高，而工业部门的整体扩张，才会推动农村城镇化的不断发展。因此，农业就通过原料型农产品的提供状况影响城镇农产品加工业的发展，进而影响农村城镇化的推进。如果原料农产品发展不良，农产品加工业扩张受阻，农村城镇化的推进就会遇到一定障碍，这是农业对城镇化制约作用的另一个基本表现。

由此可见，农村城镇化的顺利推进，不仅要求农业能够提供足够的食物型农产品，而且要求农业能够提供足够的原料型农产品。

第三，农业为城镇化提供人力资源，这表现为农业发展对农村城镇化的"劳力贡献"。

城镇非农产业的发展，必须首先要有人力资源。城镇人力资源的来源，除一部分是城镇自身的人口自然增长外，大部分都来自于农业。从本源上讲，最初进入城镇的人口完全是农业人口。因此，农业还在人力资源上支撑着城镇经济的发展。据统计，20 世纪 80 年代以来，我国农业为乡镇企业累计提供了大约 1.6 亿个劳动力，极大地促进了乡镇企业和农村小城镇的发展。然而，从理论上讲，农业能够以多大的规模为城镇提供劳动力资源，则是由农业生产力水平决定的。农业的生产力水平，决定着农业能够释放的劳动力数量，进而决定着城镇化的人力资源规模。从我国目前的情况看，农业中存在着大量的剩余劳动力，城镇也存在着一定程度的失业，因此，农业在劳动力要素上对城镇化的制约作用在现实生活中表现得不是非常突出。

第四，农业为城镇化提供资金积累，这表现为农业发展对农村城镇化的"资金贡献"。

农业为城镇化提供资金积累的方式很多。比如，农民携带资金进城兴办产业，农民付费购买城镇户口，农民集资兴建城镇基础设施等。被誉为"中国第一座农民城"的浙江省苍南县的龙港镇，完全就是由农民投资兴建起来的。该镇始建于 1984 年，目前建成区面积已达 10 万平方公里，人口达 10 万人，已成为苍南县的经济中心和浙瓯南闽东北地区的重要物资集散地。1994—1999 年，全镇国内生产总值由 9.2 亿元增加到 27.9 亿元，年均增长 25％；工农业总产值由 17.4 亿元增加到 64.3 亿元，年均增长 30％；财政收入由 8840 万元增加到 1.5 亿元，年均增长 11％以上；农民人均纯收入由 3502 元增加到 7365 元，年均增长 16％。1984—1999 年，该镇固定资产投资累计达到 75 亿元，基本上都来自于农民，教育、公益事业、水电、文化等产业也大多是农民集资、捐资或通过股份制兴办并发展壮大的。据调查，近 10 年来，浙江省温州市全市城镇基础设施建设投入资金共 100 多亿元，其中 70％以上来自农民，国家投入不足 10％。另外，农民还通过税收、工农产品价格"剪刀差"和储蓄等方式，为农村城镇化建设提供资金积累。在目前我国的实际情况下，国家不可能对农村小城镇建设投入大量资金，因此，农民就成为农村城镇化的投资主体。所以，优化政策，调动农民的投资积极性，并对农民投资所形成的经济产权给予有效保护，对推进农村城镇化是非常重要的。

第五，农业为城镇化提供土地空间，这表现为农业发展对农村城镇化的"土地贡献"。

土地资源是小城镇发展必不可少的基本条件，是小城镇基础建设的依托。没有土地空间，小城镇则很难建设起来。而小城镇建设所占用的土地，大都来源于农业。因为一般来讲，小城镇大都位于地势平坦、交通便利之处，这些地理位置的土地大都是农业用地。因此，没有农业的土地贡献，就不会有小城镇的大规模发展。而农业能够提供多少土地，则是由农业的土地生产率水平决定的。城镇化对农用土地的占用，不能超过土地生产率提高使农业释放土地资源的能力。

2.1.2　农村城镇化对农业发展的作用

从理论上讲，农村城镇化对农业发展的作用也表现在促进和制约两个方面。农村城镇化对农业发展的促进作用主要表现是：

第一，城镇化为农产品提供市场，拉动农业的商品化和市场化，这表现为城镇化对农业发展的"市场贡献"。

毫无疑问，城镇人口的增加和产业的扩张会增加对农产品的需求。比如，2002 年我国城镇居民人均肉类消费量、水产品消费量、植物油消费量和蔬菜消费量就分别比农村居民高 56％、200％、47％和 10％。从这个意义上讲，城镇化水平越高，农业的市场空间就越大，农业发展的市场潜力也就越大。没有城镇化，也就没有农业的商品化和市场化。城镇化对农业发展的这种市场贡献，可以用城镇人口农产品消费额在农产品总消费额中所占的比重来测定。随着城镇化水平的提高，这一比重是不断增大的。

第二，城镇化为农产品生产提供导向，拉动农业生产结构的调整和高级化，这表现为城镇化对农业发展的"结构贡献"。

农业结构的高级化，是指收入弹性大的农产品生产在农业中所占的份额不断增大，收入弹性小的农产品生产在农业中所占的份额不断减小。由于城镇人口收入水平较高，如 2002 年我国城镇人口人均可支配收入就是农民人均纯收入的 3.11 倍，这使得城镇居民对农产品的消费除了追求基本的数量外，更追求品质、营养、健康和安全。也就是说，城镇居民的农产品消费结构中，收入弹性大的高档产品所占份额较大。比如，在目前我国城镇居民的食物消费结构中，主食（即口粮）所占比重只有 14％，比农村居民低 27 个百分点。这种消费结构所生成的不断增长着的对高收入弹性农产品的需求，就为农业生产结构调整提供了市场导向，从而拉动农业生产结构不断走向高级化。从这个意义上讲，没有城镇化，也就不会有农业生产结构的高级化。

第三，城镇化为农业剩余劳动力创造就业机会，拉动农业劳动力的非农化，这表现为城镇化对农业发展的"就业贡献"。

发展经验表明，农业劳动力的非农化是经济发展的主线，建立在农业劳动力非农化基础上的结构变革是推动经济发展和社会进步的基础。然而，农业劳动力的非农化不可能通过农业本身来实现，它要依赖于城镇非农产业的发展。城镇非农产业发展，是拉动农业劳动力非农化的根本力量。据统计，20 世纪 80 年代以来，即使在分散式农村工业化模式下，我国农村小城镇也累计吸纳了大约 3000 多万个农村劳动力就业，占农业剩余劳动力转移总量的 30％。从这个意义上讲，没有城镇化，就不能真正实现农业劳动力的非农化。

第四，城镇化对农业剩余劳动力的吸收，使农业劳动力不断减少，这为农业经营规模的扩大创造了条件，会拉动农业经营的规模化，这表现为城镇化对农业发展的"规模贡献"。

在现代经济中，小规模分散经营的农业是缺乏竞争力的。这是因为，许多现代技术都具有不可分性的特征，它们的运用都要求一定的经营规模。小规模经营也无法有效增加农民的收入。因此，规模化经营是农业发展的方向。在人多地少国家，农业规模化经营的主要障碍是剩余劳动力的出路。如果剩余劳动力滞留在农业，则农业的规模化经营就实现不了。由于城镇化的发展，能够吸纳大量农业剩余劳动力离开农业和农村，这就为农业经营规模的扩大提供了条件。从这个意义上讲，没有农村城镇化，也就没有农业的规模化。

第五，城镇化会形成大量反哺农业的资金，从而对农业发展形成有力的资金支持，这表现为城镇化对农业发展的"资金贡献"。

当城镇化发展完成了资金的原始积累时期后，城镇产业的壮大就会反过来在资金上反哺农业，促进农业的更快发展。比如，从 1987 年以来，江苏省无锡市锡山区就利用乡镇工业的优势，建立了农业发展基金制度，1987—1998 年的 11 年间，全市共筹集农业发展基金 10 亿元，专项用于增加农业机械、发展农田水利、发展农业社会化服务体系和农业开发性投资等，对农业进行技术改造，使全市 95％的农田格田成方，90％的农田排灌分开，大大提高了农业生产力水平。

从以上 5 个方面可以看出，农村城镇化在本质上与农业发展是不矛盾的，不仅如此，农村城镇化还会拉动农业的发展，这为宏观发展政策协调农村城镇化和农业发展的关系提供了理论根据。

当然，如果城镇化推进速度过快，超越了农业的承受能力，如过多地占用土地尤其是耕地，过多地吸纳农村中的高素质劳动力，过多地从农民手中积累资金，尤其是城镇化水平超过如上所述的食物农产品劳动生产率的提高速度，则会严重影响农业的发展。而农业发展的受阻，又会使城镇化推进受阻。所以，宏观政策的一个基本目标，就是要协调好城镇化推进与农业发展之间的关系，充分发挥二者的互相促进作用，避免二者的相互制约局面的出现。

2.2　城镇化推进与农业发展关系的两种实践模式

由于城镇化与农业发展之间既存在着相互促进的一面，又存在着相互制约的一面，这就使得农村城镇化的实践在理论上会出现两种可能：一种可能是城镇化与农业在相互促进中协调发展，另一种可能是城镇化与农业在不协调中曲折发展。对发达国家和发展中国家或地区农村城镇化实践分析的结果表明，在处理与农业的关系上，农村城镇化的确存在着两种不同的模式：城镇化与农业协调发展模式，城镇化与农业不协调发展模式。

2.2.1　城镇化与农业协调发展：美国模式

所谓"美国模式"，是指在农村城镇化推进过程中，重视农业发展，使农业发展与城镇化推进相互促进，二者在协调中顺利发展。

美国是一个后开发的新大陆国家，直到 1870 年，美国还是一个典型的以农业为主的经济，全国人口的 3/4 以上生活在农村，劳动力的大多数从事农业生产，农产品在全国商品量中占 50% 以上；在资本投向方面，如果有 1 美元投入制造业，就有 7 美元投入农场、牲畜、农业工业和设备，乡村社会是当时美国社会的主要特征。1870 年以后，伴随着英国第二次产业革命的成果随着移民浪潮大量流转到美国，美国开始了以电力、钢铁、石油、化工等先导工业为主的产业革命，工业出现了快速增长的势头，经济结构的重心也由农业转向工业，由农村转向城镇。在 1879—1884 年期间，工业产值超过农业产值，工业成为美国的主导产业。工业的快速增长，增加了对非农业劳动力的需求，拉动了农业人口向非农产业的转移，从而启动了美国的农村城镇化过程。

美国农村城镇化过程启动以后，农业人口向城镇的流转速度大大加快。据1890 年的统计，宾夕法尼亚、新泽西、纽约、康涅狄格、佛蒙特和新罕布什尔等地的人口，在过去的 20 年里分别减少了 2/5、1/4、5/6、3/5、3/4 和 2/3；在新英格兰的 1502 个乡村中，人口总数比 1880 年代初期减少的就有 932个乡村。到 1920 年，美国的城镇化人口就由 1870 年的 880 万人增加到 5430

万人，城镇化水平达到了 51.2％。

伴随着经济重心由农业移向工业、由农村移向城镇，以及农村人口向城镇流转所引起的农业资源尤其是人力资源的外流，可能造成对农业发展的不利影响，美国政府采取了一系列措施加强农业。首先是从土地制度上为农业发展奠定了一个坚实的基础。1862 年的《宅地法》成为美国商品化农场组织形式的重要推动，该法的实施促动了农业的繁荣，约有 300 多万个新农场建立，从内战期间到 19 世纪末，美国耕地面积即增加了 1 倍，农场主的生产率平均提高了 50％左右。

其次是重视农业的技术进步。农业技术进步从一开始就受到美国政府的积极支持。在《宅地法》颁布的同一年，美国政府即成立了农业部，农业部的主要任务之一就是帮助农民改进农业技术，传播农业生产的成功经验，鼓励引进外国优良品种等。1862 年和 1887 年美国政府先后颁布《莫里尔法案》和《哈奇法案》，免费划拨土地给各州，以建立农业高等院校，并拨款兴建农业实验所，推进农业科学研究和推广工作，从而形成了富有效率的农业科研和推广系统，这一系统为美国农业的健康快速发展做出了巨大贡献。

第三是重视农业的基础设施建设。政府在出售西部土地给农民的同时，又实行赠与铁路公司土地的政策，加速通往西部的铁路建设，为农业发展提供了重要的基础设施，便利的铁路交通，使农产品很容易到达国内、国际市场；政府还拨款资助兴办灌溉工作，加强农业改良工作。

第四是对农业实施保护政策。进入 20 世纪后，针对国民经济结构的变化和农业的状况，美国政府于 30 年代初期率先对农业实行了价格支持政策，用工业剩余反哺农业。值得注意的是，上述美国政府扶持农业发展的制度的、经济的和技术的措施，并不是单项操作，而是相互结合，相互配合，从而形成了一个系统的快速扶持农业发展的政策体系。

扶持政策的实施，极大地提高了美国农业的生产能力，推动了美国农业的健康发展。这使美国农业的生产水平，以按人口平均的粮食产量衡量，19 世纪后半叶就一直在 1000 公斤以上，1900 年时已达 1352 公斤，平均每个农业劳动者已能负担 7 个人的农产品消费。1860—1900 年的 40 年间，农业总产出增长了近 2 倍。有了丰富的农产品供给，既能保证满足转移到城镇的非农业人口不断增加对各种食物的消费需求，又能保证工业化初期城镇以农产品的加工业为主体的工业部门对原料的需求，而且还有大量剩余可供出口。到 19 世纪末，虽然国民收入中工业所占的比重已经超过农业，但在出口贸易中，农产品所占份额仍超过了非农产品。例如 1890 年，农产品出口占总出口的 74.5%，1900 年占 61%，出口的农产品中主要有小麦、面粉、棉花、肉类及肉类制成品，其中小麦的出口量，在 19 世纪后半期及 20 世纪初曾满足了当时世界市场对小麦需求的一半以上。农业的健康顺利发展，使美国的工业化和城镇化从来就没有遇到过农产品短缺的困扰，这为农村城镇化的推进奠定了坚实的基础。

综上所述，"美国模式"的经验是：在农村城镇化过程中，农业受到了高度重视，政府采取各种措施加强农业，推动农业健康发展，农业的健康发展为城镇化推进奠定了坚实基础，保证了城镇化对农产品的要求，城镇化与农业相互促进，协调发展。

2.2.2 城镇化与农业发展的不协调：英国模式

所谓"英国模式"，是指在农村城镇化推进过程中，对农业发展重视不够，农业发展的受阻又进一步制约了城镇化的推进，使城镇化过程经历了曲折。

英国是世界上第一个率先启动农村城镇化的国家。历史地看，英国的城镇化是伴随着产业革命的发生而起步的。18 世纪 60 年代开始的产业革命，使英国开始了由一个农业社会向工业社会的转变过程。产业革命推动了工业的快速发展和城镇的扩大以及新兴城镇的产生，拉动了农村人口向城镇的流转，农村城镇化就是伴随着农村人口向城镇的流转而展开的。伴随着工业化和城镇化的不断推进，一大批较大的村庄，演变成为镇，镇又演变为中小城市，中小城市演变为大城市或特大城市。1801 年，英国 5000 人以上的镇和城市有 105 个，1851 年增加到 265 个，新增加的城镇中绝大多数为 5 万人以下的小城市或镇，城镇人口占总人口的比重也由 1801 年的 26% 上升到 1851 年的50.1%。

然而，在英国农村城镇化的快速推进中，农业发展却未受到足够的重视。首先是"圈地运动"对农民财产的剥夺，极大地挫伤了农民的生产积极性。鉴于工业化和城镇化的需要，英国在产业革命后又进行了一次规模更大的"圈地运动"。尽管"圈地运动"使农场规模扩大和农业走向商品化，农场规模的扩大为具有不可分特征的机械技术的广泛采用提供了基础，推动了机械技术的广泛应用和耕作制度的改革，也带动了化肥和良种技术的推广使用，但由于这种无偿剥夺农民生产的举措对农民生产积极性的挫伤，如下文的数字所显示，农业的成长率一直很低。

其次是农业劳动力资源的大量破坏，使农业劳动力过量减少。农业劳动力过量减少由两个因素引起，一是向城镇的流转，农业劳动力变成了产业工人，农村人口变成了城镇人口；另一是"圈地运动"所导致的农民大量失业，即所谓的"羊吃人"。"圈地运动"以强力或暴力手段迫使农民与土地和其他生产资料相分离，导致了大批农民流离失所，成为无业游民。例如，英格兰有一个贵族夫人，为了圈地养羊，"从1814年到1820年，用暴力赶走了15000个居民，大约有3000户。他们的村庄全部被破坏和烧毁，他们的田地全部变成了牧场。不列颠的士兵奉命执行任务，同居民发生了冲突。一个老太婆因拒绝离开小屋，而被烧死在里面。这位夫人用这种方法把自古以来就属于克兰的794000英亩土地据为己有了……到1825年，15000个盖尔人已经被131000只羊所代替"[2]。农业劳动力数量的过量减小，在当时的技术条件下，对农业生产的扩大是十分不利的。

再次是农业结构一定程度的畸型发展。由于"圈地运动"的主要目标是要发展养羊业，以满足当时毛纺织业大发展的需要，以养羊业为代表的畜牧业就得到了较快发展，而以粮食为代表的种植业则相对滞后，造成了农业生产结构畸型化。生产结构的不合理，则制约了农业整体素质和发展水平的提高。

最后是农业中大地主所有者、农场主和农业工人的矛盾和对立。19世纪下半叶，随着工业化和城镇化的发展、自耕农的消灭、"敞地制度"和公有制的废除，英国的农村人口基本上是由三个阶级组成，即大土地所有者、资本主义农场主和农业工人。在这三个阶级中，大土地所有者和农场主共同剥削农业工人，农场主获得了巨额利润，大地主通过不断提高地租也增加了收入，而农业工人的生活状况却日益恶化，农业工人的"平均工资如果用小麦来表示，1770年至1771年是90品脱，到伊登时代（1797年）已经只有65品脱，而到1808年则只剩下60品脱了"[3]。农业工人与大土地所有者和农场主之间的矛盾日益尖锐化，这在一定程度上使农业生产力遭到了破坏。

由于对农业发展重视不够，在英国农村城镇化推进过程中，农业成长率极低。1790—1818年间农业的年平均成长率只有0.2%，1816—1846年间为0.3%，1847—1870年间为0.5%。19世纪中期以后，农业发展甚至出现滑坡。以小麦生产为例，1855年英国小麦播种面积165万公顷，到1870年下降至147万公顷，下降了11%；小麦产量1855年为302万吨，1870年为307万吨，15年间几乎没有增长。农业生产的衰减，使工业扩张和城市膨胀引起的对农产品需求的增长，越来越依靠进口来满足。1852—1859年，英国国内小麦消费量的27%依靠进口，1868—1875年，这一比率上升到近50%[4]。

城镇化过程中对农业重视不够导致了农业发展不足，农业发展不足反过来又制约了城镇化的推进。所以，从 19 世纪 50 年代开始，英国农村城镇化推进速度明显放慢，一些小城镇甚至出现了一定程度的衰落，从而使英国农村城镇化推进经历了曲折。从 20 世纪 30 年代起，随着对工农业关系的调整，英国逐渐注重对农业的扶持和保护，尤其是第二次世界大战以后，加强农业的政策措施使农业得以健康发展，农村城镇化完善与农业发展之间才形成了良性互动的格局。

同属于"英国模式"的国家还有日本和韩国。尽管日本和韩国处理农村城镇化与农业发展关系的具体做法有所不同，但两者在城镇化过程中对农业发展都未给予足够重视。城镇化大量占用了农业土地，耕地的减少使农业生产能力受到威胁，农业不能提供足够的农产品，从而不得不依靠进口来满足工业化和城镇化对农产品不断增长着的需求。20 世纪 50 年代以来的 40 年里，城镇化的快速推进使日本和韩国的耕地面积分别减少了 52％和 42％，与最高年份产量相比，1993 年日本的粮食产量减少了 33％，韩国减少了 31％，粮食进口率则分别达到了 77％和 64％，从而蹈入了"经济快速增长→城镇化水平提高→耕地大量减少→粮食生产能力降低→粮食进口大量增加"之辙。

综上所述，"英国模式"的教训是：在农村城镇化过程中，农业没有受到足够重视，甚至在一定程度上牺牲了农业，农业发展明显不足，不能保证城镇化推进对农产品的需求，从而制约了城镇化的顺利推进，使城镇化的推进因失去了农业的坚实基础而经历了曲折。

2.3　协调城镇化与农业发展关系的对策选择

根据上述对城镇化和农业发展之间内在联系的理论分析和对城镇化与农业发展关系实践模式的剖析，我们认为，协调我国的农村城镇化推进与农业发展的关系，需要遵循城镇化与农业之间内在联系所决定的基本规律和借鉴先行国家处理城镇化推进与农业发展关系的经验教训。

2.3.1　对策选择的基本准则

我们认为，确定我国城镇化推进与农业协调发展的对策措施，需要遵循以下五个准则：

第一，把城镇化与农业发展的关系作为推进农村城镇化所涉及的所有关系的首要关系，在指导思想和战略层面上高度认识正确处理城镇化与农业发展关系的重要性。

第二，把重视农业、扶持农业健康发展作为推进农村城镇化的基础，农村城镇化的推进规模和速度与农业所能够提供的商品农产品的能力相适应，绝对不能以牺牲农业和农民的利益为代价来推进农村城镇化，要把农村城镇化的推进建立在农业生产能力不断提高的基础之上。

第三，把农业的发展状况作为确定农村城镇化推进规模和速度的前提，是农业的发展状况决定着农村城镇化的推进规模和速度，而不是相反；当城镇化推进与农业发展出现不适应或矛盾时，城镇化推进要服从于农业发展状况，而不是相反。

第四，把提高农业劳动生产率作为扶持农业发展的核心，通过农业劳动生产率的增长（即 G 的增大）带动农村城镇化水平的提高（即 UP 的提高）。

第五，积极推进农业发展，提高农业在农村城镇化推进中的主动性，发挥农业在推进农村城镇化中的积极作用。

2.3.2 对策选择的具体方面

根据上述准则，主要应从以下几个方面来探讨协调我国农村城镇化推进与农业发展关系的具体对策措施。

第一，在指导思想和工作布局上，正确处理城镇化与农业发展的关系，真正把农业放在城镇化推进工作的首位。

我国多年来的实践证明，把农业搞上去，首先要解决指导思想问题，也就是把农业摆在什么位置的问题。哪个时期重视农业，哪个时期的农业发展就比较快，城镇化和整个经济发展就比较顺利；相反，哪个时期不重视农业，农业发展出了问题，城镇化和整个经济发展就受到挫伤。20 世纪 50 年代以来，我国国民经济的几次大起大落，城镇化发展的几进几退，都是由农业的波动引发的。如前面的理论分析所揭示的，农业对城镇化推进的制约，主要是通过农业劳动生产率的增长尤其是食物农产品生产的劳动生产率的增长表现出来的。表2-1 列出了我们计算出来的不同时期我国城镇人口占总人口的比率的增加百分点和农业平均成长率的比较，可以看出，高的农业成长率与快的城镇化推进速度相对应，低的农业成长率与慢的城镇化推进速度相对应，这充分说明了农业对城镇化推进的制约作用。因此很明显，在我国目前的情况下，要加快农村城镇化的推进速度，必须使农业保持一个合理的增长率。而农业增长率的保证，则首先与在经济发展的指导思想和工作布局上对农业的重视程度有关。如果在农村城镇化推进过程中，始终高变重视农业，城镇化和农业就能够实现协调发展，城镇化推进就能获得一个坚实的基础；如果农村城镇化的推进以牺牲农业和农民的利益为代价，则不仅城镇化的推进不可能顺利进行，而且农业的发展也会受到影响。

表 2-1　我国城镇化的变化与农业成长率的关系

时　　期	农业年平均成长率（％）	城镇化率变化百分点（个）
1952—1978	2.41	＋5.46
1978—1990	3.23	＋8.49
1990—1998	3.71	＋9.68

资料来源：根据《中国统计年鉴》计算。

第二，要高度重视农业投入问题，不断增加农业投入数量，提高农业的资本形成水平。

在城镇化推进过程中，重视农业的一个重要措施就是增加农业投入，提高农业的资本形成水平。目前，我国农业发展已步入新的阶段，对资本和技术投入的依赖性增强是进入新阶段后我国农业发展的一个基本特征，今后我国农业的发展会越来越依赖于资本和科技投入，这就要求我国的农业投入和资本形成水平有一个较大提高。然而，目前我国农业的资本形成水平较低，农业基础设施的固定资产积累水平较低，与这一发展要求不相适应。

总体上讲，我国现有的农业水利工程设施大多是 20 世纪五六十年代修建的，其中大部分已年久失修、功能老化、配套不全、保障能力大大下降。据调查，全国水库中约有 1/3 带病运行，60% 的排灌工程设施需要维修，许多河道淤积，防洪排涝能力减弱。见表 2-2，进入 20 世纪 90 年代以来，我国农业的受灾面积、成灾面积和成灾率都呈明显增大态势。90 年代与 80 年代前半期相比，农业的受灾面积扩大 34%，成灾面积扩大 41%，成灾率提高 3 个百分点。受灾面积、成灾面积和成灾率不断增大的事实说明，我国农业抵御自然灾害的能力下降了。除水利设施外，农业的其他基础设施也很短缺。因此，必须重视农业投入的增加，以促进我国农业资本形成水平水平的提高。

表 2-2　我国农业的受灾、成灾面积和成灾率情况

时　　期	平均每年 受灾面积（万亩）	平均每年 成灾面积（万亩）	成灾率（％）
1975—1979	66705	23092	34.6
1980—1984	55220	26595	48.2
1985—1989	69423	34573	49.8
1990—1998	74002	37465	51.0

资料来源：根据《中国统计年鉴》计算。

增加农业投入的具体措施，一是要在不同层次的政府之间要有一个明确的分工，避免相互交叉或相互推诿。中央政府对农业的投资责任应主要定位在大型农业水利工程设施、交通运输设施、信息通信设施、基础教育等方面；地方政府对农业的投入责任应主要定位在重要农业基础设施、市场服务设施、技术传播扩散系统等方面。二是要拓宽农业投资渠道，增加农业投入来源，调动各个方面投资农业的积极性，尤其是加大引入外资进入农业和引导大中型工商企业投资农业的力度，增强资本市场对农业的融资力度，形成以国家为主体的多元化农业投资体系。三是调动农民投资于农业的积极性，通过土地制度的优化和投资效益权利保护机制的建立，为农民增加对农业的投入创造一个有效的激励机制。四是把农业投资规范于法律框架之内，用法律约束各个经济主体的农业投资行为，保证农业投资的稳定增加和有效利用。

第三，大力发展农业科学技术，优化农业科技推广体系，推进农业技术进步。

技术进步是推动农业生产率提高的重要力量。我国目前农业的技术水平还较低，技术进步对农业增长的贡献率比发达国家低近 40 个百分点。推进农业技术进步，要从改革和优化农业科技体制、农业技术体系和农业推广等方面着手。

首先，应从根本上改变现行的农业科技体制。我国现行的农业科技体制基本上仍然是传统计划经济下形成的体制，虽然 20 世纪 80 年代以来屡次改革使一些方面发生了变化，但体制的基本内涵并未从根本上受到触动。这种体制在计划经济下所取得的成就是应该肯定的，但难以适应市场经济的要求。概括讲，现行体制的弊端，一是将农业科研、教育、推广机构独立设置，且分属于不同的系统，各自为政，致使农业科研与农业推广、农业教育与农业推广、农业教育与农业科研、农业科研与农业生产严重脱钩，这就从根本上割裂了三者之间内在的有机联系，割裂了科研与农业生产之间的内在联系；二是中央与地方以及地方与地方农业科研机构重复设置，且缺乏明确分工和横向联系，甚至为了争课题和争成果而人为地相互封锁，造成研究项目简单重复，研究结果简单重复，研究资源重复配置，各自都难以形成必要的规模，使科技资源出现了巨大浪费；三是用管理行政机构的办法管理科研机构，科研机构的内部管理也完全套用行政系统的方法，形成了"官本位"的导向和模式，扭曲了科研单位和科研人员的价值取向，造成科研机构的官僚化或半官僚化；四是科研机构内部的行政和后勤部门庞大，人浮于事，占用和消耗了大量的国家配置给科研机构的宝贵资源。我国农业科技体制改革的基本目标，应该是建立一个以市场配置资源为主，科研与教育、推广、生产密切结合，富有创新活力的科技体制。为此，首先应通过制度创新，彻底改变农业教育、科研、推广相互分设且分属于不同部门的局面，将中央层次的农业教育、科研和推广机构合并成一个法人机构，将地方层次的农业教育、科研和推广机构也合并成一个法人机构；其次对科研机构进行大规模重组，变按地域设置研究机构为按市场原则设置研究机构，实现科技资源的优化配置；再次是彻底改变用行政手段管理科研、教育和推广的做法，取消这些单位的所谓的行政级别，国家只是用研究项目的设置和资金投放的办法进行宏观调控。另外，应积极鼓励和支持民营机构和大中型农业企业参与农业研究和推广，使民营机构和大中型农业企业逐步成长为农业科技创新的重要力量。

其次，应从根本上改变现行的农业技术体系。我国目前的农业生产技术体系仍然是短缺经济时期形成的那种体系，即从品种培育、种子营销到大田栽培的整个体系，都是以高产为核心。这种体系直接导致了农业技术供给结构的不合理，即产量技术多，品质技术少；生产技术多，加工技术少；产中技术多，产后和产前技术少；知识形态技术多，能转化为现实生产力的技术少。以追求高产为单一目标的品种杂交培育，使作物自身的一些重要品质基因信息散失，还直接导致了农产品品质的下降。显然，这种以高产为核心的农业技术体系，已无法适应农业发展以优化结构和提高品质为主体的要求。调整的基本目标，是要把农业技术供给体系由增加产量为中心转变到以提高品质为核心并兼顾产量的轨道上来。实现这一目标的基本对策是农业科研和推广活动要真正面向市场，根据市场需求设置科研和推广项目，根据市场需求配置科技资源。国家重大农业科技项目的设置，也要凸显提高品质的目标。

再次，应改善和优化农业推广服务。我国农业技术推广虽然已经在组织上建立起了全国性的网络，但推广机制不活，推广方法落后，基层科技推广队伍素质不高；推广的后续服务不到位，尤其是技术推广与产品销售服务脱节，即只管推广技术而不管销售产品，这些都已经无法适应市场经济的要求。在农业生产面向市场的情况下，农民采用新技术时更多关心的是使用该技术所生产出来的产品能否在市场上卖出去和能否赚钱。如果在推广技术的同时，不能为农民提供相应的市场服务，则技术推广就不会受到农民的真正欢迎，农业推广水平也难以提高。改善和优化农业推广服务的基本目标和对策，是使农业推广由现行的单一技术推广模式转变为以技术推广为中心的农业产前、产中和产后一体化服务的综合推广模式，形成研究、推广、生产、营销一条龙的大推广服务模式；鼓励推广单位与农民形成利益共同体，实施以推广为龙头的农业产业化经营；政府应加强农业推广系统的组织建设和基础设施建设，形成一个有效的技术和知识传播网络。

最后，应注重提高农民的文化科技素质。在科技—经济系统中，农民处在终端。农民是技术的最终接受者和使用者，其对技术的接受和使用状况，对农业技术进步和生产率的提高具有非常关键的影响。即使农业科技供给系统和推广系统都是有效的，但如果农民缺乏对技术的接受力，不能有效使用技术，需求终端出现障碍，农业技术和生产率水平也不可能得到有效提高。农民对技术的接受力和使用力，构成了农产品科技含量和竞争能力提高的重要基础。然而，目前我国农民的文化素质很低，科技素质更低，农业的人力资本水平十分落后。据第一次全国农业普查结果，农村从事农业生产的人员中近15%为文盲，43%具有小学文化水平，37%具有初中文化水平，4.6%具有高中文化水平，具有中专学历者只有0.5%，大专及大专以上学历者仅0.1%，其中纯农业户的文盲率超过了17%，小学文化程度率为45%[5]。这就是说，在我国现有的农村完全从事农业生产活动的劳动力中，62%以上的部分其文化程度没有超过小学水平，这一状况与发达国家农业从业者已高度知识化和专业化相比差距甚大。文化素质是科技素质的基础和生长点，文化素质低科技素质一定不可能高。因此，农民的低文化科技素质，是推进农业科技进步和提高农业生产率的最直接制约因素。提高农民的文化素质，是政府的基本责任，政府应该切实保证对农村基础教育的投资，真正在农村普及九年义务教育，并用制度化的措施对现有文盲实施脱盲教育；提高农民的科技素质，一方面要与农技推广结合起来，把提高农民的科技素质作为农技推广的一个基本目标和内容，另一方面要靠政府推动，政府应通过在农村持久地实施"绿色证书工程"，推动农民科技素质的不断提高。

第四，调整和优化农业生产结构，建立一个与市场需求相适应的农业结构体系。

能否适应市场，是农业整体素质高低的一个基本标志。我国农业在走出短缺经济后，市场需求对农业发展的约束作用就日益凸显出来。今后农业发展的约束将不再是过去单一的资源约束，而是资源与市场双重约束，且市场约束的重要性还会不断提升。从目前情况看，我国农业生产结构与市场对农产品的需求结构不相适应的矛盾比较突出。因此，调整和优化农业生产结构，使农业生产与市场需求相一致，是正确处理农村城镇化推进与农业发展关系的一个重要方面。

总体来讲，我国农业结构调整要体现在六个层次上。一是产业层次的调整。即调整农、林、牧、渔业的产业构成，增加收入弹性大的产业的资源配置，扩大市场需求空间大的产业的生产规模，缩减没有市场需求增量的产业的生产，使农业生产结构在整体上适应城乡居民收入水平提高后食物消费结构整体性不断转换的需要。一般而言，动物性食品具有较大的需求收入弹性，健康、安全、享受等生活质量类产品有着更大的需求收入弹性。收入水平提高后人们会消费越来越多的动物性食品和生活质量类产品，与此相应，农业生产就要不断增加动物性食品及其后向关联产业即饲料产业的生产，进而不断增加生活质量类产业的生产，这是我国农业生产总体结构优化的基本方向。

二是产品层次的调整。即调整各个生产部门内部的资源配置，优化部门内部的生产结构，使本部门所生产出来的产品与市场对本部门的需求相一致。就畜牧业来讲，牛肉等红肉类产品有着较高的需求收入弹性，随着收入水平的提高，人们会增加对此类产品的需求，增加这些产品的生产就成为优化畜牧业产品结构的基本方向；城乡居民收入水平提高后对畜产品需求的增加则会拉动种植业中饲料生产的扩大，收入水平提高后还会增加对果品、花卉、蔬菜及瓜类等产品的消费，不断增加这些产品的生产也就成为种植业结构优化的基本要求。

三是品质层次的调整。即调整每一种产品生产的资源配置，优化每一种产品内部的生产结构，实现产品的品质与市场的需求相一致。消费规律说明，生活水平较低时，人们对农产品的需求主要是追求数量，随着生活水平的提高，人们对农产品的需求会逐渐转向追求品质。适应这一变化规律，在数量短缺问题基本解决以后，我国农产品的生产就必须在结构上突出品质，把提高品质作为农产品生产的灵魂。增加高品质农产品的生产，增强能够满足多样化、专用化、优质化和营养化消费需求的农产品的供给能力。农产品品质的提高，还应发展农产品的产后加工。发展经验表明，农产品的产后加工尤其是精加工和深加工，是提高农产品品质的重要途径。因此，大力发展农产品加工业，提高农产品的产后加工程度和层次，也是我国农业结构调整和优化的基本方向。

四是上市层次的调整。即调整农产品的上市时间，均衡农产品在旺季和淡季的市场供应，实现农产品上市的时间结构与市场对农产品的需求相一致，以避免集中上市所导致的烂市滥价。实践中因集中上市价格大跌而使农民收入受损的情形很多，均衡上市对增加农民收入的效应是显而易见的。要做到均衡上市，除了生产技术的改进外，发展农产品储藏保鲜业是必需的。由于农产品是生物性产品，保存不好，其使用价值会随时间的推移而逐渐丧失以至于完全消失。因此，大力发展农业产后储藏业，提高农产品的储藏保鲜水平，也是我国农业结构调整和优化的一项重要内容。

五是贸易层次的调整。即面向国际市场，调整农业结构，实现国际国内双重资源格局下的农业生产结构优化。加入WTO后，我国农业发展的一个基本趋势就是融入世界的程度将会不断加深，农产品国内市场与国际市场将会逐渐一体化。这为我们利用国际资源调整国内农产品供求关系提供了充分机会，也为我们按照比较优势原则配置农业生产提供了广阔空间。调整农业结构，就要充分考虑国际资源和国际市场，通过扩大具有比较优势的产品的生产和出口，为农民开辟新的增收空间。

六是区域层次的调整。即调整农业生产的区域布局，尤其是农作物的区域布局，按照资源的比较优势配置生产项目，打破"小而全"的生产模式，突出优势，积极发展特色农业，逐步形成规模化、专业化的生产格局。

第五，建立健全农业支持和保护体系，适度对农业进行保护。

发展理论表明，在城镇化过程中，农业与国民经济的关系存在着三种类型：农业支持工业发展，亦即农业哺育工业；工业支持农业发展，亦即工业反哺农业；介于二者之间的农业与工业平等发展，亦即工农业自养。这三种类型在经济发展过程中随着经济发展阶段的变化而表现出有规律性的变化。一般来讲，在经济发展初期，由于工业化所面临的主要任务是资本的原始积累，而此时的工业仍是一个弱小产业，工业化启动和推进所需要的充分资本自然不能从工业内部生成，既然工业是从农业中产生、分化和独立出来的，且此时农业在整个经济中居于绝对的位置，国民收入的绝大部分来源于农业，劳动人口的绝大部分就业于农业，国内商业和出口商品的大宗是农产品及其初步加工品，为工业化提供资本积累的重任就自然落在农业的肩上。因此，农业支持工业发展，就成为这一阶段农业与国民经济关系的基本类型。农业支持工业，工业受到保护；工业化的推进以农业提供的剩余积累为主，农业剩余由农业部门流向工业部门成为工业化发展的资本积累，是这一阶段农业与国民经济关系的基本点。随着经济发展水平的提高，工业的成长能力增强，当工业借助于农业的剩余积累扩张到具备了能够通过自身的积累生成充分资本的能力时，工业化的进一步推进就不应该再从农业中抽取作为工业资本要素的农业剩余，农业剩余因而就不再作为资本要素由农业部门流向工业部门；农业因此而在自身剩余的利用上获得了与工业平等发展的机会和权利，农业与国民经济的关系就转变为农业与工业平等发展的类型。农业不再从资本积累上支持工业的发展，农业的剩余用于农业自身的发展，工业的进一步发展则依靠工业自身的剩余积累，工业化的推进由主要依靠农业的剩余积累转变到依靠工业自身的剩余积累，是这一时期农业与国民经济关系的基本点。当工业的成长趋于成熟、经济发展达到较高水平后，工业部门的剩余回流于农业，形成了工业对农业的反哺，农业与国民经济的关系就进一步转变为工业支持农业发展的类型。工业支持农业，农业受到保护，农业通过接受工业的剩余积累获得更大的发展，是这一阶段农业与国民经济关系的基本点。

有关研究表明[6]，经济发展由农业向工业提供积累到工业反哺农业的转折标志是：人均 GDP 超过 800 美元，农业占 GDP 份额降至 20% 以下，农业在工农业增加值中的份额降至 30% 以下，农业的就业份额降至 50% 以下，城市人口份额上升到 35% 以上。根据统计资料计算，2002 年我国人均 GDP 为 960 美元，农业占 GDP 的份额为 14.5%，农业占工农业增加值的份额为 21.9%，农业的就业份额 49.9%，城市人口份额为 39.1%。这些宏观结构指标充分说明，我国经济发展已经完全具备了向工业反哺农业转折的基本特征，国民收入分配向农业、农村和农民倾向的条件已经具备。因此，应适时抓住机遇，及时调整国民收入分配结构，建立起支持农业、农村和农民的国民收入分配新体系，为统筹城乡经济社会发展奠定良好基础。

国民收入分配向农业、农村和农民倾斜，一方面应较大幅度地增加财政和国债资金用于农业和农村的数量，提高农业和农村在财政预算和国债资金分配中的比重；另一方面要调整资金投向，重点发展与改善农村生产生活条件、增加农民收入、创造农村就业机会关系密切的项目，使农民能够得到实惠，见到效益。具体讲：

一是要增加对农村生产和生活基础设施的投资，建设一批有利于农民直接受益和农村条件直接改善的项目。农村基础设施建设的重点是县乡公路、乡村道路、农田水利工程、人畜吃水工程、农村公共卫生工程、农村电网和电视信号接转站等。当前尤其应加强农村公共卫生基础设施建设，尽快建立完善农村公共卫生体系和农村合作医疗制度，解决这方面的投资欠账过多的问题。农村生产和生活基础设施建设项目，所需劳务用工应全部使用当地农村劳动力，所需技术工也应尽可能多地使用农村的能工巧匠，所需建筑材料也应尽量当地化，以最大限度地创造农村就业机会，扩大农民就业，增加农民劳务收入。

二是向农民免费或补贴提供关键的农业技术和相关服务，帮助农民降低生产成本，提高经济效益。近期内应在农产品重点优势产区加大对优良品种推广的补贴力度。2002 年国家实施的"大豆振兴发展计划"，对大豆良种按每亩 10 元的标准给农民补贴，取得了显著的经济和社会效益。大豆产量每亩增加 30.7 公斤，纯收益每亩增加 37.5 元，农民种大豆的收入明显增加。大豆含油率的提高还增强了国产大豆的竞争力，增加了大豆加工企业的收益。实践证明，对农民购买良种进行补贴，是增加农民收入和提高农业竞争力的有效办法。今后几年应扩大补贴范围，对东北及内蒙古东部的玉米带和黄淮海地区的小麦带实行良种补贴，条件成熟时补贴范围扩大到主要农作物品种。

三是转变对农业的支持和保护方式，逐步对农民实行直接补贴。近期内应重点探索改变粮食收购补贴的办法，把用于粮食流通环节的补贴转为对农民的直接补贴，提高农业保护资金对增加农民收入的效应。要及时总结和完善粮食直接补贴试点的经验，逐步扩大试点范围，扩大农民的受益面，形成与国际规则接轨的对农民进行直接补贴的长效政策机制。

四是增加对农村义务教育的投资，减轻农民的教育负担。教育负担重，是目前农村反映最突出的问题之一。义务教育是一种公共产品，投资应主要由政府承担。随着财力的增强，国家应增加对农村义务教育的投资，新增教育经费应主要用于农村，逐步使农村中小学教师的工资主要由中央财政和省级财政负担。农村义务教育投资每增加 1 元钱，农民就会实实在在地减负 1 元钱，这是减轻农民负担见效最快的措施。

五是逐步取消农业税种，建立城乡统一的税赋制度。从国际经验看，很少有国家专门针对农业和农民制定税种，我国向农民专门征收的农业税、农业特产税等，其他国家并不征收。从我国目前税收结构看，农业各税总共不到 500亿元，占全国税收总收入的比重已经很低，继续征收这部分税收意义不大，减免这部分税收对工业化和国民经济发展也不会造成多大震动，但对农业发展和农民收入影响颇大。作为改革的第一步，应先取消农业特产税，再在适当时候取消农业税，形成城乡统一的税赋体制。减税是增加农民收入最实在的措施，税赋每减少 1 元，农民就实实在在地增收 1 元。对于地方政府因农业税种取消而造成的财政收入缺口，发达地区可以自行解决，中西部地区则可以通过中央财政的转移支付解决。

第六，实施农业产业化经营，建立生产、加工、销售一体化的现代农业产业体系。

农业产业化经营是 20 世纪 90 年代初以来我国农村出现的一种新型的农业经营形式，其实质是把农产品的生产、加工和营销有机地结合起来，实行产、加、销一条龙和农、工、贸一体化经营。由于这种经营形式能够有效地把一家一户分散的农户经营与市场结合起来，引导农民顺利地进入市场，解决了分散的小生产与社会化的大市场之间的矛盾，同时通过农民参与农产品加工和销售，使农民分享农产品加工和流通领域的利益而有利于增加农民收入，因而它一出现，就得到了农民的积极认同和广泛参与。从农村城镇化角度看，农业产业化经营是能够同时兼顾城镇化推进和农业发展的一种有效形式。这是因为，农业产业化经营是农产品生产与农产品加工和销售的有机结合，而农产品生产即通常意义上的农业，农产品加工则属于工业，按照工业在区位上集聚布局的原理，农产品加工业一般是布局在城镇，或农产品加工企业在一个地域点上集中布局的结果使这个地域点发展成为城镇，这样，通过农产品加工业的发展就会带动农产品生产的发展，而农产品加工和农产品生产共同发展的结果，就是城镇化推进和农业发展的相互协调。因此，推进农村城镇化应该高度重视农业产业化经营，把实施农业产业化经营作为协调城镇化和农业发展关系的一项重要措施。关于农业产业化经营问题，在下一章中详细讨论。

注释：

[1] "费—拉"即美国经济学家费景汉（John C. H. Fei）和拉尼斯（G. Ranis），这两位经济学家在分析发展中国家的二元经济时，提出了粮食短缺点的概念，参见二者的专著《劳动剩余经济的发展》，中译本，华夏出版社 1989 年版。

[2]《马克思恩格斯全集》第 2 卷，第 798～799 页。

[3] 马克思：《资本论》第1卷，《马克思恩格斯全集》第23卷，第739页。

[4] 樊亢主编：《外国经济史》第一册，人民出版社1981年版，第94～95页。

[5] 全国农业普查办公室：《中国第一次农业普查资料综合提要》，中国统计出版社1998年版。

[6] 参见冯海发、李微："试论工业化过程中的工农业关系"，《经济研究》1989年第12期；"农业剩余与工业化发展"，《当代经济科学》1993年第6期；"经济发展与反哺农业"，《学习与探索》1995年第6期；《农业剩余与工业化资本积累》，云南人民出版社1994年版。

第3章 农村城镇化与产业化经营

从理论上讲，由于农业产业化经营把农产品生产、加工和销售有机结合起来，农产品加工和销售属于二、三产业的范畴，具有集聚性特性，其在地理位点上的集中和发展会推动城镇化发展，而农产品生产则属于农业，因此，农业产业化经营是连接城镇化与农业的有效形式。发展农业产业化经营，既能推动农业发展，又能推进农村城镇化。鉴于农业产业化经营的重要性，本章集中讨论农业产业化经营问题。

3.1 农业产业化经营对推进农村城镇化的作用

农业产业化经营是 20 世纪 90 年代初我国农民在实践中的伟大创造。这种经营形式首先从山东的诸城、潍坊等地发展起来，而后向全国扩展。其基本内涵是：以家庭承包经营为基础，以市场需求为导向，以龙头企业为依托，采取"企业＋农户"等组织形式，对农产品的生产、加工和销售实行一体化经营，经营利益在各参与主体之间进行合理分配。

实践证明，农业产业化经营是符合我国国情的、具有旺盛生命力和竞争力的农业经营形式。发展农业产业化经营，是推动我国农业现代化和农村城镇化的重要途径。

3.1.1 农业产业化经营是解决新阶段我国农业发展面临的新问题的有效方式

我国农业发展进入新阶段后，面临着许多新情况和新问题。最突出的是农产品供求状况发生转折性变化，即由长期短缺变为相对过剩、由卖方市场变为买方市场后，农业生产结构与市场需求不相适应，农产品销售矛盾凸现。在过去的短缺经济时代，农业生产是以产定销，生产什么就消费什么，生产多少就销售多少，农产品是"皇帝女儿不愁嫁"，农业发展的主要矛盾是价值生产而不是价值实现。进入相对过剩经济后，农业生产变成了以销定产，市场需要什么才能生产什么，市场需要多少才能销售多少，是消费者选择农产品，是市场检验和实现农产品，市场成为农业发展的主要约束，农业发展的主要矛盾不再是价值生产而是价值实现。因此，如何使农业和农民适应市场，实现农业生产与市场需求的有效衔接，引导一家一户的农民成功进入市场，是新阶段我国农业发展必须解决的重大问题，是新世纪初我国农业迈上新台阶必须解决的重大问题。

在一家一户小规模分散经营的情况下，仅仅依靠农户自身的力量难以使农业和农民成功地进入市场。因为一方面，进入市场的过程是要付出成本的，如市场信息的收集、整理和分析，不仅需要花费时间，而且需要投入资金，市场信息还真假混杂和千变万化，单个农户难以有充足的资金和时间获得及时真实可靠的市场信息，因而无法做出正确的面向市场的生产经营决策；另一方面，农户的小规模生产，产品数量有限，形不成经济批量，这会增加市场的收购成本，使农户生产的产品即使是市场需要的也难以顺利进入市场。从我国目前的情况看，农民的文化科技素质还比较低，商品经济的意识还比较差，驾驭市场经济的能力还比较弱，独立进行科学的生产经营决策的能力还不够强，这些都可能会使农民的市场进入行为出现盲目性。因此，农民进入市场是分散的单个农户所无法解决或解决不好的。

农业产业化经营是引导农业和农民进入市场的有效方式。产业化经营主要通过龙头企业与农户联结等组织形式，在农户与市场之间架起了桥梁。龙头企业一头连着国内外市场，一头连着农户，按照市场的需求组织加工，按照加工的需求安排市场，通过"合同收购""产量订单"等具体形式，使分散的、小规模的农户生产与社会化大市场有机地结合起来。农户按照与企业签订的合同进行生产和销售，从而实现了与市场的成功对接，实现了面向市场生产、面向销售生产、生产与销售的一体化。产业化经营的这种引导农民进入市场和调整农业适应市场的特殊功能，在实践中已经取得了显著效果。山东诸城以市外贸公司为龙头的肉鸡产业化经营，龙头企业联结周边 8 个县（市）、68 个乡镇的23 万个农户，饲养规模达到 8000 万只，每年加工肉鸡 15 万吨，出口 3.5 万吨，占全国肉鸡出口总量的 1/10 以上，通过这种经营形式，农户饲养的肉鸡大批量销往国内外市场。在肉鸡产业化经营的示范下，该市又相继办起了 950

多家农产品加工企业，与 80％的农户在粮油、畜禽、棉麻、蔬菜、果品、蚕桑、烤烟等生产方面建立了稳定的产销关系，75％的农产品实现了就地加工转化。推行产业化经营以来，全市农产品商品量增加了 1 倍多，不但没有出现"卖难"问题，而且增值 1.5 倍。

在实践中，凡是农业产业化经营发展水平高的地方，都不存在农产品销售困难问题，不仅如此，还涌现出了一批驰名的农产品品牌，形成了一批富有市场竞争力的农业支柱产业。

3.1.2 农业产业化经营是增加农民收入的有效措施

近年来，农民收入增长趋缓。1997—2000 年，农民收入增速连续 4 年下滑，农民来自农业的收入连续 3 年负增长，纯农户和以农业为主的兼业户人均纯收入连续 2 年绝对减少。2001 年以来，农民收入虽有恢复性增长，但基础仍不牢固，影响农民增收的一些长期性、根本性因素尚未消除。农民收入增长疲软，使一度曾有所缩小的城乡居民收入和消费差距呈现再度扩大之势。2002 年全国城镇居民人均可支配收入与农民人均纯收入之比为 3.1∶1，3 个多农民的收入才相当于 1 个城镇居民，这一水平比 1998 年扩大了 24％，比 1990 年扩大了 41％，比 1985 年扩大了 67％。由于农民的纯收入中有一部分要用作扩大再生产的投资，还有一部分要用于交纳村提留和乡统筹以及一些社会负担，农民的纯收入并不能完全转化为消费能力，城乡居民消费水平的差距比收入差距还要大。以 1999 年为例，城乡居民消费水平之比为 3.53∶1，1 个城镇居民的消费水平超过了 3.5 个农民. 城乡居民消费水平差距比同期收入差距要大 27％。农民收入增长疲软，已经明显制约了农村市场的扩大，使农村消费对国民经济增长的拉动作用减弱。计算表明，在农村人口份额未出现明显下降的情况下，农村（县及县以下）商品零售额占社会商品零售总额的比重，由 1980 年的 65.7％下降到 1990 年的 53.1％，2000 年又下降到 38.2％；农村消费和投资需求对国民经济增长的贡献率由 20 世纪 80 年代初期的平均 45.5％，下降到 90 年代末期的 22％左右，下降了一半还多。所以，农民收入问题是当前和今后一段时期我国农业和农村经济发展中最为突出的问题，是关系国民经济和社会发展全局的重大问题. 是整个"三农"问题的核心。

农业产业化经营是增加农民收入的有效途径。从理论上讲，产业化经营拉动农民收入增长的具体途径是：

（1）农户与龙头企业联结后，增加了农产品商品量，扩大了农产品的销售；

（2）农户按照经营合同出售农产品，减少了农产品的流通环节和流通时间，降低了农民售卖农产品的交易费用；

（3）农产品生产、加工、销售一体化经营，改变了传统模式下农产品生产、加工、销售互相分割，农业、工业、商业互相分离，农民只从事原料生产的格局，农民参与农产品加工和流通，分享到了农产品的加工增值和流通收益；

（4）龙头企业的基地建设，使农户实现了专业化生产，提高了农户的生产效率，农民从社会分工中获得了好处；

（5）以农民自己的合作经济组织为载体的产业化经营，提高了农民的市场谈判能力，减少了农民出售农产品的价格损失；

（6）与龙头企业结成利益共同体后，农户参与企业利润增量的分配，从企业成长中获得了实惠。

实践中，规范的农业产业化经营对增加农民收入的效应是非常明显的。湖南金健米业股份有限公司，在 12 个水稻主产县（市）的 80 多个乡镇建立了 100 多万亩的稻米生产基地，与 100 万农户联结进行稻米产业化经营，公司与农民签订优质水稻种植和收购合同，向农民补贴提供优质稻种和肥料，按高于同期常规晚稻国家保护价 10%～30% 的价格收购稻谷，并每收购 50 公斤稻谷向乡镇和农民返还 1 元利润、为农科部门提供 1 元技术服务费，公司还先后投资 300 多万元为生产基地改路、修渠、筑坝、建沼气池和改良生态环境。公司与农户联结后，一方面，由于有了稳定的生产基地，公司的优质稻米有了可靠来源，保证了公司加工生产出来的大米的高品质和高品位，公司以高质量的产品占领市场，推动了公司在市场上的发展；另一方面，农户由于接受了公司的技术和市场服务，生产效率提高，产品有了稳定销路，减少了市场风险，并从较高的价格中得到了实惠。据调查，进入产业化经营模式的农户，种植优质稻每亩比常规稻增收 144 元。桃园县双溪口乡灌车湖村 1998 年与公司联结后，当年种植优质稻 998 亩，全村增收 11.9 万元，人均增收 146 元；1999 年优质稻种植面积即扩大到 1970 亩，全村增收 19.5 万元，人均增收 240 元。据计算，仅 1998、1999 两年，金健米业的产业化经营就为基地农民增加收入 1.3 亿元。产业化经营已经成为基地农户增收的重要生长点。

3.1.3 农业产业化经营是提升农业竞争力的有效途径

加入世界贸易组织后，我国农业面临着国外农产品的激烈竞争。提高农业的整体素质和竞争能力，对于我国农业在完全开放环境下的生存和发展具有决定性意义。目前，我国农户经营规模狭小，农产品科技含量低，农业生产手段落后，农业结构不合理，直接制约着农业现代化的实现和农业竞争力的提高。据农业普查资料，全国 83.4% 的农户耕地经营面积在 0.6 公顷以下，90.3% 的农户养肉牛数量在 2 头以下，93.9% 的农户养猪数量在 10 头以下，81.2% 的农户养羊数量在 10 只以下。每户数量本来就不多的耕地，在承包时还被分割成好几块，无法实现连片经营。科技进步对农业增长的贡献率只有 40% 左右，仅相当于发达水平的一半。这种小规模、分散化、小而全方式下生产出来的农产品，难以和国外大规模、专业化、集约化生产的农产品竞争。如何改变这种状况，在家庭经营基础上实现农业现代化，是困扰我国农业发展的一个难题。

农业产业化经营，提供了在我国人多地少条件下实现农业现代化和提高农业竞争力的有效途径。通过自身的组织形式和运行机制，农业产业化经营把分散的农户与龙头企业连成一体，众多的农户都在龙头企业统一的技术服务下，按照与企业签订的合同进行同一标准的统一生产，使一种或一类产品的生产在一个较大的区域内连成一片，形成大规模，实现了农业由家庭分工向区域分工和社会分工的跨越，在农户专业分工的基础上发展了农业的社会化大生产，推动了农户生产专业化、农业经营规模化、农业区域布局专业化、农产品生产标准化和农业社会化格局的逐步形成。这样做，没有动摇家庭经营的基础，不侵犯农民的财产权益，又实现了农业在社会范围内的合理分工，有效克服了分散生产的资源和效率损失，解决了农业扩大经营规模、运用现代科技和优化生产结构等问题。农业产业化经营还突破了传统的农业行业和区域界限，延长了农业的产业链，扩大了农业的产业群，把加工业和商贸业的产业优势引入农业，把城市的技术、资金和管理注入农业，改变了传统农业的弱质地位。所有这些，都有效提高了农业的整体素质和竞争力水平，扩大了农产品的市场占有份额。如山东诸城通过产业化经营，形成了从良种繁育、饲料生产、肉鸡饲养到屠宰、加工、销售的完整的肉鸡产业链条，大大提高了肉鸡产业的竞争力，使产品成功打入日本、韩国、新加坡、南非等 16 个国家，每年出口肉鸡 3.5 万吨，创汇 8000 多万美元。江西赣南果业集团公司从事赣南名果脐橙的冷藏、加工和运销，带动附近 9 个县市的上百万户农户，形成 200 万亩的脐橙规模化生产基地，大大提高了赣南脐橙的市场竞争力和占有率。

3.1.4 农业产业化经营是推动农村经营体制完善和创新的有效形式

我国农村经营体制改革，是从实行家庭承包经营突破的。改革确立了以家庭承包经营为基础的农村经营体制，使亿万农户成为农业和农村经济的基本生产经营单位，成为市场的主体，享有生产经营自主权，农民的积极性和创造性得到了释放，农村焕发出了极大的生机和活力，有效地解放和发展了农村生产力。但随着市场趋向改革的不断深化和社会主义市场经济体制的逐步确立，家庭经营小规模、分散化的矛盾日益显现。农民缺乏组织，农业组织化程度低，制约着农村公益事业和集体经济的发展，制约着农民实现共同富裕的步伐，也制约着农村社会的稳定。因此，在农业和农村经济发展进入新的阶段后，如何在家庭承包经营的基础上有效整合农村分散的生产资源，克服家庭经营小规模、分散化的不足，提高农民的组织化程度，完善和创新农村经营体制，是农业和农村经济进一步深化改革和加快发展需要解决的重大课题。

邓小平同志早在 20 世纪 90 年代初就高瞻远瞩地指出："中国社会主义农业的改革和发展，从长远的观点看，要有两个飞跃。第一个飞跃，是废除人民公社，实行家庭联产承包为主的责任制。这是一个很大的前进，要长期坚持不变。第二个飞跃，是适应科学种田和生产社会化的需要，发展适度规模经营，发展集体经济。这又是一个很大的前进，当然这是很长的过程。"邓小平同志的这一思想，指明了我国农村经营体制不断改革创新和完善的前进方向，具有重大的现实意义和深远的历史意义。在农业和农村经济改革和发展的实践中，我们需要从实际出发，因地制宜，积极探索农业实现"第二个飞跃"的有效方式和途径。

农业产业化经营为实现"第二个飞跃"提供了一个有效途径。产业化经营能够把分散的农户联结起来，统一种植或养殖，集中连片生产，扩大经营规模，形成规模化经营。产业化经营通过自身的组织形式和运行机制，能够把农民组织起来，尤其是以合作经济组织带动农户的产业化经营模式，能够直接把分散的农民组织在一起，既发展了规模化经营，又提高了农民的组织化程度。

山西运城市的酥梨联合协会，就是由农民自己创办的从事产业化经营的合作经济组织。协会初期有 146 户会员，后来增加到 324 户，并与 4000 多户梨农建立了各种形式的服务关系。协会实现统一的病虫害防治、物资供应和产品销售，把产前、产中和产后环节紧密地连接在一起，不仅扩大了经营规模，而且提高了农民的组织化程度，有效克服了单家独户分散经营的弊端。

实践中，一些专业农户还采取合作制、股份合作制等方式组织起来，使一定范围内的某项农产品专业生产成为一个有机整体，形成规模化和集体化经营，由此产生的专业性合作经济组织，已经呈现出由分散到紧密的发展趋势，并开始实现由自发到自觉的转变。

农业产业化经营不改变家庭经营这个基础，又实现了农业经营规模的扩大和农民组织化程度的提高，把家庭经营的优越性和规模经营的必然性有机地结合在一起，把分散经营的灵活性和合作经营的竞争力有效地统一在一起，是推动农村经营体制完善和实现"第二个飞跃"的有效载体。因此，发展农业产业化经营，不仅是发展农业生产力，而且是调整和完善农业生产关系。我们不仅要从发展生产力的角度认识发展农业产业化经营的重要意义，更要从完善农村生产关系的角度认识发展农业产业化经营的重要意义。

3.1.5　农业产业化经营符合世界农业发展的大趋势

从世界各国看，实行农业产业化经营，是农业发展的共同趋势。20 世纪 60 年代以来，农业产业化经营在西方国家发展很快，经营领域不断扩大，发展水平不断提高。如在美国、荷兰、丹麦等农业发达国家，产业化经营产值在农业总产值中的比重已经超过了 20%，产业化经营目前已成长为世界农业发展的一种重要模式。

实行农业产业化经营，是世界各国抢占农产品国际市场的重要举措。当今世界，农产品市场的竞争，已不再是单个产品、单个生产者之间的竞争，而是包括生产、加工、销售以及农产品质量、品牌、价格和农业经营主体、经营方式等在内的整个产业体系的综合性竞争。哪个国家农业产业化经营程度高，农产品竞争力就强，在国际市场中占有的份额就大。如荷兰、丹麦都是很小的国家，耕地面积相当于我国的 2% 左右，农产品出口量都名列世界前茅。荷兰农产品出口量仅次于美国、法国，占世界第三位。丹麦猪肉出口量占世界第一位。两国农业的共同特点是产业化经营程度高，所有农产品从种植、养殖、贮存、加工、运输、包装、销售都形成完整的产业链。农产品加工企业不仅规模大，而且科技水平高。丹麦只有 4 个猪肉加工厂，就把全国所有的养猪农户带动起来，加工厂不仅把农户养的猪加工成多种多样的肉制品，而且为农户提供良种、饲料、防疫、运输、技术指导等服务。肉牛、蔬菜、花卉、水产品也都采取类似的经营形式。合作社在发展农业产业化经营方面发挥了重要作用，荷兰绝大多数农产品都是通过合作社销售的，3 个奶类合作社的经营额就占领了全国 80% 的牛奶供销市场，2 个合作拍卖行几乎销售了全国所有的花卉，1 个淀粉用马铃薯合作社就把全国生产淀粉用马铃薯的农户全部带动起来，1 个种用马铃薯合作社带动了全国 70% 的种用马铃薯生产户。荷兰、丹麦都是人多地少国家，通过加工销售企业和合作社，把分散经营的农民联结成高素质的整体，以高质量的产品进入国际市场，获得了很好的经济效益，值得我们借鉴。

3.2 农业产业化经营的组织形式和运行机制

组织形式和运行机制是农业产业化经营内在的核心问题。组织形式所要解决的问题是农业产业化经营的组织载体，即如何把农业产业化经营的基本要素有效地配置在一个组织架构内，使农业产业化经营能够正常运转；运行机制所要解决的问题则是农业产业化经营的内部关系，即如何协调同一组织内部农业产业化经营的不同利益主体之间的关系，核心是经济利益关系，使农业产业化经营的各个利益主体能够相互依存和共同发展。组织形式的有效性和运行机制的灵活性，是农业产业化经营内在的旺盛生命力之所在。缺乏科学的组织形式和有效的运行机制，农业产业化经营无法在实践中取得成功。因此，发展农业产业化经营，要高度重视农业产业化经营组织形式和运行机制的建设，把培育和完善组织形式和运行机制作为发展农业产业化经营的重要内容和基础环节。

3.2.1 农业产业化经营的组织形式

从发展实践看，我国农业产业化经营具体组织形式多样，内容各具特点，但概括起来，主要有以下几种类型。

1. 龙头企业带动型

龙头企业带动型是实践中最具典型的农业产业化经营组织形式，在发展农业产业化经营中起着主导性作用。这种形式的特点是：以实力较强的农产品加工企业或流通企业为龙头，与农户形成有机联系，重点围绕一种或一类产品或一项产业，实行农产品生产、加工和销售的一体化经营。从目前情况看，龙头企业带动型在农业产业化经营组织中居于主要地位，所占份额超过了 40%。在具体运作过程中，龙头企业带动型又表现为各种不同的具体模式。

（1）"公司＋农户"模式

这种模式的内涵是：作为龙头企业的公司与农户直接连接，公司与农户直接签订生产和收购协议，农户按照协议生产并将产品直接卖给公司，在公司和农户中间没有任何中介组织。这种形式具有投资省、见效快、关系直接等优点，深受农民欢迎，但也存在着农户量大分散、交易费用多、组织成本高，而且一旦农民违约或"败德"难以追究其责任等局限性。当企业所连接的农户不多时，模式尚可正常运行；当企业所连接的农户较多时，模式的运行就很困难，在这种情况下，就要由农民的合作组织或其他中介组织代表农民与企业打交道。因此，随着农业产业化经营的不断推进，"公司＋农户"模式得到了扬弃，并在扬弃中不断发展和完善。

（2）"公司＋中介组织＋农户"模式

这种模式的内涵是：作为龙头企业的公司与农户连接，但不直接与农户打交道，在公司与农户之间有一个中介组织，公司与中介组织签订生产和销售协议，中介组织再与农户签订协议，中介组织成为公司与农户的纽带，代表农户与公司进行谈判，公司通过中介组织实现了与农户的连接和完成了对农户的带动。作为对"公司＋农户"模式的直接发展，"公司＋中介组织＋农户"这种组织形式，不仅解决了企业与农户的连接问题，而且降低了企业与农户间合同签订、履行等技术操作的难度，提高了合同履约率，避免了企业与农户直接打交道所带来的过多的交易费用，大大降低了企业的组织运行成本，同时也创造出了对农村中介组织的需求，推动了农村中介组织的发展和成熟。在实践中，成为中介组织资源的主要有农民专业技术协会、合作社、农业技术推广中心、村级组织、农场、种植大户、经纪人等，其中合作社是运用最广的中介组织。因此，"公司＋合作社＋农户"就成为实践中运用最广的农业产业化经营组织形式。

（3）"公司＋市场＋农户"模式

这种模式的内涵是：龙头企业通过投资兴办农产品交易市场，来带动农户家庭经营的发展。在这种形式中，作为龙头企业的公司也不直接与农户签订有关生产、加工和销售的协议，而是通过对市场基础设施的建设、市场信息的收集和发布、市场交易活动的管理等，引导农民按照市场需求从事生产和交易。

2. 合作经济组织带动型

合作经济组织带动型是农民依靠自己的合作经济组织发展农业产业化经营的一种组织形式。这种形式的特点是：由农民自己兴办的合作经济组织，通过为农民的生产和经营活动提供技术和市场信息服务，推动农户生产与市场的联结，推动农产品生产、加工和销售的一体化。目前在全国农业产业化经营的组织形式中，合作经济组织带动型所占比重为1/3左右。在实践中，合作经济组织包括农村各种类型的合作社，如果品生产合作社、瓜类生产合作社、蔬菜生产合作社、养殖合作社、供销合作社、专业技术协会等。合作经济组织带动型也表现为不同的具体模式。

(1) "合作社＋农户"模式

这是合作经济组织带动型在实践中的基本模式。这种模式的内涵是：农户在自愿的基础上组成合作社，农户按照合作社的统一引导进行生产，产品由合作社统一组织销售。在这种模式中，合作社的功能基本上是服务性的，即提供技术、市场信息和收购服务。通过服务，将分散的农民组织起来，解决农民在生产中所遇到的盲目种植、技术服务不足和买难、卖难等问题，促进主导产业和产品生产的专业化和规模化，把分散的农民整体带入市场。如山东省莱阳市在农业产业化经营过程中，就围绕水果、蔬菜、畜牧、粮油、水产等主导产业兴办了200多个合作社，组织农民按照市场需求进行生产。

(2) "合作社＋公司＋农户"模式

这是合作经济组织带动型在实践中的发展模式。其内涵是：农户在自愿的基础上组成合作社，由合作社兴办自己的加工或运销龙头企业，通过龙头企业带动农户，实现一体化经营，实现农产品的加工增值，获取一体化经营中的利润。在这种模式中，作为龙头企业的公司是由合作社兴办的，因而是内生的，它与"公司＋合作社＋农户"模式中的公司在组织资源上是外生的不同。所以，"合作社＋公司＋农户"模式与"公司＋合作社＋农户"模式存有区别，前者以合作社为主导，后者则以龙头企业为主导。实践中，合作社兴办龙头企业的方式主要有三种：一是合作社独立兴办龙头企业，二是几个合作社联合兴办龙头企业，三是合作社向外来的龙头企业参股。

3. 市场带动型

市场带动型的特点是：通过市场基础设施建设和培育市场，建立健全市场规则，使市场成为龙头，为农户的生产和销售提供窗口和场所，运用市场机制的调节和导向作用，引导农民面向市场进行生产，实现农户生产与市场的结合，形成生产、加工和销售的一体化。目前在全国各类产业化经营组织中，市场带动型的占 12％。实践中市场带动型主要有"批发市场＋农户"和"零售市场＋农户"两种具体模式。

（1）"批发市场＋农户"模式

又称"专业市场＋农户"模式，基本内涵是：以专业批发市场为依托，专业市场与生产基地或农户直接沟通，通过市场交易为周边地区的农民提供市场需求信号，引导农民进行规模化和专业化生产，并把生产出来的产品集中到该市场销售，用技术服务和交易服务的方式，将农户纳入市场体系，使农民顺利进入市场。这一模式的典型是寿光市的蔬菜批发市场。

（2）"零售市场＋农户"模式

这种模式的典型形式是"超级市场＋农户"，是近年来国内新出现的一种农业产业化经营的组织形式。这种形式在国际上尤其在西欧国家十分流行。其基本内涵是：超级市场直接与农户连接，或通过中介组织与农户连接，建立农产品生产基地，超市将自己所需要的各种不同规格的产品以合同的形式与农民建立生产和供货关系，农民按照超市的要求从事生产和供货，农户的生产和市场销售形成了一体化。随着人们生活节奏的加快和家务劳动的社会化，超市在人们生活中的重要性会不断提升，超市会越来越成为普通居民家庭食物消费潮流的主导。因此，尽管"零售市场＋农户"这种产业化经营的组织形式目前在我国仍处于起步阶段，但其发展前景是非常广阔的。

4. 其他类型

农业产业化经营的组织形式，除了上述三种主要类型外，实践中还有"托管"模式，科研院所、高等院交、技术推广机构等的技术服务组织与生产基地和农户联结的"技术服务组织＋农户"模式，经纪人、专业大户带动模式等。在"托管"模式中，作为龙头企业的公司成建制地接管原隶属于行政主管部门的企业或行政村、农场，接管后由公司统一组织生产和经营活动，原来的劳动力主要从就业和出租场地获取收入，这样，原来的企业或行政村、农场等就被公司托管。在"技术服务组织＋农户"模式中，技术服务组织主要为农户的生产和经营活动提供技术服务，通过提高农户所生产产品的科技含量来提高农户的市场竞争力，使农户的产品顺利进入市场，但技术服务组织一般不在产品销售方面与农户发生联系。经纪人、专业大户带动模式与龙头企业带动型或合作经济组织带动型类似，近年来这种模式发展很快，其比重已达14％。

上述各种组织形式，都是在实践中不断形成和发展起来的，适应于不同的条件。因此，农业产业化经营组织的选择和完善，应从具体的实际情况出发，从各地的农村组织资源状况出发，因地制宜，因产业制宜，发挥优势，尊重农民的意愿和选择，发展多样化的组织形式，不能简单地照搬照抄，更不能用行政手段强行让农户与企业联结。农业产业化经营组织形式的完善，应朝着稳定化、规模化和效率化的方向发展。

3.2.2　农业产业化经营的运行机制

农业产业化经营的顺利运转，还必须要有良好的内在运行机制。从理论层面讲，农业产业化经营运行机制的内容包括利益分配机制、运行约束机制、风险规避机制和运行保障机制。从发展实践看，我国农业产业化经营的运行机制正在形成和逐步完善之中，具体做法也表现出了多种类型。

1. 利益分配机制

农业产业化经营利益分配机制所要解决的主要问题是：协调产业化经营各参与主体之间的利益关系，合理分配产业化经营的利益。合理分配共同经营利益是农业产业化经营各参与主体长期合作和联合的基石，而利益的合理分配只有通过完善的利益分配机制才能实现。因此，利益分配机制是农业产业化经营顺利运行的核心。在实际运行过程中，利益分配机制又具体表现为参与主体之间的利益联结方式和利益分配方式。从各地的情况看，农业产业化经营的利益联结和分配方式是多形式、多样化的，参与主体之间既有紧密型的利益联结，也有松散型的利益联结；既有只在经营层面的利益联结，也有深层次的产权层面的利益联结。以龙头企业带动型为例，农业产业化经营各参与主体具体的利益联结和分配方式主要有以下几种：

（1）普通收购方式

即公司根据市场行情，意向性收购农民所生产的产品，然后进行加工、销售，同时向农民反馈市场信息及提供技术指导，收购价格一般是随行就市。这种利益联结方式属于松散型的，参与双方享有充分的选择权，不相互约束。由于体现利益关系的价格是由市场决定的，这种连接方式所体现的利益分配机制实际上就是外部的市场机制。农民在这种方式下承担的市场风险较大。

（2）合同契约方式

即公司直接与农户或通过中介组织与农户签订生产和收购合同，农户按照合同契约进行生产，公司按照合同契约进行收购，其他相关的利益关系也在合同中明确规定。这种利益联结方式属于紧密型的，参与双方都要遵守合同条款，双方相互约束，是实践中采用最多的一种方式。一般地，在合同契约方式中，体现利益分配关系的收购价格主要有三种形式：一种是合同保证价格，即不管实际的市场价格是多少，公司都按合同规定的价格收购农民的产品，合同价格一般是按照"预测成本＋合理利润"或前几年市场价格的平均值确定的，较好地体现了公司与农户双方的利益，由于合同保证价格相对稳定，与市场价格的偏差也不会太大，农民的市场风险大大减小；另一种是市场保护价格，即公司与农户确定一个合同基准价格，当市场价格高于合同基准价格时公司按实际的市场价格收购，当市场价格低于合同基准价格时公司按合同基准价格收购，由于这一合同价格在市场价格较低时对农民的利益起到了保护作用，因此被称为保护价格，与合同保证价格相比，保护价格让农民获得了市场价格溢高后的利益，利益分配向农民做出了倾斜，受到了农民的普遍欢迎；再一种是参照加成价格，即公司以国家的粮食保护价格为参照，用高于国家保护价格一定幅度的价格收购农民的产品。除价格方式外，合同契约对参与双方利益关系的协调还有一些非价格方式，如企业按合同标准为农户提供一定数量的周转金，企业按优惠价格为农户提供种子、种苗、种禽、饲料和生产技术等。

（3）产权联合方式

即参与产业化经营的各方以股份制的形式进行合作，各方的资产或产品均按统一标准折合成股份，以股权为纽带连接利益关系，实施按股分红。与合同契约联结方式相比，这种利益连接方式从经营层面深入到了产权层面，属于产权层面紧密联结型的，参与各方的利益结合更紧密、更深入，真正形成了"利益共享、风险共担"的利益共同体，因而是一种层次更高、更为成熟的利益联结和分配方式。

（4）利润返还方式

又称"二次分配"方式，即在公司与农民的利益联结中，农民除以价格方式获得产品销售收入外，公司再从自己的赢利中拿出一部分按一定标准返还给农民，农民参与了公司赢利的分配，即二次分配。在这种利益分配方式下，农民不仅获得了农产品生产环节的收益，而且分享了农产品加工、流通环节的利益，有效地克服了对农民的产品"一次买断"的不足。

（5）代理收费方式

即龙头企业在与农户的联结中，只代理产品的加工、销售等业务，按单位产品收取固定的代理费用。这种方式的好处是农民所得收入较多，但不足是公司在利益上是旱涝保收，农民则要承受较大的生产经营风险。

2. 运行约束机制

农业产业化经营运行约束机制所要解决的主要问题是：如何保证产业化经营参与主体经济行为的规范性和经济利益的完整性。如果没有一个强有力的约束机制，利益分配机制不能有效地发挥作用。我国农业产业化经营运行约束机制的发育还不成熟，这是实践中产业化经营各方经常产生利益纠纷的一个基本原因。所以，加强约束机制的培育和建设，对于农业产业化经营的健康发展十分重要。

从既有的实践看，农业产业化经营的运行约束机制主要有四种类型：

（1）市场规则约束

即在松散型联结的模式下，产业化经营的参与各方没有确定特定的交易规则，各自都按照一般的市场规则进行交易活动。如龙头企业收购农户的产品时不压级压价、不拖延货款，农户向企业交售产品时不以次充好，等等。由于市场规则是所有经营者在任何情况下都要遵守的一般规则，其对农业产业化经营运行的约束并不具有特殊性，因此，松散型联结的农业产业化经营模式的稳定性是较差的。

（2）合同规则约束

这是目前农业产业化经营运行约束机制的主要类型，在实践中普遍采用，所占比例大约为50%。其内涵是：产业化经营的参与各方缔结规范的经营合同，各自的权利和义务以及不履约的处罚措施都通过合同条款明确规定下来，大家共同执行和相互监督。由于合同具有法律效力，违约要承担法律责任，因此，合同约束就是一种刚性约束机制，这种机制约束下的农业产业化经营运行具有较高的稳定性。

（3）合作规则约束

这一类型主要在合作经济组织带动型的组织形式中采用，大约占产业化经营组织与农户联结方式的 15％。在具有合作成分的农业产业化经营模式中，参与各方的经济行为除了受合同规则的约束外，还受到合作规则的约束。在合作规则下，如果管理者的行为不当或经营方案不符合大多数成员的利益，管理者就有可能遭到罢免，经营方案就会得不到通过，这样的约束就在很大程度上保证了各参与主体经营行为的规范性和经济利益的完整性。然而，从实际情况看，农业产业化经营中的合作规则尚未得到很好的遵守，合作规则的约束作用远未发挥出来。

（4）产权规则约束

这一类型主要出现在以产权联合方式进行利益联结和分配的农业产业化经营中，在数量上大约占产业化经营组织与农户联结方式的 10％多。在具有股份制性质的农业产业化经营模式中，参与各方的经济行为除了受合同规则的约束外，还受到股权规则的约束。同样，在股权规则下，如果管理者的行为不当或经营方案不符合大多数股东的利益，管理者就有可能易人，经营方案就要进行修改，这样的约束也能在很大程度上保证各参与主体经营行为的规范性和经济利益的完整性。股权约束机制目前在我国仍处于发育阶段，一些规则需要进一步完善。

3. 风险规避机制

农业产业化经营风险规避机制所要解决的主要问题是：如何使产业化经营的运行不受或少受外部意外风险的影响，即尽可能降低农业产业化经营运行的风险性。农业产业化经营运行的外部风险主要来自两个方面：一是市场风险，即价格的大幅度波动超出了经营主体的承受能力，使农业产业化经营的正常运行受到影响。二是自然风险，即由自然灾害引起的农户生产的巨大损失，如干旱、洪涝、病虫害、失火等使农户收成骤减，农户的再生产受到影响，从而使产业化经营不能正常运行。由于市场风险和市场风险是单个企业或农户无法抗拒的，为了保证农业产业化经营的顺利运行，就必须建立风险规避机制，以有效应对这些外部风险。

风险规避机制在内容上包括规避市场风险的机制和规避自然风险的机制。目前，我国农业产业化经营风险规避机制的构建尚处在探索之中，只有少数龙头企业对此做出了初步尝试，但收到了较好效果。实践中的做法主要有两种：

（1）风险基金制度

即龙头企业每年从经营利润或从市场价格溢高部分中提取一定比例的数

额，作为风险基金，设立专门账户进行管理，以备在遭受不可抗拒的风险损失时对农民进行补偿或对企业的运转资金进行补充，即用风险基金制度规避风险。

（2）商业保险制度

即利用商业保险来规避风险。如华农集团在与农户连接进行一体化经营时，为农户的养鸡进行了商业保险，规定因火灾、水灾、大型瘟疫等造成的损失由保险公司赔偿60%～80%，保险费用由企业和养鸡户按企业70%、农户30%的比例共同承担，这种利用商业保险规避风险的方式为企业和农户都带来了明显的好处。

4. 运行保障机制

农业产业化经营运行保障机制所要解决的主要问题是：如何培育良好的外部条件，理顺外部关系，以促进农业产业化经营的健康运行。利益分配机制、运行约束机制和风险规避机制尽管功能不同，但所解决的都是农业产业化经营体的内部关系问题。农业产业化经营还会涉及许多外部关系，产业化经营的健康运行不仅要理顺内部关系，而且要理顺外部关系。

从发展情况看，建立运行保障机制的重点是资金保障机制。资金是连接农业产业化经营参与主体的脉络，是维系农业产业化经营的重要条件。如果没有资金支持，农业产业化经营无法有效运转。资金不足，是目前农业产业化经营中存在的一个基本问题，是制约农业产业化经营发展的一个主要因素。实践中，农业产业化经营的资金筹措主要有四种方式：

（1）自我积累

即龙头企业、合作经济组织和农户都主要通过自身积累的资金从事农业产业化经营活动，这是众多中小型尤其是小型规模的农业产业化经营体的主要资金筹措方式。

（2）间接融资

即通过银行贷款获得农业产业化经营的基本资金。由于商业化改革使银行在放贷方面十分谨慎，贷款门槛提高，因此，只有具备一定实力的企业才有可能得到贷款，广大农户一般很难从这一渠道得到资金。

（3）直接融资

即通过资本市场获得农业产业化经营的基本资金。目前在沪深两市上市公司已逾千家，但农业上市公司不多，仅占上市公司总数的3%左右，而从事农业产业化经营的公司只有 10 多家。资本市场支持农业产业化经营的潜力远未开发出来。

（4）利用外资

在农业产业化经营体中，一些龙头企业利用外资扩大了规模，提高了与农户的连接能力，一些龙头企业本身就是合资企业或外资独资企业，如中法合营王朝葡萄酿酒有限公司、吉林德大有限公司等，但农业利用外资的水平仍然较低，吸引外资进入农业产业化经营领域仍有广阔空间。

运行保障机制的建立还应注重税收政策、农地使用权流转政策等相关政策的优化，为农业产业化经营提供一个良好的外部保障环境。

3.2.3　农业产业化经营组织形式和运行机制的完善

农业产业化经营组织形式和运行机制的不断完善，是促进农业产业化经营健康发展和提高农业产业化经营水平的重要问题。总体来讲，我国农业产业化经营的组织形式和运行机制尚处在发育成长之中，促进农业产业化经营组织形式和运行机制的成熟和完善仍需要大量工作。根据上述分析，结合实践中存在的问题，完善我国农业产业化经营的组织形式和运行机制的重点是：引导龙头企业与农户之间建立起稳定的"利益共享、风险共担"的机制，使龙头企业与农户之间结成利益共同体，维护农民的经济利益不受损失。农业产业化经营的组织形式和运行机制的完善，应注意以下几个方面。

1. 维护农民的主体地位和经营自主权

农民的主体地位和经营自主权是农民生产经营积极性的基础，失却了这个基础，农业产业化经营将不会成功。在农业产业化经营组织形式和运行机制建设过程中，由于要连接龙头企业与农户，要进行主导产业和生产基地的规划，要组织农产品的生产、加工和销售的一体化，要确定利益分配方式等，这些都直接涉及农民的主体地位和自主权。搞不好，就会侵害农民的主体地位和自主权。从理论上讲，农民在产业化经营中的主体地位是由农民的商品经济地位和法律地位等因素决定的。首先，在市场经济条件下，农民是一个独立的商品经济主体，是自负盈亏的商品生产经营者，有权对生产什么、生产多少以及如何生产等问题进行自主决策，并独立承担决策的风险和负责生产经营活动的盈亏结果；其次，以家庭承包经营为基础、统分结合的农村基本经营制度，赋予了农民的生产经营自主权，在法律制度上确立了农民的生产经营主体地位。实践证明，农民的生产经营积极性还直接与农民主体地位的维护情况有关。只有充分尊重和维护农民的主体地位，才能有效调动农民的积极性，发挥农民的创造性。因此，农业产业化经营组织形式和运行机制的建设，必须高度重视农民的主体地位和经营自主权问题，要尊重农民的主体地位，确立农民的主体地位，维护农民的主体地位，不得以任何理由或借口侵害农民的主体地位和经营自主权。

尊重农民的主体地位，具体讲，就是要尊重农民的土地承包权、生产决策权、自主经营权、产品处置权和经营收益权，就是要维护农民的这些权利不受侵犯。尊重农民的主体地位，在产业化经营实践中，要特别注意不能代替农民决策，更不能对农民强迫命令。政府和企业应帮助农民分析市场行情，提供技术服务，但不能代替农民决策，当农民还不能理解和接受一体化经营的方案时，应允许农民思考和选择，要由农民自主地选择产业化经营的组织形式和运行机制，不能把政府或企业的意志强加在农民头上。从目前情况看，农民的主体地位还很脆弱，一些地方在产业化经营过程中还经常发生侵害农民自主权的事情，比如强迫农民与龙头企业连接，强迫农民种这养那，强迫农民接受统一的经营方案，强迫农民接受不利于农民的利益连接和分配合同等，这就要求我们要高度认识尊重和维护农民主体地位的重要性，加大培育农民主体地位工作的力度，切实尊重农民的生产经营自主权。违背农民意愿，侵犯农民自主权，挫伤农民积极性，绝对不可能获得农业产业化经营的成功。

2. 保护农民的经济利益

农民尽管是产业化经营的重要主体，但由于农民是分散的，生产是小规模的，分散的小规模的农户无法与龙头企业公平竞争，无法与龙头企业平等谈判，在经营合同中，龙头企业常居于主动，农户则往往较为被动，这就决定了农民在产业化经营中处于弱者地位。另一方面，在农业产业化经营组织形式中，多数龙头企业都是"外生"的，是独立于农民之外的，与农民并不是同一个利益主体，虽然龙头企业在带动农民进入市场方面起了很大作用，但在利益分配方面，企业会首先考虑自身的利益，即使为农民提供低偿或无偿服务，向农民让利，也是有限的。农民的弱者地位使农民在产业化经营收益的分配中处于不利地位，龙头企业对自身利益的追求则更强化了农民在经济利益上的不利地位。因此，农业产业化经营组织形式和运行机制的建设，要高度重视农民经济利益的保护问题，把保护农民的经济利益放在第一位。利益机制的内容应充分体现企业利益与农户利益的平等性，龙头企业应从自身的长期利益出发认识保护农户利益的必要性和重要性，对所连接的农户不能"竭泽而渔"，而应"放水养鱼"。农民经济利益的保护，除在经营层面建立和完善公正的利益连接和分配机制外，应重点发育和建设龙头企业与农户"利益共享、风险共担"的利益共同体，积极探索企业与农户在产权层面联合的途径。如上所述，龙头企业的"外生性"不利于农民经济利益的完整性，可以用产权合并的方式"内化"龙头企业，在产权层面使农民成为龙头企业的股东，龙头企业和所连接的农户形成一个真正的利益共同体。另外，提高农民的组织化程度，大力发展农民合作，以合作的组织增强农民的谈判能力，对保护农民的利益也非常重要，从长远讲，这是保护农民利益的根本措施。

3. 提高组织形式和运行机制的效率

农业产业化经营组织形式和运行机制的效率具有三个方面的含义：第一，信息在组织形式和运行机制链上的传递是畅通的、快速的；第二，要素在组织形式和运行机制框架内的配置是最佳的；第三，交易成本在组织形式和运行机制系统中是最低的。这三个含义归结到一点，就是组织形式和运行机制要有利于实现农业产业化经营的健康运转和最大化利益。效率性是农业产业化经营组织形式和运行机制建设要遵循的基本准则，提高效率就是要提高农业产业化经营组织形式和运行机制信息传递的畅通性和快速性、资源配置的有效性和交易成本的节约性。实践中尽管出现了多种类型的农业产业化经营组织形式和运行机制，但并非每种类型都符合效率标准，都具有最佳效率。因此，农业产业化经营组织形式和运行机制的建设和优化，还应根据效率准则选择最佳的具体组织形式和运行机制。

4. 提高农业产业化经营组织系统的开放性

农业产业化经营的组织系统应该具有高度的开放性，即技术、人才、资金面向国内外吸引，产品面向国内外市场销售，尤其是在加入世界贸易组织后，龙头企业要在发挥比较优势的基础上，积极参与国际竞争，吸收国际上先进的技术和管理经验，提高企业产品的科技含量和企业的管理水平，增强一体化经营的市场竞争力。只有这样，才能使企业和一体化经营在竞争中立于不败之地，在竞争中不断发展。

3.3 农业产业化经营中的龙头企业建设

发展农业产业化经营，龙头企业是关键。培育和壮大龙头企业，是发展农业产业化经营的中心环节。因此，农业产业化经营必须抓好龙头企业建设这一环节。

3.3.1 龙头企业在农业产业化经营中的作用

龙头企业在农业产业化经营中具有非常重要的作用，这种作用主要表现在四个方面：

一是开拓市场。龙头企业比农户具有明显的资金优势，生产能力较大，能带动较大范围的生产基地和农户，形成较大的市场供给能力。龙头企业还具有一定的规模优势，在经营过程中能占有一定的市场份额，尤其在区域性市场中占有一定份额，从而成为区域性的信息和价格形成的重要源头。另外，龙头企业在与国内外企业开展合作或联合的过程中，也为农产品及其加工品拓展了市场空间，能够根据国内外市场需求开展生产与加工，有助于推进区域性或全国市场一体化的形成。

二是引导生产。龙头企业是一个重要的中介，一头与市场相连，另一头与农户相连，在农户与市场之间起着桥梁和纽带作用。在经营过程中，一方面向农户提供生产信息，帮助农户进行种养决策，要求农户提供符合质量标准规定的农产品原料，引导农民按照市场需求进行生产，有效解决了农户种（养）什么、种（养）多少的问题，避免了农民自发生产可能形成的盲目性；另一方面向农户提供资金、设备和技术以及相应的服务，引导农民运用先进手段和技术进行生产，推动农业生产技术水平的提高。

三是加工转化。对农户提供的原料型农产品进行加工转化，是龙头企业的重要职能。通过加工转化，不仅可以实现农产品增值，增加经营收益，而且可以提高农产品与市场的适应程度，拓展农产品市场空间。加工转化的层次越多，农产品增值的范围也就越大，对市场的适应性也就越强。

四是销售服务。为农户提供产品销售服务，是龙头企业的又一项重要职能。龙头企业既有加工型企业，也有流通型企业。加工型企业通过采购农户的原料型农产品，加工转化后再行销售。流通型企业是对农户的产品进行必要的产后处理后即销售于市场。不论何种形式，都避免了单个农户直接面对市场、独立承担市场风险的局面，促进了市场流通分工的发展和市场体系的完善。

　　龙头企业在农业产业化经营中的这些重要作用，决定了培育和壮大龙头企业是发展农业产业化经营的中心环节。龙头企业经济实力的强弱、科技水平的高低、带动能力的大小，决定着农业产业化经营的规模和成效。因此，发展农业产业化经营，要把培育和壮大龙头企业放在中心位置，作为中心环节。要尽力培育和建立一批经济实力强、科技含量高、辐射范围广、带动能力大的龙头企业，形成一批能够与国外农产品加工流通企业相抗衡的企业集团，引导调整优化农业结构，带动农业产业升级，开拓农产品国内外市场，拉动农业增效和农民增收。

3.3.2　龙头企业建设的重点

　　从龙头企业的作用和各地的实践看，龙头企业建设要抓好四个重点：

　　一是坚持高起点。要把增强经济实力、科技创新能力、市场开拓能力、产品竞争能力、带动农户能力等作为龙头企业建设的核心内容。按照"大"（经营规模大）、"高"（科技水平高）、"外"（外向型）、"新"（产品新）、"强"（开拓市场能力强、带动农户能力强）的目标，加强龙头企业建设。

　　二是采取多形式。龙头企业可以是加工型企业，也可以是流通型企业，还可以是中介服务组织；可以由国有工商企业来办，也可以由农民合作经济组织来办，还可以由个体、私营、外资企业来办；可以由一家企业办，也可以由不同所有制企业联合办；可以独资办，也可以吸引社会资金办，还可以引进外资办。确定龙头企业，关键是要看对农户的辐射带动作用，要看与农户的利益联结关系。不管什么所有制和哪种类型的企业，只要能与农户形成稳定合理的利益联结，能够带动农户并使农民从中真正得到实惠，就可以确定为龙头企业，就应该给予积极扶持。要形成多种形式并存、多元化发展的龙头企业建设格局。

　　三是建立现代企业制度。不管哪种类型、哪种形式的龙头企业，都要按照现代企业制度和市场经济规则的要求，做到产权清晰，权责明确，政企分开，管理科学。要完善企业的法人治理结构，完善企业内部运行机制，提高企业生产效率和管理水平。有条件的地方，要通过联合、并购等资产重组形式，组建现代企业集团。提倡和鼓励符合条件的龙头企业，通过规范的公司制改造，发股上市，进入资本市场，筹措发展资金。

四是搞好自身管理。龙头企业要注重自身竞争力建设，加快科技进步，提高产品质量，改善经营管理，增强竞争能力，不断提高技术创新能力和市场开拓能力，不断积累发展能力，在此基础上谋求发展。当前要特别注意两点，一是龙头企业建设不能盲目扩张，搞低水平重复建设；二是龙头企业建设要突出主业，把有限资金集中用在农产品加工、销售和生产基地建设上。

3.3.3 龙头企业建设要注意的问题

龙头企业建设要处理好与农户的利益联结关系，这是龙头企业建设中的一个核心问题，也是龙头企业获取外部支持的基础和前提。龙头企业只有与农户形成稳定合理的利益联结关系，尤其是与农户结成紧密的利益共同体，使农民获得应得的利益，才符合农业产业化经营的本来意义。因此，龙头企业建设就要高度重视与农户的利益关系的建设，把优化与农户的利益关系作为龙头企业运行机制建设的核心；把与农户形成稳定合理的利益联结关系，尤其是与农户结成紧密的利益共同体，作为龙头企业建设的基本方向和要求。龙头企业要切实对农民负责，要认真履行与农户签订的产销合同，不能在产品销售困难时撒手不管，使农民受损失。在实践中，对那些与农民没有利益关系，进行农产品工厂化生产的企业；或虽与农民发生利益关系，但不向农民让利、甚至与农民争利的农产品加工销售企业，不能作为龙头企业来扶持。

尊重农户的土地承包权，是龙头企业从事农业产业化经营的一个基本原则。龙头企业从事农业产业化经营的重点领域，是农产品产后加工和营销、产前农业生产资料供应服务以及产中技术服务，通过采取公司加农户和订单农业的方式，带动从事直接农产品生产的农户，但龙头企业不能直接接管农户的承包地，不能代替农民从事直接农产品生产，尤其是不能长时间、大面积租赁和经营农户的承包地。不能把公司带动农户搞成公司替代农户，更不能把公司带动农户搞成公司兼并农户。龙头企业如果需要建立种苗繁育、示范推广基地，发展设施农业，应当尽量与乡镇农业示范场或国有农场结合，利用其设施和土地，确有困难的可小范围租赁农户的承包地。由乡镇政府或村级组织出面长期租赁农户的承包地，再转租给龙头企业从事产业化经营的"反租倒包"，不符合家庭承包经营制度，不利于维护农民利益，应予制止。

龙头企业应增强与农户连接的稳定性。农业产业化经营运行的不稳定因素，除了市场风险和自然风险外，农户或企业的"违约"是一个重要方面。"违约"往往出现在市场收购环节，市场价格过高于合同价格时容易使农户违约，一些农户将签约产品不交售给企业而是在市场上高价卖出；市场价格过低于合同价格时容易使企业违约，一些企业拒绝按合同价格收购农户的产品。"违约"也会出现在其他环节，如一些企业承诺的技术服务或提供周转金不能兑现，有的农户把企业垫支提供的雏鸡转卖给他人，等等。严重的违约会使农业产业化经营的运行中断，如大江集团就曾因农户违约而不能完成鸡肉生产计划，企业签订的出口合同无法履行，使企业的正常经营活动受到了影响。因此，增强龙头组织与农户连接的稳定性，一方面，要增强运行机制的抗风险能力；另一方面，要减少和消除违约行为。市场风险的防范，风险基金是一个有效的机制。风险基金的建立，除企业自身的努力外，政府应当给予必要的扶持，对企业收益中用于风险基金的部分可以予以免税优惠，以鼓励企业建立风险基金。自然风险的防范，可充分利用社会的商业保险资源，我国的商业保险制度已经基本成熟，利用商业保险规避农业产业化经营的自然风险，是一条有效途径。违约行为的纠正，除用教育手段提高农民和企业决策人员的商业道德、增强各自的市场观念和一体化经营意识、提高相互之间的信任度和用法律手段严格处罚违约行为尤其是企业的违约行为外，在风险规避机制建设方面可以考虑建立"信誉保证金"制度，即企业与农户签订产品收购合同时，农户按照合同定购额的一定比例向企业预付一笔款项，用作农户的信誉保证金，农户完成合同规定的交售任务后，企业清算货款，退回信誉保证金，并按银行利率支付利息，农户若违约，则信誉保证金不再退回。信誉保证金制度实际上起到了增大农户违约成本的作用，有助于农户行为的优化。

龙头企业的发展还要重视农业行业协会的建立工作。在龙头企业的基础上建立农业行业协会，有利于行业自律，有利于维护正常的市场秩序，有利于行业信息的交流和技术水平的提高。行业协会还能够在解决国际贸易争端中发挥重要作用，在很多方面起到政府难以起到的作用。要积极创造条件，加快我国农业行业协会的建立和发展，如小麦协会、玉米协会、大豆协会、果品协会等，充分发挥农业行业协会在提高龙头企业竞争力方面的作用，充分发挥龙头企业在提供农产品国际国内市场信息、政策法规咨询服务、技术研发、市场开拓、行业准入管理、国内价格及进出口价格协调管理、反倾销反补贴调查和应诉、行业损害调查、贸易纠纷处理等方面的作用。

扶持龙头企业健康快速发展，是政府扶持农业产业化经营的一项重要内容。龙头企业承担着带动农户生产、帮助农民增收的任务，龙头企业的兴衰关系大批农民的生产和收入，所以，扶持龙头企业就是扶持农民。各级政府要在财政、税收、信贷、资本市场等方面，加大对龙头企业扶持的力度。中央和省级财政要专门安排资金支持农业产业化基地建设、科研开发和技术服务，对重点龙头企业的贷款给予贴息优惠，适当提高农产品加工和流通企业购进农产品原料的增值税进项抵扣率，把重点龙头企业技术改造纳入国债支持的范围，把农产品加工企业作为全国中小企业信用担保体系的优先扶持对象。我国已经成为世界贸易组织的正式成员，扶持龙头企业发展的政策措施，既要体现加大扶持力度的宗旨，同时也要符合 WTO 规则，具体的政策措施不能与 WTO 规则相矛盾，以避免引起不必要的贸易争端。

3.4　农业不同行业的产业化经营

农业产业化经营虽然具有共同的内涵和标准，但由于农业的不同行业在生产过程、产品特性及功用等方面都存在着差异，不同行业的产业化经营就具有各自的特点，具有各自的具体经营形式。进行农业产业化经营，不仅要遵从农业产业化经营的共性，而且要遵从不同行业产业化经营的个性。只有把共性和个性很好地结合起来，才能实现农业产业化经营的健康发展。

3.4.1　畜牧业的产业化经营

畜牧业是发展产业化经营潜力最大、领域最为广阔的一个部门。国外的农业产业化经营，首先就是从畜牧业起步，最早即出现在养鸡业。20 世纪 50 年代初，美国和西欧等国先后推行工业式养鸡，要求产前、产中的雏鸡培育、饲料供给、疾病防治和产后的屠宰加工、产品销售等环节与饲养过程一体化协调发展，饲料公司和屠宰场因此而成为一体化经营的组织者，即"龙头"，他们主动与养鸡农户签订生产和销售合同，实行生产、加工和销售的一体化经营，于是，"饲料公司或屠宰场＋农户"就成为世界上最早的农业产业化经营组织形式。在养鸡业产业化经营的引动下，畜牧业的其他部门如养猪、养牛等相继实行了不同程度的产业化经营。继畜牧业之后，产业化经营逐渐在蔬菜、水果、花卉和谷物种植业等行业扩展开来。畜牧业不仅首开产业化经营的先河，而且其产业化经营的发展也最快、水平也最高，如美国早在 20 世纪 60—70 年代，其鲜用牛奶、烤用肉鸡等生产量的 90％以上就都是由一体化经营组织提供的。国外的发展经验充分说明，畜牧业不仅可以进行产业化经营，而且可以领导农业产业化经营的历史潮流。

1. 畜牧业产业化经营的发展前景

产业化经营在我国畜牧业中已经有了一定程度的发展，涌现出了山东诸城外贸公司为龙头的肉鸡业一体化经营、河北三鹿集团为龙头的乳牛业一体化经营、江苏高邮鸭集团为龙头的养鸭业一体化经营和河南漯河双汇集团为龙头的养猪业一体化经营等一批产业化经营的典型。农业部等部委公布的第一批 151 个农业产业化经营国家重点龙头企业中，畜牧业及兼营畜牧业的龙头企业占了一定比重。但是，从总体上讲，我国畜牧业产业化经营的水平还不高，产业化经营方式在畜牧业中的普及程度还较低，与发达国家相比还有很大差距。因此，应该加快我国畜牧业产业化经营的发展，尽快提高我国畜牧业产业化经营的水平，使畜牧业成长为我国农业产业化经营的主导部门。

我国畜牧业产业化经营的发展前景十分广阔。从理论上讲，畜牧业产业化经营的前景是由城乡居民生活和出口对畜产品尤其是加工型畜产品的需求程度决定的，而我国今后对畜产品的需求将十分巨大。

首先，在总体层次上，我国城乡居民对畜产品的消费目前还处在较低水平，人均肉类消费量不到 35 公斤，奶类不到 7 公斤，禽蛋也只有 10 公斤左右，与发达国家相比差距很大。和一些发展中国家相比也有较大差距。如美国、加拿大、英国、荷兰、丹麦、芬兰等国人均每年奶消费量接近或超过 200 公斤，在不善消费奶的亚洲国家和地区中，日本人均每年奶消费量达到 70 公斤，韩国是 55 公斤，印度 60 公斤，泰国 20 公斤。根据消费经济规律，随着经济发展所带来的人均收入水平的提高，我国城乡居民对畜产品的消费量肯定会显著增加。

其次，在结构层次上，我国农村居民对畜产品的消费数量明显少于城镇居民，人均肉类消费少 46％，禽蛋少 56％，奶类少 79％，这就是说，农村居民畜产品人均消费量还不及城镇居民的一半。对于这样的城乡消费差距，从理论上讲，只要农村人口变为城镇人口，畜产品的消费量就会增加 50％以上，城镇化会成为拉动畜产品需求扩大的重要因素。我国目前的城镇化水平还不高，城镇化滞后于工业化的情形非常明显，今后几十年将是我国城镇化加速发展的时期，预计到 2020 年城镇化水平将超过 50％。随着越来越多的农村人口发展为城镇人口，对畜产品的需求无疑将会不断扩大。

再次，在加工层次上，我国畜产品的加工程度很低，城乡居民对畜产品的消费还主要停留在生食即非加工层次。调查结果显示，我国城镇居民肉类消费中生食品比重高达 89％，加工品比重只有 14.5％，半成品在生食品中所占比重仅有 1.8％。而发达国家的畜产品消费已经走向加工化和高加工化，即使是生食品部分也完全半成品化，畜产品加工占畜产品生产总量的比重高达60％～70％。随着生活水平的提高和生活节奏的加快，食品消费加工品化是一个必然趋势，我国也不会超越这一趋势。因此，相对于不断增长的畜产品总需求来讲，今后我国城乡居民对加工型畜产品的需求会表现出更大增长，这无疑为以加工为龙头的畜产品生产、加工和销售一体化发展提供了广阔空间。

最后，在出口层次上，我国畜产品的出口水平不高，出口潜力远未发挥出来。尽管我国畜产品产量在国际上名列前茅，但国际市场开拓不力，畜产品出口量不及总产量的 2％，是典型的生产大国、出口小国，而其他畜牧业发达国家的畜产品出口率都在 30％以上；同时我国出口的畜产品大多以未经过加工或加工深度不够的活猪、冻猪肉和禽肉为主，劳动力资源丰富的优势没有充分利用。从价格层面讲，我国许多畜产品价格低于国际市场，在价格上具有竞争优势，加入世界贸易组织后，随着出口壁垒的降低和消除，我国畜产品的出口会大量增加，这是我国畜产品需求扩大的一个重要因素。

总之，畜产品市场需求的大量扩张，为我国畜牧业产业化经营的发展提供了广阔前景，我国畜牧业产业化经营的发展是大有潜力的。

发展畜牧业产业化经营，提高我国畜牧业的国际竞争力，以应对加入WTO 的挑战，还具有迫切性。相比较而言，畜牧业是我国加入 WTO 后农业中具有竞争优势的领域，尤其是肉类生产。但我国目前畜牧业生产的主体是以家庭经营为基础的农户，以养猪为例，全国出栏生猪 50 头以上的养猪场和专业户出栏肉猪数占生猪出栏总数的比重只有 15％左右，其中大型集约化饲养仅占 2％，广大的农户提供了 85％以上的肉猪生产，而农户的生产规模狭小，技术水平低，饲养粗放，缺乏竞争力；畜牧业企业大多数也是规模不大，生产设备落后，管理水平低，竞争能力弱。在这种格局下，单独依靠畜牧业企业或农户，都无法使我国的畜产品与国外有效竞争。提高我国畜牧业国际竞争力的根本出路是进行产业化经营，即畜牧企业与农户紧密地连接起来，形成生产、加工、销售一体化经营的共同体，通过农户充分发挥劳动力资源丰富的优势，通过企业有效提高新产品的科技含量和加工程度，只有这样，才能使我国的畜牧业和畜产品市场少受或免受国外产品的冲击，才能使我国的畜牧业在加入WTO后能分享到国际市场的好处。

2. 畜牧业产业化经营的特点

畜牧业产业化经营具有自身的特点，正确认识和把握这些特点是设计畜牧业产业化经营方案和具体实施畜牧业产业化经营的基本前提。

（1）畜牧业产业化经营的产品需求受收入水平的制约较大

在食物消费序列上，畜产品处在较高位置。与谷物、蔬菜类产品相比，畜产品的消费受收入水平的影响更大，消费者的畜产品消费能力所要求的收入支撑水平要明显高于谷物、蔬菜类产品。只有在人均收入达到较高水平后，以谷物类产品为主导的食物结构向以畜产品为主导的食物结构的转换才能实现。畜产品的这种消费性质，决定了畜牧业产业化经营的市场容量受城乡居民收入支付能力的较大制约。因此，畜牧业产业化经营必须充分考虑城乡居民的收入水平及其增长状况，产品的种类及其加工深度等应与城乡居民的实际消费能力相适应。在目前我国城乡居民收入水平还不很高的情况下，要特别注意通过降低产品的生产经营成本来开拓产业化经营的市场。

（2）畜牧业产业化经营对饲料行业和草业的依赖性较大

饲料是畜牧业产业化经营的主要要素投入，在很大程度上影响着畜牧业产业化经营的运转。从组织形式上讲，饲料行业和草业是畜牧业产业化经营的重要组成部分，是畜牧业产业化经营体系的重要环节。在畜牧业产业化经营体中，饲料企业可以与畜产品加工或营销企业一样单独成为"龙头企业"。因此，畜牧业产业化经营必须高度重视饲料行业和草业的发展。

（3）畜牧业产业化经营对兽医服务业的依赖性较大

产业化经营使一种畜禽在一个地区的规模迅速扩大，大规模的畜禽饲养很容易传播疾病，尤其是一些流行性疾病对规模化饲养的威胁更大。畜禽疫病近年来已成为制约我国畜牧业生产发展的重大障碍，我国每年由于畜禽疫病造成的直接经济损失高达260亿～300亿元。因此，发展畜牧业产业化经营离不开健全的畜禽疾病防治体系，兽医服务是畜牧业产业化经营的一个基本环节。

（4）畜牧业产业化经营产品的卫生检疫要求较高

畜产品作为重要的食品，与人们的健康有直接关系。与植物性产品不同，畜产品更容易携带各种疾病因子，更容易腐烂，因而对生产的卫生条件和环境要求更高。在 WTO 框架下，畜产品的卫生检疫还是一个重要的贸易竞争手段。我国畜产品的卫生检疫水平还较低，疫病、各类药物、化学物质、生物激素残留和污染等对畜产品卫生质量的危害比较严重，影响了食物安全及消费者健康，也影响了我国畜产品的出口贸易，每年因此而退货、压级压价所造成的出口损失近亿元，一些国家还以此为由对我国封闭市场。因此，畜牧业产业化经营必须高度重视畜产品的卫生检疫，把卫生检疫作为产业化经营的一个内在环节。

3. 畜牧业产业化经营的具体做法

畜牧业产业化经营的实践，既要遵从农业产业化经营的一般规则，又要体现出畜牧业产业化经营的基本特点，具体做法要抓好四个重点。

（1）选择适当的组织形式

组织形式是畜牧业产业化经营得以正常运转的基础。由于屠宰和加工在畜产品生产中居于重要地位，且国家对牲畜屠宰实行定点制度，因此，畜牧业产业化经营拟选择以屠宰场或加工厂为龙头的组织形式，亦可以建立以饲料企业为龙头的组织形式。当龙头企业连接的农户较少时，可采用龙头企业与农户直接连接即"龙头企业＋农户"的形式；当龙头企业连接的农户较多时，就应采用龙头企业与农户间接连接即"龙头企业＋中介组织＋农户"的形式。但不论哪种组织形式，都要建立完整的产业链。图 3-1 从一般意义上勾画出了畜牧业产业化经营产业链的构成要素和各要素之间的关系。需要强调的是，任何形式的畜牧业产业化经营产业链条中都不应缺少疾病防治和产品检疫环节。

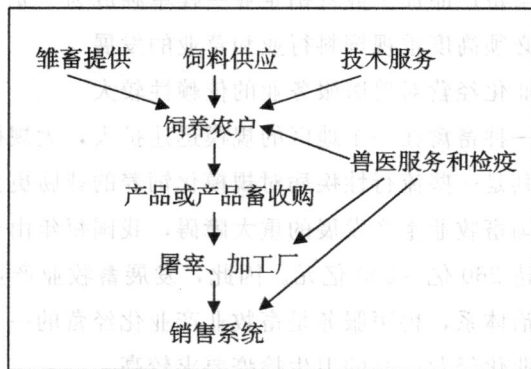

图 3-1 畜牧业产业化经营的产业链

（2）建设好龙头企业

如上所述，畜牧业产业化经营一般应采用龙头企业带动型模式。龙头企业在畜牧业产业化经营中居于关键位置，建好龙头企业，对于畜牧业产业化经营的健康快速发展就尤显重要。龙头企业以屠宰场和加工企业为主，饲料企业也可以充当龙头企业。由于作为我国畜牧业生产主体的农户饲养规模小、经营粗放，不少农户仍把养猪、养鸡、养牛等看作是家庭副业，投入少，管理水平低，因此，龙头企业通过与农户连接，要充分发挥整合农户生产资源的作用，引导农户实现规模化生产。龙头企业还要充分发挥开拓市场的作用，不仅要开拓本地市场和全国市场，还要努力开拓国际市场，把自己的产品打入国际市场，分享国际竞争的好处。为了提高市场竞争力，龙头企业应将生产和经营重点集中在优势产品上，提高生产经营的专业化程度。要通过资产重组，扩大规模，改换机制，增强活力，提高龙头企业的自我积累和自我发展能力。国家应对畜牧业龙头企业以必要的资金支持，在资本市场上给畜牧业龙头企业一定倾斜。

（3）建立良好的运行机制

龙头企业与农户之间首先要建立一个良好的利益连接和分配机制。由于畜牧业生产的周期相对较长，产品的质量要求相对较高，靠松散型的市场收购很难满足一体化经营的需要，也很难提高一体化经营的市场竞争力，因此，畜牧业产业化经营应该选择龙头企业与农户之间紧密型的利益连接和分配机制。不论是经营层面的紧密型还是产权层面的紧密型，利益机制的内容都应体现企业利益与农户利益的平等性。随着龙头企业经营规模的扩大，应积极探索企业与农户在产权层面联合的途径，发育龙头企业与农户的利益共同体。在建立和完善利益分配机制的同时，要建立和完善风险规避机制，从长期发展讲，畜牧业龙头企业应该设立风险基金，利用风险基金制度和商业保险制度化解一体化经营体的生产经营风险。

（4）提供相应的配套服务

畜牧业生产中的一些技术问题是农户解决不了的，尤其是在规模饲养的情况下，如疾病的诊断和防治，饲料的配合与选用，等等。这就要求在产业化经营中，龙头企业要为农户提供系列的配套服务，包括雏畜（禽）的提供、疾病的防治、饲料的选用和关键的饲养技术等。通过这些配套服务，增强龙头企业与农户之间的信任度和连接的紧密度，提高畜牧业产业化经营的水平。

3.4.2 蔬菜业的产业化经营

国外发展经验表明，发端于畜牧业的产业化经营在产业扩散上首先扩散到蔬菜业。因此，蔬菜业是继畜牧业之后产业化经营快速发展的行业，是农业产业化经营的又一重要潜力领域。

1. 蔬菜业产业化经营的发展前景

蔬菜业是改革开放以来我国农业中快速发展的产业。1979年以来，我国蔬菜的种植面积以每年6.5％的速度递增，平均每年增加650万亩以上；蔬菜种植面积占农作物总播种面积的比重由2％上升到8％，增加了6个百分点；蔬菜种植面积与粮食种植面积的比例由不足3％增大到10％以上，增加了7个多百分点；在种植业中，蔬菜产值已经超过经济作物而排在第二位。蔬菜业已经成为我国农业的一个重要的产值创造领域和农民收入增长点。

蔬菜是人们日常生活的必需品，有着稳定的市场需求。虽然统计数据显示我国城乡居民人均年蔬菜消费量呈减少态势，2001年与1985年相比，人均蔬菜消费量城市减少了20％，农村减少了17％，但由于蔬菜的消费结构发生了变化，大路菜消费量减少，时令菜、高品质菜消费量大量增加，人们对蔬菜的消费值则是持续增加的。时令菜、高档菜的需求收入弹性较高，随着城乡居民收入水平的提高和生活质量的改善，这类菜的消费需求会不断增加。因此，我国蔬菜的市场需求前景是广阔的，这为蔬菜业的产业化经营提供了必要的市场需求拉动。

蔬菜消费需求发展的一个重要趋势是产后处理化程度不断提高。随着收入水平的提高，人们对蔬菜的需求不仅由大路菜转向精品菜，而且由原料菜转向加工菜，对蔬菜的洗涤、分级、保鲜、加工等产后环节的需求增强，这就要求提高蔬菜的产后处理水平，恰恰在这些方面我国的蔬菜业十分落后。我国目前的蔬菜生产总体上仍处于传统农业的水平，蔬菜的产后处理水平很低，在洗涤、挑选、分级、包装、保鲜、加工等环节与发达国家差距很大，这些差距为发展我国蔬菜业的产业化经营提供了广阔空间。

蔬菜业属于劳动密集型产业，发展蔬菜业不仅可以集约使用土地，而且可以多用劳动力，这种产业性质与我国人多地少、劳动力丰富的资源结构相适应。所以，蔬菜业在我国是具有比较优势的产业。加入WTO后，农产品的自由贸易更有利于我国蔬菜产业比较优势的发挥，蔬菜产品的出口会不断扩大，这种出口需求会成为促动蔬菜业产业化经营的重要力量。

2. 蔬菜业产业化经营的特点

蔬菜业产业化经营在产品对象上与畜牧业明显不同，这种不同决定了蔬菜业产业化经营具有自身的特点。

（1）蔬菜业产业化经营对产销环节衔接的要求更紧密

蔬菜是城乡居民需求量较大且基本上是每餐必食的产品，消费者对食用蔬菜的基本要求是及时、新鲜、洁净、安全，这就要求蔬菜从产地到销地的运输必须快捷，生产与销售环节的衔接必须紧密。因此，蔬菜业产业化经营对集散市场、批发市场、零售市场等市场体系的依赖性很强，市场体系尤其是批发市场在蔬菜业产业化经营中扮演着重要角色。从事蔬菜业产业化经营，必须高度重视市场体系尤其是批发市场的建设。

（2）蔬菜业产业化经营对标准化生产基地的依赖较强

对于蔬菜业来讲，农户的小规模零星分散种植，形不成必要的商品量，也不便于集中收购，因而不能适应产业化经营。蔬菜的产业化经营，要求蔬菜生产的规模化、连片化、商品化、标准化种植。只有规模化的生产，才能形成规模化的商品，在此基础上才能形成产业链。因此，蔬菜业的产业化经营是与蔬菜生产的大面积规模化种植连在一起的，即使是集约型的温室生产也需要一定的空间面积做基础。如闻名的山东寿光蔬菜产业化经营，就形成了万亩辣椒、万亩西红柿、万亩甜瓜、万亩韭菜、万亩芹菜等十几个成方连片的生产基地，出现了 500 多个种菜专业村，兴建了 25 万亩塑料生产大棚。生产基地是蔬菜业产业化经营的一个重要环节，蔬菜产业化经营必须高度重视生产基地建设。

（3）蔬菜业产业化经营对冷藏保鲜设施的需求较大

蔬菜的生物学特性决定了其易蔫、易烂、自然保鲜期很短，而消费者对食用蔬菜的基本要求又是新鲜，解决这一矛盾的有效途径是发展冷藏保鲜设施。发展冷藏保鲜设施，还是减少生产经营损失、提高经济效益的重要措施。所以，冷藏保鲜是蔬菜业产业化经营的重要环节，冷藏保鲜设施是蔬菜业产业化经营的重要的基础设施，从事蔬菜业产业化经营必须重视必要的冷藏保鲜设施的建设。

3. 蔬菜业产业化经营的具体做法

根据农业产业化经营的一般要求和蔬菜业产业化经营的特点，进行蔬菜业产业化经营需要重点抓好以下几个环节。

（1）选好组织形式

组织形式是连接蔬菜业产业化经营参与主体的机构，恰当的组织形式是实施蔬菜业产业化经营的基础。鉴于市场在蔬菜业产业化经营中的重要地位，适于蔬菜业产业化经营的组织形式主要有"市场带动型""龙头企业带动型"和"合作经济组织带动型"三种。这三种形式可以并行，也可以相互交叉。不论选择哪种形式，都应该形成完整的产业链。图 3-2、图 3-3 和图 3-4 从一般意

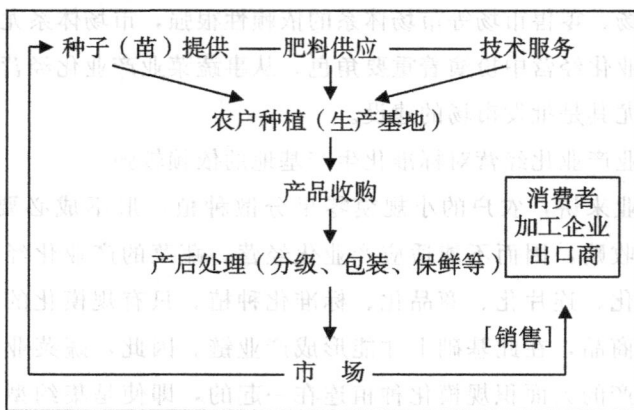

图 3-2 蔬菜业产业化经营的产业链（市场带动型）

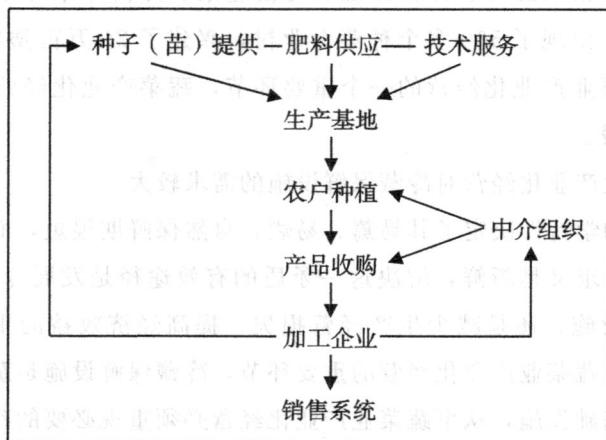

图 3-3 蔬菜业产业化经营的产业链（加工企业带动型）

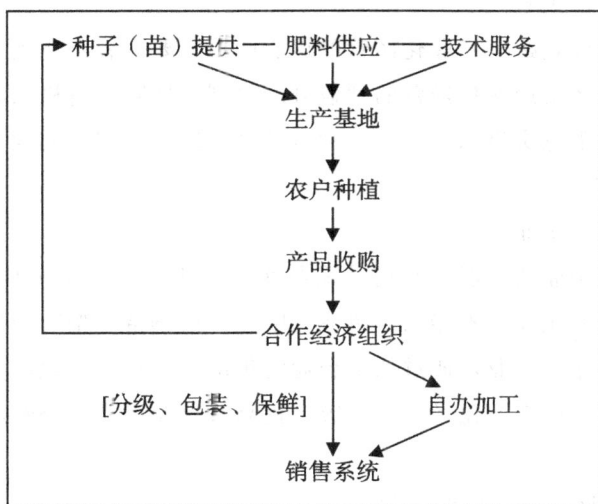

图 3-4　蔬菜业产业化经营的产业链（合作经济组织带动型）

义上分别勾画出了"市场带动型""龙头企业带动型"和"合作经济带动型"蔬菜产业化经营的产业链。由于从事蔬菜生产的农户一般较多，因此，在"市场带动型"和"龙头企业带动型"的形式下，也应该有合作经济组织作为中介来参与，这样有利于蔬菜业产业化经营的健康发展。

（2）建设生产基地

生产基地是蔬菜业产业化经营的依托。蔬菜生产基地建设，一要做到区域化布局，在统一规划的基础上，发挥优势，突出特色，形成集中连片的、规模化的、商品化的专业性生产；二要做到标准化生产，标准化生产有利于提高产品的市场竞争力，只有实现标准化生产，才能实现标准化管理和标准化销售，龙头组织（加工企业、流通企业、合作经济组织等）应制定统一的生产标准和操作规程，引导农户实现生产的标准化；三要做到系列化服务，龙头组织应从产前的品种培育或引进、种子（苗）及肥料供应到产中的栽培管理技术、病虫害防治再到产后的分级、包装、保鲜等各个环节，为农户提供统一的全程服务，系列化服务对于标准化生产的实现是必要的和重要的。

（3）发展中介组织

蔬菜产业化经营的特点决定了发展中介组织对推进蔬菜业产业化经营的重要性。由于蔬菜的品种较多，技术要求相对较高，生产周期相对较短，对销售系统的依赖相对较大，因此，蔬菜产业化经营的中介组织应重点选择专业技术协会这种形式，在专业技术协会的基础上进一步发展各种专业合作社。

（4）优化利益关系

利益关系同样是蔬菜产业化经营的核心问题。要本着企业利益与农户利益并重的原则构建蔬菜产业化经营的利益分配机制、风险规避机制和运行约束机制，积极探索实现龙头组织与农户"利益共享、风险共担"的利益共同体的各种形式。

（5）壮大龙头企业

加工型龙头企业的发展，对提升蔬菜业产业化经营的层次具有关键作用。因此，蔬菜业产业化经营不能只停留或局限在"市场带动型"的形式上，应大力发展加工型的龙头企业，通过加工企业的带动，延长蔬菜业产业化经营的产业链条，扩展蔬菜业产业化经营的内容，提高蔬菜业产业化经营的层次。

3.4.3 水果业的产业化经营

与蔬菜业一样，水果业在西方国家是发端于畜牧业的产业化经营最早扩散及的产业。从产品性质讲，水果业亦是发展产业化经营的重要潜力领域。

1. 水果业产业化经营的发展前景

我国果品资源丰富，品种繁多，种植区域广大。苹果、柑橘、梨、香蕉等各类水果，除鲜食之外，还有各种各样的加工食用方式，有的可以榨汁，有的可以酿酒，有的可以磨粉，有的可以作酱，不同的方式可以加工出不同的产品，不论加工哪种产品，都有利于增加附加值，有利于开拓市场。水果的这种产品属性，为发展水果产业化经营奠定了基础。

改革开放以来，我国水果业获得了长足发展。果园面积以每年7%以上的速度递增，平均每年增加500万亩以上；水果产量以每年10%的速度递增，平均每年增产240万吨。在种植业中水果产值已仅次于粮食和蔬菜而居于第三位，水果业同样成为我国农业的一个重要的产值创造领域和农民收入的重要增长点。但是，我国水果业的树种、品种结构不合理，品种雷同，产期集中，果品质量低，与市场的要求不相适应。

首先从树种看，苹果和柑橘两种水果的产量就占全国水果总产量的55%以上，苹果、柑橘和梨三种产品的产量所占比重接近70%；湖南省仅柑橘一项就占到全省水果总产量的85%，排名第二的桃子只占水果总产量的4.2%，排名第三的李子只占2.7%；四川省仅甜橙的面积和产量就分别占全省水果总面积和总产量的 60％和 50％；山东省的水果总面积和产量中，苹果就占 70％以上。

其次从品种看，全国柑橘的 70％都是同一品种，且上市期都集中在保鲜期内的短短两个月；全国苹果的 50％以上都是早熟品种，晚熟品种的比率不足 50％，而晚熟品种在市场上有影响力的也只有新红星、乔纳金和红富士等少数几个品种，耐储、适合加工的特种品种还是个空白，苹果大省陕西和河南的苹果总面积中，秦冠苹果就占了一半以上。

再次从品质看，我国生产的水果，总体讲，不仅内在质量差，外在质量更差，果型不匀称，大小参差不齐，色泽不亮丽，表皮不光洁，病虫害留下的斑迹明显，且保鲜期短，不易储藏，与进口水果相比差距很大。

最后从产后加工程度看，发达国家水果产后处理和加工水平很高，不仅十分注重产品的分级分等和包装，而且注重产品的储藏和加工增值，水果储藏保鲜量一般占水果总产量的 60％以上，水果用于加工的比例也很高，如美国 45％的苹果和 70％的柑橘用于加工，日本苹果用于加工的比例也在 25％以上。而我国的水果产后加工处理技术和设备落后，分级分等工作跟不上，分级、包装、储藏、加工等产后化处理的水平很低。据统计，我国目前水果储藏能力约 1100 万吨，仅相当于水果总产量的 1/4 左右，水果实际储藏量占总产量的比例还不到 20％，其中冷藏库和气调库的储藏量仅占水果总产量的 7％左右，水果的加工能力更低，如苹果用于加工的比例只有 10％左右，基本上是卖鲜果。由于大部分水果既不能长期储藏，也不能加工增值，每年腐烂损失率高达 20％以上。低的产后处理水平，不仅直接降低了我国水果的总体质量，而且明显放大了水果市场供求之间的矛盾，使上市季节滥市烂价，供过于求的矛盾十分突出，农民利益受到了极大损失。

总之，结构不合理、品质差、加工程度低，产后处理水平落后，使我国生产的水果绝大部分成了大路货，缺乏市场竞争力，卖不到好价钱。在国内市场上，进口的桃、李每公斤价格上百元，美国蛇果每公斤价格比我国的新红星高十几倍，新奇士脐橙每公斤价格是我国脐橙的近 10 倍，却仍有销路，而国产的低品质水果则大量滞销；在国际市场上，我国水果的竞争力明显不足，我国水果出口量（包括鲜水果、干水果和加工水果）占水果总产量的比重不足 3％，其中苹果的出口量仅占苹果总产量的 1.5％，梨的出口量还不及总产量的 1％；中国香港苹果市场上美国的份额超过了 75％，而我国的份额仅不到 1％，这与我国水果与苹果的世界产量第一的大国地位极不相称。这些差距为发展水果业的产业化经营提供了广阔空间。

水果是需求收入弹性较大的产品。随着收入水平的提高，人们对水果的消费量会不断增加，水果市场亦会相应扩大。我国城镇居民的水果消费水平还很低，平均消费量不及发达国家的一半，农村居民的消费量更少，增加果品消费量的潜力很大。另外，加入WTO也有利于增加我国水果的出口。总体看，我国水果的市场需求前景还是广阔的，这为发展水果业的产业化经营提供了基本的市场拉动。

2. 水果业产业化经营的特点

水果业的产业化经营，大致有以下三个主要特点：

（1）生产周期长

水果的生产周期长，一年只有一次，季节性非常明显，而水果的消费则不具有季节性，季节性生产与常年性消费之间的矛盾十分突出，解决这一矛盾的有效途径是冷藏保鲜。因此，水果业产业化经营对冷藏保鲜设施的依赖性很大，冷藏是水果业产业化经营的一个非常重要的环节。

（2）对自然条件指向性强

水果生产对自然气候和海拔高度的指向性很强，每一种水果都有其适宜产区，如苹果只有在温带一定海拔高度的地区生产，香蕉只有在热带地区生产，葡萄适宜在盆地式的区域生产，等等。非适宜区之外，不仅产量低，而且品质很差，适宜区的范围往往又不很大。因此，水果生产具有明显的地域性，集中连片的特征比较明显。水果产业化经营对地域性的生产基地依赖很大，搞好区域性的基地建设是水果产业化经营的重要内容。

（3）外在品质很重要

与其他农产品的品质主要是内在品质不同，水果的品质同时表现在内在品质和外在品质两个方面，内在品质是指营养成分含量、口味、口感等，外在品质包括以果型、果实、大小、表皮、色泽等展现的形象特征。内在品质好，但外在品质不好，如果型不正、表皮粗糙、色泽不亮丽或不匀等，都会影响果品的市场竞争力。我国很多水果在中国香港难以进入超市，只能作为地摊产品，主要原因就是外观品质差。随着生活水平的提高，人们对水果的外在质量更讲究，要求更高。因此，水果产业化经营就要高度重视水果的外在品质的提高，要注重水果的产后处理。

3. 水果业产业化经营的具体做法

水果业的产业化经营，在实践环节上要突出抓好五个方面：

(1) 构建完整的产业链

水果产业链相对较长，也比较复杂，一般分为鲜果型产业链和加工型产业链两种。

鲜果型产业链的基本内容是：栽培基地的选定和建设→产前果苗提供及栽培技术培训→农户栽植和管理及产中技术服务→产品收获及收购→分拣分级→打蜡→包装→冷藏→销售系统。

加工型产业链的基本内容是：栽培基地的选定和建设→产前果苗提供及栽培技术培训→农户栽植和管理及产中技术服务→产品收获及收购→简单产后处理→冷藏→加工→销售系统。

这两条产业链也可以交叉，形成一条更长的产业链，即产品收购后，产后处理中外在品质好的果品用于鲜食销售，外在品质差的果品用于加工。

(2) 确立恰当的组织形式

由于冷藏是水果业产业化经营的重要环节，标准的冷藏设施又需要较大投资，单靠农户或农户合作难以解决，而传统的简单储藏又不能保证质量，果品的加工更要求专门的设备和技术，因此，水果业产业化经营宜采用龙头企业带动型的组织形式。在这种形式中，龙头企业居于主导地位，龙头企业本身的经营状况和带动能力，对一体化经营的成败有着决定性影响，水果产业化经营必须加强龙头企业建设，以提高龙头企业的带动能力。

(3) 建设栽植基地

要按照区位自然优势的原则，选择所要经营的果品的适宜生长区域，进行集中连片布局，形成生产基地。为基地提供必要的道路、水利等基础设施建设，为基地的农户提供必要的栽培、修剪、除虫等技术服务。制定统一的栽培管理规程，使基地实现标准化生产，以有利于提高果品的内在品质和外在品质。

(4) 搞好产后处理

产后处理是提高果品市场竞争力的有效手段。产后处理主要包括冲洗、分拣、杀菌、分级、打蜡、包装等系列操作和冷藏、加工，这些工作的完成，需要专门的设备。因此，水果产业化经营必须建立相应的产后处理系统和设施，如分级分选线、气调保鲜库、冷藏运输工具、加工设备等。

（5）优化运行机制

即建立合理的龙头企业与农户之间的利益分配机制、运行制约机制和风险规避机制，把农民利益与龙头企业利益置于同等重要的位置，在保护农民利益的基础上实现龙头企业的利益最大化。

3.5 国外的农业产业化经营

农业产业化经营，在国外尤其在发达国家广泛存在。总结典型国家农业产业化经营的发展模式和经验，作为我国发展农业产业化经营的借鉴，对于促进我国农业产业化经营的快速发展具有重要意义。

3.5.1 美国的农业产业化经营

农业产业化经营最早出现在美国，后由美国扩散到西欧和其他国家，并逐渐发展成为世界上一种重要的农业经营方式。所以，了解美国的农业产业化经营，有助于认识农业产业化经营的发展规律。

1. 美国农业产业化经营的产生

农业产业化经营，在美国和其他英语国家被称为 Agribusiness，这一术语是由美国哈佛大学工商管理学院教授戴维斯（John H. Davis）和戈尔德伯格（Roy A. Goldberg）于 1957 年创立的。第二次世界大战后，随着农业生产的现代化和由于收入水平提高和生活节奏加快而引起的食物消费方面的变化，农工商一体化经营的形式在美国农业中出现。这种经营形式的特点是：农产品的生产、加工和销售有机地结合在一起，农业生产的产前、产中和产后紧密地连接在一起。1957 年，哈佛大学教授戴维斯和戈尔德伯格将这一经济现象定义为"农业一体化"（Agricultural Integration），并用"农业"（Agriculture）和"工商活动"（Business）两个词合成了"农农工商一体化经营"（Agribusiness）一词，翌年，他们的著作《农工商一体化经营概论》（A Concept of Agribusiness）由哈佛大学出版社出版。从此，"农工商一体化经营"一词在西方国家的理论界和实践中广泛传播和使用。

在实践中，美国的农业产业化经营最先出现在养鸡业，后由养鸡业扩展到养猪业和养牛业，再扩展到蔬菜、水果、花卉和谷物种植业等，经营领域不断扩大，发展水平不断提高。1960—1990 年美国农业产业化经营在农业总产值中所占的比重持续上升，产销合同和纵向一体化的产值比重由 12.2％上升到18.4％。产业化经营较多地集中在畜禽饲养和蔬菜水果种植等方面，其中新鲜蔬菜的产销合同经营率在 25％以上，纵向一体化经营率超过了 40％；加工蔬菜的产销合同经营率在 85％左右，纵向一体化经营率超过了 15％；马铃薯的产销合同经营率在 55％以上，纵向一体化经营率超过了 40％；柑橘的产销合同经营率在 65％左右，纵向一体化经营率超过了 35％；种子作物的产销合同经营率达到了 80％，纵向一体化经营率为 10％；肉用鸡的产销合同经营率为90％，纵向一体化经营率超过了 10％；鲜牛奶的产销合同经营率超过了 95％，纵向一体化经营率为 2％左右。

历史地看，美国出现农业产业化经营的基本背景主要有四个方面：

（1）农业在整体上已经实现了现代化，农产品供给丰富，多数农产品出现过剩，农业需要寻找市场，扩大市场，寻求新的市场空间，而原料型农产品的市场已经饱和，这就需要发展农产品加工业，通过加工和精深加工，提高农产品的收入弹性，扩大农产品的需求空间，开辟新的农产品市场。

（2）国民收入和生活水平提高后，对农产品需求呈现出多元化、高级化趋势，即对原料型农产品的需求减少，对加工型农产品的需求增加。现代化的生产和生活快节奏，要求越来越多的加工食品如快餐、半成品、易携带食品等，更推动了市场对加工和高加工农产品的需求，从而要求生产部门提供越来越多加工型农产品，以满足市场的需要。

（3）工商业资本的过剩，迫切需要开辟新的产业投资领域，同时农业现代化的实现使农业不再是一个回报率低的产业，这就吸引工商业资本投资于农业，与农业资本实现了结合和融合。

（4）单个农场在市场竞争中处于不利地位，为了与工商业集团竞争，合理分享市场交易利益，要求借助于农民组织，通过合作社的形式，扩大生产经营规模，联合起来从事一体化经营。

以上几点说明，农业产业化经营的出现是必然的，是经济发展到一定程度后的必然结果。同时也说明，美国农业产业化经营的初衷是为了给过剩的农产品开辟市场和给过剩的工商业资本寻求新的投资领域，这与我国农业产业化经营的主要目的首先是为了使分散小规模经营的农户进入市场是不同的。

2. 美国农业产业化经营的发展阶段

美国农业产业化经营形式出现后，在产品和地域上都不断扩展，大致经历了三个大的发展阶段：

第一阶段：二战后到 20 世纪 50 年代，为初步发展阶段。这一阶段农业产业化经营发展的特征是，以农业的进一步高效化、商品化和社会化为核心，农产品生产与产前的生产资料供应和产后的加工销售环节连接，逐步形成产前、产中和产后环节的一体化，但这时一体化企业的规模还比较小。

第二阶段：20 世纪 60 年代和 70 年代，为逐步规范化阶段。这一阶段农业产业化经营发展的特征是，一体化经营在规模、产供销联结、利益分配、经济关系等方面都逐步走向成熟，一体化经营水平不断提高，一体化经营在社会经济生活中的影响也不断增大。

第三阶段：20 世纪 80 年代以来，为成熟发展阶段，一体化经营进入全球化时代。这一阶段农业产业化经营发展的主要特征是，形成了大型的跨国农业综合企业，这些企业通过吸收和兼并其他企业，扩大生产经营规模，实行区域集团化经营，一体化经营在国民经济中的地位增强，份额增大。

3. 美国农业产业化经营的基本模式

美国的农业产业化经营，按连接关系的紧密程度可分为紧密型一体化和松散型一体化，前者是指农业企业与工商企业融为一个经济实体，实行统一生产，统一核算，统一管理，统一分配，对外是一个法人，故又称产权一体化；后者是指参加一体化的各利益主体在经济上保持独立，各具法人资格，以合同为纽带，进行联合，故又称合同制一体化。

按一体化经营的构成主体不同，可分为横向一体化和纵向一体化。前者指一体化经营是由不同的农户或农业企业连接而成，如谷物种植农场与畜禽养殖场的连接；后者指一体化经营是由农户或农业企业与工业企业和（或）商业企业连接而成，如农场与农产品加工企业的连接等。

在纵向一体化中，按照产业链的组成又分为完全一体化和分段一体化。前者是指农业生产企业与农业产前服务企业和农业产后加工销售企业各个环节全部贯通的一体化经营，如农场与农业生产资料供应企业、农产品加工企业、农产品销售企业的全面连接；后者是指农业生产企业与农业产前服务企业或与农业产后加工和销售企业连接的一体化经营，其中农业生产企业与农业产前服务企业的连接被称为前段一体化，农业生产企业与农业产后加工和销售企业的连接被称为后段一体化。

实践中，出现最多的类型是纵向一体化和合同制一体化，也就是说，美国农业产业化经营的主体类型是纵向一体化和合同制一体化。

美国农业产业化经营的具体组织形式主要有两种："工商企业主导型"和"合作社主导型"。前者类同与我国的"龙头企业带动型"，后者类同于我国的"合作经济组织带动型"。

"工商企业主导型"的特点是：以工商企业为载体的垄断资本进入农业，与农业企业（农场）连接，形成以农产品为中心的一体化经营。这种类型又具体表现为两种模式：完全的一体化公司和合同制联合企业。

所谓完全一体化公司，是指由大工商资本或金融资本直接投资兴办的对农产品进行产前、产中和产后连通经营的农业联合企业，这类企业的数量不多，但规模一般都很大，经营水平很高，在经济生活中影响较大。在这种模式中，工商企业与农业企业不仅在经营层面连接，而且在产权层面融合，形成真正的一体化经营。

所谓合同制联合企业，是指工商企业与农场主通过合同的形式连接起来，将产供销联合成一个有机整体而形成的一体化经营。在这种模式中，工商企业与农业企业只在经营层面连接，二者的行为受经营合同的共同约束。这种模式是美国农业产业化经营普遍采用的形式，在水果、加工蔬菜、鲜牛奶、肉鸡饲养等领域更为发达。

"合作社主导型"的特点是：一体化经营组织一般没有非农垄断资本渗入，是由农场主自主联合投资兴办生产资料供应企业和农产品加工销售企业所形成的一体化经营。"合作社主导型"的一体化经营在果品、蔬菜产销领域最为发达，有的规模巨大，如加利福尼亚州的食品制造者和种植者公司，就是一个由当地生产加工桃子的农场主于 1957 年联合投资兴建的、能生产多种水果和蔬菜产品的超大型一体化企业，共联合了两个州共 30 个县的 1200 个农场主作为社员，拥有 10 个生产罐头、快速冷冻产品和果汁的企业，两个制造包装品的工厂，有自己的运输工具和仓库，产品直接在大食品市场销售，或通过商业代理机构在饭店和食堂销售。

4. 美国农业产业化经营的主要经验

美国的农业产业化经营起步最早，发展水平较高，积累了不少宝贵的经验。

（1）充分发挥市场在农业产业化经营中的拉动作用

美国是一个典型的自由市场经济国家，市场机制在资源配置中发挥着决定性作用。农业一体化经营的产生和发展，也主要是市场机制作用的结果。这种作用主要表现在：市场需求为一体化经营过程提供了对象，市场规则为一体化经营主体提供了约束，市场效率为一体化经营的要素组合和配置提供了标准，市场效益为一体化经营结果提供了检验。不论是过剩农产品寻求新的市场，还是过剩工商业资本寻求新的投资领域，也不论是经济发展生成的对加工型农产品的新的需求，农业一体化经营的出现和发展都体现了市场拉动的作用，即农业一体化经营是市场拉动的结果而不是非市场力量推动的结果。

（2）食品加工业是农业产业化经营的主导行业

食品加工业的发展，不仅能为过剩农产品通过加工和深加工开辟新的市场，同时满足收入水平提高后人们对农产品多元化、高级化的消费需求，而且能为过剩的工商业资本提供新的投资领域，另外，食品加工业与农业的产业关联程度又很高。因此，发展食品加工业就能够把工商业和农业整合在一起，有效解决农产品过剩和工商业资本过剩的问题。正是基于这样的认识，美国十分重视食品加工业的发展，使食品加工业成长为农业一体化经营的主导行业。

（3）合作社在农业产业化经营中发挥着重要作用

美国农业合作社就其制度而言，是农场主自愿参加的非营利性组织，其经营目标是通过为社员服务，使社员从其生产的农产品中获得最大收益。按照美国农业部的分类，美国农业合作社主要有 4 种类型：生产合作社，销售合作社，购买供应合作社，服务合作社。还有的合作社从事两类或两类以上的经营活动，它们被称为混合型合作社。这样的合作社虽然发展较快，但在统计中并未单列为一个类别，而是根据其主要经营项目将它们分别归于上述 4 类合作社。生产合作社是合作进行农业生产的经济组织，因此类合作社的数量极少，统计上一般略而不计；销售合作社的主要经营活动是为社员销售农产品，所谓主要经营活动，是指超过营业额 50％的经营活动；购买供应合作社主要为社员购买、供应生产资料，这类合作社的购买供应生产资料业务也必须大于其总营业额的一半；服务合作社是专为农场主或其他合作社提供诸如货运、仓储、干燥、轧棉等服务的经济组织。目前在这 4 类合作社中，销售合作社大约占53％，购买供应合作社占 38％左右，服务合作社占 9％；各类合作社占农业合作社社员总数的比重，销售合作社大约占 46％，购买供应合作社占 49％左右，服务合作社占 5％；在合作社总营业额中，销售合作社大约占 68％，购买供应合作社占 29% 左右，服务合作社占 3% 左右。可见，美国农业合作社是以销售和购买合作社为主，尤以销售合作社最为重要，这反映出农产品销售是合作社为农场主提供服务的一个最为重要的领域。合作社在美国农业产业化经营和整个农业发展中发挥着重要作用，60% 以上的农场主都参加了合作社，合作社销售的农产品占农产品总销量的 1/3 以上，农场主使用的生产资料的 1/3 是由合作社购买供应的。

（4）政府对农业产业化经营给予积极的支持和引导

美国政府对农业产业化经营活动基本上不进行行政干预，政府对产业化经营的管理主要体现在支持和引导上。政府对农业产业化经营的支持主要表现在两个方面：一是组织支持，另一是信贷支持。组织支持的内容是支持农业合作社的发展，如上所述，合作社在一体化经营中扮演着重要角色，因此对合作社的支持就为一体化经营的发展奠定了组织基础。美国 1922 年出台的关于合作社的"卡珀—沃尔斯台德法"，赋予了合作社不同于其他私人企业的地位，并且对合作社的规模没有设置限制，从而在很大程度上把合作社从反托拉斯法中解脱出来，使合作社的扩展不再受到反托拉斯法的限制；1926 年出台了合作社的另一个重要法案，即"合作社销售法"，并在联邦农业部设立了一个合作社销售处，这个处就是现在的农村商业和合作社发展局，这一法案要求农业部进一步加强对合作社的扶持，并为合作社销售提供各种指导和服务，包括研究、统计、信息、市场调查、知识普及等；1929 年又出台了"农业销售法"，建立了"联邦农场委员会"，该委员会被授权以 5 亿美元巨资扶持合作社。信贷支持的主要内容是为农场主和合作社提供信贷服务。农业生产季节性强，资金周转的周期和方式都和其他行业有很大不同，由于私人商业银行不能满足农场信贷需要，美国政府很早就着手建立农业信贷体系，从 1933 年第一个农业信贷法即"联邦农场信贷法"问世以来，美国已逐步建立起了一个相当完善的农业信贷体系，全美被划分为 12 个信贷区，联邦土地银行、联邦中间信贷银行、生产信贷协会和合作社银行四大信贷系统分布于各区，通过各自的地方分支机构办理农场及合作社信贷业务。这些信贷机构都由设在农业部的"农场信贷管理局"负责统一协调和管理。国家立法还允许建立其他生产性信贷组织，以向农场主和合作社提供短期信贷。良好的信贷系统，保证了农业一体化经营的资金需要，对推进农业一体化经营起到了重要作用。

3.5.2 荷兰的农业产业化经营

荷兰是当今世界农业高度发达的国家，其高效农业堪称世界典范。荷兰高效农业的形成是与其农业产业化经营分不开的。

1. 荷兰高效农业的主要表现

荷兰国土狭小，资源贫乏，是一个典型的人多地少国家，国土总面积4.15万平方公里，其中陆地面积约3.4万平方公里，大致与我国海南岛的面积相等，总人口近1600万人，陆地的人口密度为每平方公里470人，其中作为核心经济区的南荷兰、北荷兰两省的人口密度分别高达每平方公里1172人和935人，自然条件并不优越，全国陆地面积的27%低于海平面，如果没有现行的护防海堤，陆地面积的40%将不复存在。但就在这样的资源环境下，荷兰经营了一个高度发达的农业。荷兰农业的高效性主要表现在五个方面：

（1）高度的集约性

荷兰人均耕地仅0.8亩。土地资源的极度短缺，使荷兰的农业发展非常重视对土地的集约经营。发展水平较高的园艺业尤其是温室园艺业，堪称是荷兰集约型农业的典范。在荷兰，温室生产是典型的高投入、高产出、高效益，每平方米玻璃温室的建造成本约为150荷兰盾，相当于每亩45万元人民币，这一投资水平大约是大田生产的50～60倍，但其收益是大田生产的70～80倍。温室的生产设备和生产过程都实现了高度的现代化，生产过程的控制绝大多数由计算机自动进行，室内的温度、湿度、光照、二氧化碳浓度、植物所需要的各种营养成分等都与电脑装置相联系，由电脑自动控制，实现了电脑化。温室里栽种的西红柿、黄瓜、甜椒等，普遍采用无土栽培，一年的有效生长期可达12个月。由于高度的集约化经营，园艺业仅用5.8%的农用地就生产出了35%的农业总产值，其比较土地生产率超过了6，是种植业生产的24倍。在畜牧业中，养猪业和养鸡业已实现了工厂化，肉鸡饲养的平均规模已超过了2.7万只，每平方米鸡舍可饲养20多只仔鸡，45天左右即可上市，一年可连续8次饲养仔鸡上市；蛋鸡饲养的平均规模超过了1万只，每只蛋鸡年产蛋量超过300枚；猪的存栏头数达到了人均1头，出栏率为180%，每年屠宰2000万头，平均胴体重85公斤左右。根据FAO的统计，早在20世纪80年代初，荷兰每公顷耕地的农业固定资本额就位居世界第一，高达1953美元，相当于美国的12倍。

（2）高度的专业化

荷兰农业的专业化水平很高，已经形成了农户层次的专业化和地域层次的专业化。在农户层次，与日本和许多欧盟国家不同，荷兰大部分是专业农户（场），"多种经营"的农户（场）和兼业农户（场）的比例很小，并且在继续减少。一般地，一个农户只经营一种产品，如专司乳牛饲养、专司谷物种植、专司花卉栽培、专司黄瓜栽培等。农户生产的专业化在温室花卉生产中表现得尤其为最，通常一个农户的几万平方米花卉温室，只生产 2～3 个品种，且每个品种往往只生产一种颜色，如只生产红色的玫瑰或白色的玫瑰。在地域层次，农业的地域结构表现出了明显的专业化格局，全荷兰在地域上由西向东形成了三个主要生产带：西部沿海是园艺生产带，花卉生产主要集中在这一地带；中部是奶牛生产带，奶牛的饲养主要集中于这一地带；东部和南端是集约化的畜牧业生产带，猪和鸡的饲养主要集中在这一地带。种植业生产则散布于西南、北部及中部围海新垦之地，在这些地区，种植业生产也是高度专业化的。高度的专业化生产，不仅极大地提高了农业的劳动生产率和农业的管理水平，更重要的是提高了农产品的市场竞争力。

（3）高度的加工化

荷兰农业发展的突出之点是具有发达的农产品加工业，加工门类齐全，涉及乳品和肉类加工、禽蛋加工、谷物和油料加工、马铃薯加工、蔬菜和水果加工、水产品加工、糖果糕点、酿造和饮料、焙烤食品、运动食品、快餐食品和小吃、调味品和食品配料等，一些大型跨国企业如"联合利华"（Unilever）和"喜力"（Heineken）啤酒等都驰名世界。在农产品加工业中就业的人数接近 60 万人，是农业就业人数的 2.3 倍；其中食品和饮料工业的就业人数超过了 15 万人，相当于农业劳动力总数的 61%；农产品加工业产值占工业总产值的比重接近 30%，超过农业总产值 1.2 倍。由于拥有强大的农产品加工能力，荷兰每年都大量地加工进口的农产品，加工后再行出口，增值幅度非常可观。如啤酒，荷兰生产所需的原料基本上全部进口，生产的啤酒除满足国内需求外还大量出口，净出口量由 1980 年的 33 万吨增加到 1997 年的 81 万吨，1997 年的啤酒出口量占世界的 13.1%，名列第二，出口额超过了 9 亿美元，位居世界第一，使荷兰在没有啤酒生产原料的情况下成为啤酒生产大国；又如大豆，荷兰不产大豆，依靠进口加工大豆产品，除满足国内消费外，豆油和豆饼均有出口，每年的净出口值可达 8 亿美元。高水平的加工和精深加工，大大提高了荷兰农业经营的层次。

（4）高度的外向性

外向性即面向国际市场，是荷兰农业产业化经营的最明显特征。荷兰是一个以贸易立国的国家，农产品贸易在整个对外贸易中占有十分重要的地位。在世界上，荷兰农产品出口总额排名第三，仅次于美国和法国；农产品出口净额排名第二，仅次于美国，超过了法国。荷兰人均土地面积只有美国的 1/12，务农人口也只有美国的 1/12，但荷兰的农产品净出口额大约是美国的 2/3，所以，按务农人均计算或按单位面积土地计算，荷兰农业的净出口水平相当于美国的 8 倍。如果平均计算，荷兰每亩农用地每年出口农产品 1280 美元，每个农业劳动力每年出口农产品 6.7 万美元。荷兰农业外向性具有两个显著特征：一是按照比较优势原则组织生产和贸易，有比较优势的就多生产、多出口，没有比较优势的就少生产或不生产、依靠进口；二是大进大出，实现加工和贸易增值。从进出口数量上讲，荷兰每年的农产品进口额和出口额都超过了其农业总产值，1995 年农产品进口额是国内农业总产值的 1.05 倍，出口额是国内农业总产值的 1.8 倍，出口额是进口额的 1.7 倍。这意味着，通过加工，进口农产品实现了 70% 的增值。

（5）高水平的生产率

荷兰农业的生产率水平很高。土地生产率位居世界前茅，在种植业中，每亩产量小麦近 600 公斤，大麦 380 公斤，马铃薯 2750 公斤，西红柿 3 万公斤（每平方米 45 公斤），黄瓜 4.4 万公斤（每平方米 66 公斤），甜椒 2 万公斤（每平方米 30 公斤）；在畜牧业中，平均每头奶牛年产奶量超过 6500 公斤，每只蛋鸡年产蛋量超过 300 枚，肉鸡的饲养周期只有 44 天，肉猪在出栏率为 180% 的情况下平均胴体重超过了 80 公斤。劳动生产率也处于世界领先水平，平均每个农业劳动力负担耕地 120 亩，生产谷物 5750 公斤，肉类 11300 公斤，奶类 52500 公斤，提供出口额 6.7 万美元。生产率提高已经成为荷兰农业增长的主要来源，从 20 世纪 50 年代到 90 年代，荷兰农业增长的 4/5 来源于生产率的提高，总要素生产率对农业增长的贡献份额超过了 80%。高水平的生产率成为荷兰农业产业化经营的重要支撑。

2. 荷兰农业产业化经营的基本模式

荷兰高效农业的形成是与其农业产业化经营分不开的。荷兰农业产业化经营的基本模式主要有三个：市场与农户连接型，合作社与农户连接型，企业与农户连接型。

（1）市场与农户连接型

这是荷兰农业产业化经营的重要形式。市场与农户的连接具体表现为"拍卖市场"与农户连接和超级市场与农户连接两种模式。"拍卖市场"在荷兰农业产业化经营中发挥着非常重要的作用，在国际上也享有盛名。"拍卖市场"与农户的连接是荷兰农业产业化经营最富特色的模式。

荷兰的农产品拍卖历史久远，起源于 19 世纪，20 世纪获得了长足发展，目前"拍卖市场"的拍卖过程已全部实现了电子化。"拍卖市场"的具体运作程序是：农户将所生产的产品按照质量标准规定进行分类、分级和包装并经检验合格后，送入拍卖大厅，购买者（一般是大批发商）按照规则进行竞价，出价高者获得产品，成交后市场内部系统自动结算货款和配发产品。拍卖市场的交易效率很高，如花卉拍卖市场每天清晨 6 点开市，10 点以前即拍卖完毕，水产品则在 8 点以前就拍卖完毕。拍卖市场实现计算机联网控制，在某个市场拍卖的产品也可在其他市场成交。拍卖是荷兰农产品一级市场交易的主要方式，全国 95% 的花卉和 80% 以上的蔬菜、水果是通过拍卖市场销售的，马铃薯、水产品等也大都通过拍卖市场销售。

拍卖市场还是专业性的，即一个拍卖市场只拍卖一类产品，如著名的阿尔斯梅尔拍卖市场就专门拍卖花卉，该市场是荷兰也是世界最大的花卉拍卖行，占地 71.5 万平方米，相当于 120 个足球场，是由 5000 多个花农或花卉公司组成的股份联合体，连接着 500 多个大批发商和 150 多家出口公司，具有冷藏面积 3 万平方米，平均每天成交 5 万笔，卖出 1400 万支鲜切花，绿色观叶植物 150 万盆，产品扩散到全荷兰、欧洲乃至全世界，从这里拍卖成交的花卉当天就可以在巴黎、伦敦、罗马，第二天就可以在纽约、东京、中国香港的超级市场和花店里同消费者见面，实现了真正的高效率。

拍卖市场在农业产业化经营中发挥的主要作用是：实现了生产者与购买者的直接见面，有效地解决了农户农产品的销售问题，尤其是保鲜周期很短的农产品的销售问题，使农户与市场直接连接起来；用严格的质量标准引导农户实现标准化生产，提高了农产品的质量和农业的标准化水平；拍卖过程公开、公平，充分自由竞争，可以形成合理的价格，有助于保护农民的利益，合理真实的价格信号还有助于调节市场供求，实现资源的优化配置；拍卖结束后成交产品的货款即时结算，如果按期货方式拍卖可以在期前或期中付款，这使农产品销售货款能及时回到农民手中，不发生拖欠，保证了农户再生产的资金运转和经济效益的实现。

除"拍卖市场"为中心的产业化经营外，以"超级市场"为中心的农业产业化经营在荷兰也很盛行，一些大的超市公司都建有自己的农产品生产基地，与农户直接连接，进行农产品生产、加工和销售的一体化经营。

（2）合作社与农户连接型

这是荷兰农业产业化经营的主要形式。荷兰的农业合作十分发达，合作社是推动农业产业化经营的主要力量，也是进行农业产业化经营的基本载体。上述的农产品拍卖行，在性质上就是合作社，是合作社的一种形式。

荷兰的农业合作社不仅存在与农业生产领域，而且广泛存在并发挥作用于农产品加工、销售、贸易、和农业信贷、农业生产资料供应等领域。荷兰农业合作制度的基本点是：合作社完全基于农民之间的协定，完全基于自愿原则，完全按照民主方式进行管理，参加合作社的农民对自身的生产决策和生产过程享有完全的责任和独立性；合作社完全独立的，其活动不受政府的干预；合作社实行多重会员制，即一个农民可以同时是几个合作社的社员；合作社的层次分为基层合作社、地区合作社和全国性合作社，为了保护合作社的利益，全部农业合作社都被组织于"全国农业合作局"（NCR），NCR 的职责主要是代表合作社的利益，协调合作社之间的关系，协调合作社与其他经济组织之间的关系，推动合作社事业的发展。

合作社在农业技术交流、农产品加工和销售等方面发挥着重要作用，如 3 个奶类合作社的经营额就占领了全国 80% 的牛奶供销市场，2 个合作拍卖行几乎销售了全国所有的花卉，1 个淀粉用马铃薯合作社占领了全国 100% 的市场，1 个种用马铃薯合作社在全国市场中占有 70% 的份额。荷兰绝大多数农产品都是通过合作社销售的。通过合作社的加工、销售活动，使农户与合作社之间形成了紧密联系，发展了农业的产业化经营。

（3）企业与农户连接型

在这种形式中，一些大的农产品加工企业或贸易企业，直接与农户连接，进行农产品生产、加工和销售的一体化经营。由于荷兰的农产品销售系统非常发达，农产品标准化程度很高，加工企业和贸易企业所需要的货源大都能从拍卖市场获得，因此，企业与农户直接连接的一体化经营未能成为荷兰农业产业化经营的主要模式。

3. 荷兰农业产业化经营的主要经验

荷兰农业产业化经营的主要经验可以概括为以下五个方面：

（1）充分发挥农业的比较优势

荷兰农业产业化经营和农业发展获得成功的一个基本原因，就是按照比较优势原则进行农业资源配置和结构组合，使农业充分发挥了比较优势，实现了比较优势。

如前所述，荷兰是一个人多地少国家，土地资源高度稀缺，在这种资源结构格局下，"土地密集型"产品的生产就不是农业的优势所在，农业的优势领域是那些能够充分利用和集约使用土地的部门，如花卉、蔬菜、水果、集约型畜禽饲养等。只有从农业的比较优势出发，多发展具有比较优势的部门，少发展甚至不发展不具比较优势的部门，然后通过国际贸易进行产品转换，才能实现农业的有效发展；相反，如果不从农业的比较优势出发，强调粮食自给而把农业的重点放在"土地密集型"产品的生产上，农业发展就会受到资源的极大制约而步履维艰。

荷兰的农业发展和一体化经营坚持从农业的比较优势出发，农业的资源配置和结构组合充分体现了比较优势原则，即对于优势领域就多发展、多出口，对于非优势领域就少发展甚至不发展，用进口来弥补国内消费，如谷物、豆类、油料以及发展畜牧业所需要的大量饲料等，主要依靠进口，每年进口粮食440 万～650 万吨，其中小麦 220 万～270 万吨，粮食自给率只有 30％，小麦自给率大致为 45％，这样就形成了以能够集约使用土地的园艺业和畜牧业为主体的农业结构。在荷兰农业中，畜牧业的结构份额超过了 55％，园艺业的结构份额为 35％，大田种植业所占份额只有 10％，而谷物种植业所占份额则还不到 1％，谷物生产在荷兰农业中已经微不足道。在发挥比较优势的基础上，通过进口那些非比较优势产品，满足国内市场的需求，既提高了农业资源的利用效率，又提高了农业的外向度，实现了农业的有效发展。这种做法十分值得借鉴。

（2）高度重视市场体系建设

完善的市场体系和发达的交易系统是支撑荷兰农业发展和产业化经营的重要因素。荷兰的市场体系十分完善，农产品交易系统非常发达，形成了有效的农产品营销制度。

荷兰的农产品营销活动紧紧围绕消费者的需求和市场变化进行，以产品链为核心，每一种农产品都形成了自身的产品链，沿着产品链把产前、产中和产后的各项活动联结为一个有机整体。政府十分重视市场体系建设，制定严格的市场准入制度和公平的交易制度，维护市场秩序，对市场交易活动进行严格管理，为农业产业化经营的发展提供了良好的市场环境。公平的交易环境，有效的交易方式，快捷的物流系统，促进了农业产业化经营的健康发展。

（3）为农民提供良好的金融服务

农户由于经营规模小，盈利能力有限，加之受自然风险和市场风险的双重影响，从商业金融机构很难得到充足的资金支持。但农业的正常运行，尤其是现代商品农业的健康运转，没有外部的资金支持，仅靠农户的自我积累是难以实现的。农业需要来自外部的资金支持，农民需要良好的金融服务，这是发展农业一体化经营的基本条件。

为了解决农民的融资问题，为农业提供一个良好的融资管道，荷兰发育了农民合作金融制度。农民合作金融制度的组织资源是"农民合作银行"（Rabobank），该行成立于1896年，是世界上最早的农民合作金融组织之一，现已发展成为荷兰的第二大银行并跻身于世界400家大银行之列。农民合作银行在性质上属于合作社，作为农民的金融合作社或信贷合作社，它与农民的生产合作社、加工合作社、销售合作社和生产资料供应合作社等并无实质区别。农民合作银行的职能是为其社员提供信贷支持和其他金融服务，其信贷资金完全来源于所吸收的存款和经营活动。政府并不向农民合作银行注入信贷资金，也不干预农民合作银行的经营活动，政府的作用是允许农民合作银行的存在，并为其发展提供必要的社会环境。农民合作银行在农民的信贷和金融服务方面发挥了支柱作用，目前荷兰农民的全部信贷中，90%以上来源于农民合作银行，农民可以迅速地从农民合作银行借到所需的资金，有效地保证了农民的经营活动对资金的需求。实践证明，农民合作金融组织对促进农业健康发展是必要的和有效的。

（4）为农业构建坚实的科技基础

荷兰有着相当发达的农业教育、科研和推广系统，农业教育、科研和推广被誉为荷兰农业发展和产业化经营的三个支柱。政府对农业教育、科研和推广非常重视，把发展农业教育、科研和推广事业作为政府的重要职责。

农业教育已经形成了十分完善的体系，由初等、中等、高等和大学四个层次组成，初等农业教育学制4年，学生在6年普通初级学校毕业后，可选择进入初等农业学校学习，初等农业教育主要提供农业基础，每个年轻农场主都必须经过初等农业教育训练；初等农业教育结业后，学生可选择进入中等农业学校学习，也可以选择农业教育以外的学校学习，中等农业教育学制为2～4年，学生要选择一个专业，主要训练学生掌握与农业有关的各种职业技能，许多学生正是通过中等农业教育而成为独立的农场主的；高等农业教育由 5 所农业学院（Collage）承担，其训练涉及农业经营、研究和农业组织等领域，学制一般 4～5 年，学生毕业后可获得相当于其他国家学士的学位；大学农业教育由瓦赫宁根大学承担，这是农业教育的最高层次，学制一般 5～6 年，毕业后可获得相当于其他国家硕士的学位，再继续深造 4 年可获得博士学位。除正规农业教育外，荷兰的农业职业教育和技术培训也很发达，培训系统几乎覆盖了农村的每个角落，同业农民之间还有自发组织的"学习俱乐部"，相互切磋和交流经验。教育使荷兰农民具有了很高的素质，大多数农民都能讲流利的英语，能够跟上世界农业科技发展的步伐，这是荷兰农业具有高竞争力的基石所在。

农业科研由农业实验站、区域研究中心、研究所和大学等部分组成，各自的研究方向和重点不同，分工明确，并相互协作，研究经费充足，设备先进，许多研究领域在世界上享有很高的声誉。研究成果及时推广于农民，很快就转化为生产力。农业科研和推广为农民提供了雄厚的科技支持，有效地推动了农产品科技含量的提高，科技进步对荷兰农业增长的贡献率已超过了 80%，这是荷兰农业具有持续竞争力的根本原因所在。

（5）对农业进行一体化的行政管理

荷兰政府对农业实行一体化行政管理，这为农业一体化经营的发展提供了组织制度条件。荷兰有着强大的农业行政管理机构，作为中央政府管理农业的行政机构的农业部，在"本部"工作的人员有 1 万人，另有 7000 人在"执行机构"里工作。农业部的职能包括了"从田间到餐桌"的全过程，农产品的生产、加工、营销及国际贸易，农业生产资料的供应及农业资源环境保护，农业教育、科研和推广，农业技术服务，农产品质量监督，农业政策以及对农民的财政支持等，都由农业部统一管理。一体化的行政管理，减少了摩擦和消耗，提高了办事效率，维持了农业的产业链，这在体制上为农业一体化经营提供了很大的便利，非常有利于农业产业化经营的健康顺利发展。

3.5.3　丹麦的农业产业化经营

丹麦的农业条件并不优越。纬度较高，在北纬 54.5 度到 57.5 度之间，其最南端也在我国黑龙江省漠河以北约 120 公里的位置；光照不足，日平均只有 4.65 个小时；无霜期较短，仅有 160 多天；海拔较低，最高点 173 米，最低点－4 米，平均海拔 30 米，易受海水的侵袭。但是，丹麦的农业却很发达，是典型的世界农业强国。

丹麦农业的主体是畜牧业，畜牧业产值占农业总产值的3/4左右。在畜牧业中，养猪业是支柱，其产值约占畜牧业产值的45%。丹麦被称为"猪肉王国"，猪肉年产量超过了180万吨，按全国人口计算人均350公斤，在世界上排位第一；平均每个农业劳动力年产猪肉1.5万多公斤，也位居世界第一。丹麦的猪肉绝大部分用于出口。20世纪80年代后期，丹麦猪肉的出口值开始超过其他国家，跃居世界第一。从1995年起，丹麦猪肉的出口量也超过了其他国家，成为世界猪肉出口第一大国。丹麦每年出口的猪肉量在70万吨以上，约占世界猪肉总出口量的20%；其出口值占世界猪肉出口总值的近25%，相当于整个亚洲地区猪肉出口值的3.5倍。所以，我们以养猪业为例，说明丹麦的农业产业化经营。

丹麦在条件并不优越的环境下培育和形成发达的农业以及强大的养猪产业，基本经验主要有两点：一是按照比较优势原则将农业的发展重点定位于畜牧业，二是按照产业化的模式经营养猪业。

如上所述，丹麦的农业气候条件不利于发展农作物种植业，如果把农业发展的重点放在种植业上，则等于利用了农业资源的短处，资源的利用效率和农业的整体素质及水平肯定难以提高。相反，畜牧业对气候条件的依赖性较小，发展畜牧业就可以克服光照不足、无霜期较短等不利因素，实现农业发展的扬长避短。为此，从19世纪末叶起，在当时由于蒸汽船广泛应用于国际贸易后使北美、俄国的粮食大举进入欧洲导致欧洲市场粮食和饲料价格大幅下跌的情况下，丹麦适时调整农业结构，把农业发展的重点转向畜牧业，重点发展畜牧业，使畜牧业逐步成长为农业的主导部门。

丹麦畜牧业的发展在经营模式上走出了一条产前、产中和产后相结合，生产、加工和销售一体化的道路，这种一体化经营模式在养猪业表现得更为明显。丹麦养猪业产业化经营的基本做法可以概括为以下五个方面：

1. 产前、产中、产后环节有机连接

为了提高生猪产业的生产效率和市场竞争力，丹麦对生猪产业进行了产前、产中和产后全程连贯的一体化经营，生猪的产业链条从产前的品种培育一直延伸到产后的产品销售。在产前环节，重点抓品种选育和饲料开发；在产中环节，重点抓标准化饲养和规模化经营；在产后环节，重点抓产品加工和市场营销。目前400头以上的大型农场已经成为丹麦养猪业的主体，其头数占全国

生猪总头数的比重超过了 90%，其中 2000 头以上的农场养殖头数占全国的 40%，5000 头以上的特大农场养殖头数占全国的近 10%，全国平均饲养规模接近 700 头。规模化经营大大提高了标准化饲养和管理水平，也提高了生产效率和产品竞争力。

2. 统一的标准化生产

为了保证产品的质量和规格，政府有关部门不仅对猪肉产品的质量和规格规定了统一标准，而且对不同品种的猪规定了统一的饲养方法和饲料成分，在全国做到了统一的标准化生产。标准化生产既便于卫生防疫管理，又确保了猪肉的质量，为打开出口通道奠定了坚实基础。

3. 严格的质量卫生检疫

在生猪生产的每个环节，都有明确的高水平的质量卫生标准。从仔猪的饲养、饲料成分、屠宰加工直到制成罐头，生产的全过程都有严格的质量控制程序和严格的卫生检疫及监督，都坚持极其严格的兽医卫生标准，真正做到了卫生不合格的产品绝不进入消费领域，完全迎合了收入生活水平提高后人们对食品安全高度关注的心态及要求。这是丹麦猪肉能畅销欧盟国家并远销到美国和日本，具有极强的国际竞争力的主要秘诀所在。

4. 健全的合作社组织体系

合作社是丹麦农业产业化经营的主要载体，养猪业的产业化经营主要是在合作社的组织体系上进行的。丹麦的合作社事业非常发达，人们称丹麦是"合作社的摇篮"。在丹麦，农民参加合作社是完全自愿的，每个农户平均要参加 3～4 个合作社，每个合作社大约由 200～500 个农户组成，合作社实行"一人一票"及利润归全体社员的民主管理原则。合作社的首要职责是满足社员的商业需要，即提供生产资料供应、产品收购、加工和销售、信贷、保险和咨询等服务。农民通过合作社系统采购的生产资料所占比重在 50% 以上，出口的农产品约占全部出口的 3/4。肉类和牛奶合作社还有一条规则，即成员必须把自己的全部产品卖到合作社。合作社在农户与市场间架起了桥梁，避免了中间商对农民的盘剥，通过加工销售实现了产品的增值，有效保护了农民的利益，从而极大地强化了养猪业的微观基础。

5. 有效的政府支持

政府对生猪产业发展的支持主要体现在科技、教育服务、基础设施建设和国际贸易的推动等方面。丹麦政府十分重视农业科研、教育和推广工作。农业的品种选育主要由国家的科研机构完成，种猪的选用要经过非常严格的程序，选育出的品种统一提供给农户饲养，从源头上保证了肉类产品的质量。农业推广咨询服务主要由农民联合会等农民组织负责建立机构和承担，但政府非常重视推广咨询服务人员的再教育工作，通过农业部提供这些人员 70％的工资和再教育费用及部分差旅费，其余由地方协会补足，地方协会咨询服务开支的50％～60％由政府提供。在农业基础设施建设方面，政府也给予财政支持，如固定排灌设施建设政府给予 25％的补贴，节能设施安装政府给予 40％的补贴。政府还通过商贸谈判和驻外机构，积极推动猪肉等农产品的出口。

3.6 推进我国农业产业化经营应注意的问题

除了前面所提出有关方面的外，推进我国农业产业化经营的健康发展还应注意以下问题。

3.6.1 促进农民增收和农业增效是农业产业化经营的重要目标

发展农业产业化经营，要紧紧围绕着农民增收和农业增效这两个基本目标，培育和建立现代农业产业体系，为农民增收和农业增效创造持续稳定的产业机制。

促进农民增收是农业产业化经营的重要目标，农业产业化经营不能偏离这个目标。促进农民增收的根本是维护农民在农业产业化经营中的合法权益，首先要维护农民的市场主体地位和经营自主权。农民的市场主体地位和经营自主权是农民生产经营积极性的基础，失却了这个基础，农业产业化经营将不会成功。关于维护农民的市场主体地位和经营自主权问题，前面已经作了详细论述，不再重复。

农业产业化经营要把农产品加工作为延长农业产业链的重点，努力提高农产品的加工度和加工层次。传统经济体制下形成的产业分工体系，使农产品生产、加工、销售相互分割，农业、工业、商业相互分离，农民只从事原料农产品生产，农业与工商业缺乏产业内在联系，农业产业链条短，分享不到农产品加工和流通增值的利益，这是长期以来我国农业效益低的基本原因，也是开拓农产品市场的重要制约因素。由于农业的产业体系不完整，不仅制约了农业整体素质和效益的提高，也制约了农产品加工业的发展，使我国农业长期停留在原料型产业的状态，与现代农业产业体系形成了较大差距。现代农业与传统农业的一个根本区别，就在于对农产品加工程度的差异上。从发达国家情况看，现代农业早已摆脱了仅仅提供原料和初级加工品的地位，已成为一种"从田头到餐桌"的完整产业，包括了农产品的生产、加工、贮运和销售等全部内容。现代农业的竞争，不仅体现为农业生产环节产品和技术的竞争，更体现为包括农业产前、产中和产后在内的整个农业产业体系的竞争。目前，发达国家农产品加工转化率都在 90% 以上，农产品加工业产值相当于农业产值 2 至 3 倍，从事农产品加工业的劳动力相当于直接从事农业生产劳动力的 6 至 8 倍。美国农业产值不到 1000 亿美元，食品工业产值达到 5000 亿美元，农产品变成食品增值 5 倍，我国只增值 0.5 倍。从世界各国看，延长农业产业链条，提高农产品加工程度，是实现农业增效和农民增收的重要途径。例如，1 吨玉米价值不过 1000 元，加工成淀粉，价值 1800 元，增值近 1 倍；淀粉加工成葡萄糖，价值 4000 元；糖类再加工成赖氨酸，价值 4.2 万元；酸类再加工成抗菌素和维生素 C，增值幅度会更大。1 公斤土豆用传统方法加工成淀粉，增值 30%；加工成粉条，增值 80%；加工成薯条，增值 15 倍；加工成环糊精，增值 20 倍。更为重要的是，通过农产品加工延长了农业的产业链，实现了农业直接生产与农产品加工流通的紧密联结，促进了现代农业产业体系的形成。

根据农业增效目的的要求，产业化经营应该把实现的农产品加工增值和流通利益合理地返还于农业和农民。要防止加工、流通企业在农业产业化经营过程中的垄断行为，避免加工、流通企业向农业和农民的风险转嫁。要注重培育农产品生产、加工、销售三个方面的共荣机制，使农产品生产与产前和产后产业形成内在的一体化。通过农业产业化经营，构建农产品生产与加工、销售一体化的现代农业产业体系。

3.6.2　发展农民合作是农业产业化经营发展的重要方向

如上所述，在发达国家，由合作社牵头组织农业产业化经营的情况相当普遍，农民绝大多数都是合作社的成员，合作社成为农业产业化经营的重要载体。美国有 5/6 的农民参加了各种类型的合作社，法国有 4/5 的农民参加了农业流通合作社，荷兰农民生产的农产品 80％以上通过合作社销售，日本农民则几乎百分之百地参加了合作社。按照自愿原则组成的合作社，包括生产合作社、加工合作社、流通合作社、金融合作社、消费合作社等，不仅增强了农业产业化经营的运行能力，而且有效提高了农民的组织化程度，提高了农民的市场谈判能力，保护了农民的合法权益。

由于农业的产业特性，合作社在传递市场信息、普及生产技术、组织引导农民按照市场需求进行生产和销售等方面发挥着不可替代的重要作用。目前，我国农民的合作程度还较低。农民缺乏合作组织，市场谈判能力弱，不能适应农业现代化和国际化发展的要求，不利于农业产业化经营的健康发展。培育和壮大农民的合作经济组织，大力发展"合作社＋农户"或"龙头企业＋合作社＋农户"的产业化经营形式，提高农民的组织化程度和市场竞争力，是我国农业产业化经营的一个基本发展方向。

在农业产业化经营过程中，龙头企业在带动农民方面发挥着重要作用，培育和壮大龙头企业是发展农业产业化经营的中心环节。但是，龙头企业并不能代替农民的合作经济组织。因为在龙头企业带动型的组织形式中，多数龙头企业都是"外生"的，是独立于农民之外的，与农民并不是同一个利益体，农民是依附于龙头企业而不是拥有龙头企业。这种"外生性"决定了在产业化经营的利益分配方面，龙头企业会首先考虑自身的利益，寻求自身利益的最大化。即使向农民让利，为农民提供低偿或无偿服务，也是有限的。寄希望于龙头企业向农户大规模让利，是不现实的。另一方面，由于农户是分散的，生产是小规模的，在信息上与龙头企业严重不对称，在力量上根本无法与龙头企业相抗衡，在经营中无法与龙头企业平等谈判，无法与龙头企业公平竞争，无法保护自身的经济利益，这使得在产业化经营中龙头企业居于主动，农户则处于被动，农民成为产业化经营的弱者。

合作经济组织是改变农民弱者地位和维护农民经济利益的有效形式。与龙头企业的"外生性"不同，合作组织对农民而言完全是"内生"的。在合作组织中，农民既依附于合作组织，同时又拥有合作组织。这种"内生性"，为合作组织维护农民利益提供了制度保证。另一方面，通过合作，分散的农民变成有组织的农民，农民的组织化程度提高了，农民的市场谈判能力增强了，农民在产业化经营中的地位就改善了。从长远讲，发展农民合作，使合作社成为农业产业化经营的重要载体，是我国农业经营体制改革和优化的重要内容。

在我国农业产业化经营的实践中，发展农民合作的重点应该放在产后的农产品加工和流通领域，重点培育农产品流通合作社和农产品加工合作社。在产中领域，应重点发展为农民提供各种技术服务的合作组织。现有的"合作社＋农户"产业化经营模式，要不断完善内部管理制度，不断优化与农民的关系，不断提高经营水平。为了扶持农民合作经济的发展，应该参照国际经验，在税收等方面给合作社经营以必要的优惠，适时制定和出台《合作社法》，确立农民合作经营的法律地位，为农民合作经营提供法律保障。

3.6.3　因地制宜、循序渐进是发展农业产业化经营的基本原则

从实际出发，因地制宜，是发展农业产业化经营的一个基本原则。所谓从实际出发，因地制宜，就是从本地区、本单位的自然资源条件和区位特点出发，通过分析资源优势和区位优势，在比较优势的基础上定位农业产业化经营的主导产品，规划和建设农业产业化经营的主导产业和生产基地。我国幅员辽阔，各地条件千差万别，比较优势不尽相同，这是农业产业化经营必须因地制宜的客观基础。如果不从本地条件出发，不按照自身比较优势从事农业产业化经营，农业产业化经营不会获得成功。不因地制宜的结果，还会直接导致产业化经营在项目上的雷同或重复建设。目前一些地区出现的产业化经营项目雷同或重复现象，就是没有真正从实际出发、因地制宜的表现。农业产业化经营项目的雷同或简单重复，不仅会浪费农业资源，而且会加剧市场竞争，这对农业产业化经营的健康发展是不利的。所以，各地在推进产业化经营过程中，必须坚持因地制宜原则，从实际出发，从自身的比较优势出发。只有这样，才能形成各具特色的农业产业化经营模式，才能实现农业产业化经营的健康顺利发展。

循序渐进，量力而行，是发展农业产业化经营的又一个重要原则。产业化经营作为农业经营形式的一种创新，在实践中的推行是有条件的。这些条件主要包括：具有符合市场需求的主导产品，具有承担主导产品生产的主导产业，具有承载主导产业布局和生产的生产基地，具有一定带动能力的龙头企业，具有从事产业化经营的具体组织形式，具有产业化经营的配套制度。农业产业化经营虽然不能坐等条件成熟后再进行，但如果完全超越现实条件，不量力而行，急于推行，甚至拔苗助长，用"下达指标"的方式硬性扩大产业化经营规

模，必然欲速则不达，使农业产业化经营蹈入失败。所谓量力而行地推行产业化经营，就是根据各个条件成熟的程度来逐渐地、有选择性地发展农业产业化经营。由于产业化经营的各个条件不可能马上成熟，各个条件发育和成熟的程度也会不一样，各个条件在实践中还要不断补充和完善，因此，在农业产业化经营起步后，还要坚持循序渐进的原则，根据条件的可能逐渐扩大经营规模，逐渐提高产业化经营水平。在实践中，一些地方曾用"定指标、定速度"的方式推进农业产业化经营，以尽快扩大经营规模和带动更多的农户，这样做的主观愿望是好的，但客观效果不一定好。农业产业化经营有一个逐渐发育的过程，当条件尚未成熟时，"急于推"不能形成好效果。政府的责任是积极培育农业产业化经营的条件，为龙头企业和其他中介组织的成长创造良好的外部环境。

3.6.4 生产基地建设是农业产业化经营的重要环节

生产基地是龙头企业的依托，是联结农户的载体，是形成区域性主导产业的基础，农业产业化经营必须抓好基地建设，建设好农产品生产基地。

农产品生产基地建设，应与农业结构调整和培育主导产业相结合，重点抓好四个环节：

一是区域化布局。按照自然条件优势，集中连片种植，形成较大范围的专业化生产和规模化经营，使生产形成规模，商品形成批量。要克服目前普遍存在的按县乡行政区域布局产业、一个乡一个产业、每个乡的产业都不同的现代小农经济的做法，打破县乡行政区域界限，按经济区的思路筹划产业布局，这样才能真正做到科学合理的区域化布局。生产基地的布局还应和龙头企业建设结合起来，使基地的生产能满足龙头企业加工和销售的需要。

二是特色化产品。生产基地的产品生产，要力求突出特色，打出品牌，形成优势。要注重开发市场潜力大的绿色食品和有机食品，如建立无公害蔬菜、无公害水果生产区；注重开发具有地方特色的名、特、稀产品，如稀有小杂粮、特种蔬菜、波尔山羊、肉狗等；大路产品则要通过改善品质提高竞争力，如扩大优质专用小麦、玉米等的生产规模，改良苹果品种等。

三是标准化生产。要按照 WTO 规则的要求，根据国内和国际公认的质量标准，逐步对产前的环境质量，产中的投入和栽培饲养，产后的储藏、加工、包装等各个环节和各道工序，规定统一的规格和质量要求，实行严格的监测检验制度，实现标准化生产，为龙头企业的系列化加工和出口奠定基础。

四是系列化服务。按照配套、高效、及时的原则，加强服务体系和服务设施建设。龙头企业与基地之间要形成有机联系，逐步做到对基地统一供应良种、肥料、农药，统一收购产品，统一加工销售。政府的农业科研和技术推广机构，要提高为农民服务的意识，为农民及时提供高质量的技术和市场信息。

3.6.5　充分发挥政府对农业产业化经营的引导和扶持作用

发展农业产业化经营，离不开政府的积极引导和扶持作用。要按照"扶持产业化经营就是扶持农业、扶持龙头企业就是扶持农民"的思想，确定政府在农业产业化经营中的作用，加强政府对农业产业化经营的引导和扶持作用。

根据国内外的经验，在发展农业产业化经营过程中，政府的主要职责应是制定发展规划和扶持政策，为农业产业化经营的健康发展创造必要的外部环境，弥补农业产业化经营的组织缺陷，降低市场交易风险，维护农业产业化经营主体的合法权益。根据这样的职责定位，联系我国目前农业产业化经营的实际，当前和今后一个时期，政府推进农业产业化经营应着重做好以下方面的工作：

第一，搞好规划，加强引导。搞好规划对引导农业产业化经营的合理布局、健康发展具有重要作用。各地都应结合实际，制定本地区农业产业化经营发展规划，把农业产业化经营纳入当地经济和社会发展的全局，统筹安排。根据当地资源优势，引导农业产业化经营朝区域化布局、专业化生产、社会化服务方向发展。同时，要协调好政府各部门之间的关系，检查、督促各部门围绕推进农业产业化经营，改进工作方法，转变工作作风，齐心协力，为发展农业产业化经营创造一个良好的外部环境。

第二，加大政策扶持力度，促进龙头企业健康发展。各级财政部门应在财政支农资金增量中安排一定数量，用于支持农业产业化经营的龙头企业引进、研究开发和推广新品种、新技术，同时安排一定数量的政策性贷款，支持农业产业化经营龙头企业的建设。条件成熟时，适当增加农业产业化经营龙头企业的上市公司数量和融资规模。重点扶持一些有基础、有潜力的龙头企业建设高标准、高起点的农产品生产加工出口基地。鼓励有进出口经营权的龙头企业积极参与出口商品配额投标。适当提高农产品及其加工制成品的出口退税率。对于符合规定的重点龙头企业的农产品及其加工品的出口给予信贷支持。

第三，引导龙头企业与农户处理好利益关系，增强农业产业化经营发展的内在动力。农业产业化经营的实质是要建立一种有效的机制，使农户参与产业化经营能够获得比单纯搞初级产品生产更多的收益。为此，要引导龙头企业与农户建立利益共享、风险共担的组织形式和经营机制。这不仅是农户的需要，也是企业的需要。农户需要稳定的销售渠道，龙头企业需要稳定的农产品供给，双方是互惠互利、唇齿相依的关系。在实践中，要根据各地所处的发展阶段、从事的产业以及当时的市场情况而引导产业化采取不同的组织形式和经营机制。产业化经营处于起步阶段的地方，要重点发展"订单农业"，加强产销衔接，规范产销双方的权利和义务。产业化经营基础较好的地方，可以通过建立风险基金，实行最低收购保护价、按农户出售产品的数量返还一定利润，以及提供良种设备、资助周转金、进行技术培训等形式，使企业与农户建立比较紧密的利益联结机制。特别要鼓励、提倡和扶持农民专业合作经济组织的发展，这类组织既可以作为连接工商企业与农户的桥梁，又可以发展为龙头企业。此外，还要积极探索和鼓励农民利用土地使用权、产品、技术和资金等要素入股，采取股份制、股份合作制、合作制等多种形式与企业形成利益共同体。但是，无论采用何种组织形式和经营机制，都应建立在龙头企业和农户自愿选择的基础上，按照市场经济规律办事，不能用行政的办法，搞强迫命令。

第四，加强农业科技的研究与推广，为农业产业化经营提供强有力的科技支撑。在宏观层次上，要调整农业科技发展方向，以适应市场对农产品多样化需求和农业增效、农民增收为目标，更加注重农产品的优质化、专用化，提高产品质量和效益。当前，应以优质化、专用化农业品种的选育及良种产业化为突破口，大力开展改善品质、提高质量、节本增效技术研究，提高优质农产品的产出率和商品率。建立持续高产、优质、高效的农业技术体系，提高常规农业技术的科技内涵和组装配套程度，大力发展以生物技术、信息技术、设施农业等为主体的农业高新技术。同时拓展农业科技发展领域，促进农业产前、产中、产后技术体系的配套完善和产业化开发，促使农产品加工业成为新阶段农村经济的增长点。在微观层次上，要优先支持粮食、油料、果蔬、肉类等大宗农产品加工科技企业的发展，支持饲料、饮料、保健食品、药用植物等功能食品的生产与加工，大力培育一批新兴产业，带动农产品加工业的全面快速发展。为农产品加工龙头企业的技术进步提供政策优惠，包括对技术起点高的龙头企业优先提供财政资金和银行贷款等。

第五，抓好农产品市场体系建设，为农业产业化经营创造良好的市场环境。农业产业化经营是以市场为导向的经济活动，产业化的发展成效要通过市场来检验，因此，培育完善的农产品市场体系，是推动农业产业化经营的重要环节。从当前和今后一个时期看，重点是培育农产品批发市场。首先应搞好规划。产地批发市场应建在农产品的集中产区，销地批发市场一般在城市，应纳入城市建设的统一规划。农产品多种多样，产地批发市场只能是专业性的，但销地批发市场应尽可能建成综合性的。在积极建设批发市场的同时，还应注意做好发育中介组织、发展拍卖方式等"软件"工作，以充分发挥批发市场的信息中心功能和指导产销的功能。市场建设需要大量的资金投入，除了政府有计划地安排这方面的基本建设投资外，还应采取多渠道投入的办法，允许企业和个人集资投入，实行谁投资、谁经营、谁受益的政策。还应做好市场信息服务二作，建立全国农业市场信息网络，定期向农民提供各种生产信息、产品库存信息、市场供求信息和有关技术信息。

第六，建立农产品的规格和标准体系，为农业产业化经营发展打下坚实的基础。所谓规格是对产品的内在使用性能和档次的要求，所谓标准是对产品品质的要求。现代国际农产品贸易实践表明，规格化、标准化是农产品质量的保证，也是发展农业产业化经营的基础。在现代流通体系中，标准化生产是公平公正交易的前提，只有实现农产品的规格化、标准化，才能既保障生产者的利益，又保障消费者的利益，也才能引导龙头企业生产优质产品。从另个角度看，农产品规格化、标准化还是超市、物流和信息化等现代市场流通系统发挥作用的必要条件。因此，有关政府部门应建立以加工和食用品质为中心的质量检查评价体系；开发农产品品质评价技术，建立有效的和权威的农产品质量评价、检查、监督、管理体系，使优质优价政策落到实处，推动农业产业化经营水平不断提高。

第七，加强法制建设，用法律法规保障农业产业化经营健康发展。市场经济是法制经济。农业产业化经营在发展过程中，各环节的联结主要通过合同契约的方式来实现。任何一个环节履约出了问题，就会影响整个产业链的正常运转。在目前的农产品购销活动中，违约现象比较普遍。因此，要确保农业产业化经营的健康发展，就必须严格按照《合同法》《公司法》等有关法律办事，以约束合同各方如期履约。同时还要深入实际，调查研究，及时制定配套的法律法规，特别需要规范、明确合同的内容，包括双方的权利和义务，履约方式、违约处理等有关条文和规定。还应加强对干部群众的法制教育，强化人们的法制观念，引导企业和农民农法签约、认真履约，维护合同的严肃性，提高其依法办事、依法经营的自觉性，运用法制来保障农业产业化经营的健康发展。

第4章 农村城镇化与乡镇企业发展

我们这里所讲的乡镇企业，是指非农乡镇企业，并以农村工业为核心。这种范围取舍符合我国实际，因为我国乡镇企业的主体是乡镇工业企业。2000年，乡镇工业企业就业人数在乡镇企业总就业人数中所占的比重为60%，乡镇工业企业所创造的增加值在乡镇企业总增加值中所占的比重达70%，乡镇企业的出口交货值则几乎完全源自乡镇工业企业。在这种范围规定下，乡镇企业与城镇化之间的关系，实质上就是农村工业发展与城镇化之间的关系。

4.1 农村工业化与城镇化内在联系的理论分析

从理论上讲，农村工业发展和城镇化之间存在着内在联系，这种联系表现在两个方面：第一，农村工业化会生成农村城镇化；第二，农村城镇化会推进农村工业化。

与农业生产的分散性特征相反，工业是一种聚集的活动，这种聚集效应引起人口和生产要素随着工业的发展而相对集中。当人口和生产要素以及经济活动在一个地理位置上的集中达到一定规模时，就会形成城镇。随着工业发展水平的不断提高，新的城镇会不断形成，原有城镇的规模会不断扩大。工业企业的集中，又创造了对金融、交通、信息、旅店、餐饮、文化、娱乐等服务产业的需求，从而带动城镇第三产业的兴起和发展。所以，工业化必然导致城镇化，农村工业化必然导致农村城镇化，这就是农村工业化对农村城镇化的生成作用。

另一方面，城镇又以其配套的基础设施，快速的信息传递，良好的金融、技术、文化和通信服务，为工业企业创造外部经济，对工业企业的发展形成促进。城镇的功能保障又推动了工业化的发展，提高了工业化的质量，这就是农村城镇化对农村工业化的促进作用。

由上述分析可以看出，没有工业化就没有城镇化，没有城镇化也就不会有真正的工业化，这就是农村工业化和农村城镇化之间的内在联系。

农村工业化和农村城镇化的内在联系，除了具有相互促进的一面外，还具有相互制约的一面。工业化发展缓慢，城镇化发展必然缓慢。极端地讲，没有工业化就不可能有城镇化。因为没有人口和生产要素以及经济活动在地理位置上的集中，现代意义上的城镇就不可能生成，这就是农村工业化对农村城镇化的制约。同样，没有城镇服务产业的发展和城镇功能的完善，工业化就难以顺利推进，分散型的工业化模式，不仅会造成工业本身的效率损失，而且会形成很大的外部负效果，如耕地占压、环境污染等；另外，城镇的过分膨胀生成的交通拥挤、交易费用增加等外部不经济，以及工业企业扩张生成的管理效率损失等内在不经济，都会对工业化的推进形成负面影响。

工业化和城镇化之间的内在联系，已经被发展经验所证实。历史地看，人类社会的城镇史已有9000余年了，但直到欧洲工业革命爆发以前，城镇的发展速度一直非常缓慢，城镇人口在总人口中所占的比重一直很低。1800年以前，城镇人口占全世界总人口的比重还不及1%。18世纪后半叶的工业革命，引发了机器工业的生成和发展，人类社会从此揭开了工业化的帷幕，进入了工业化发展的时代。工业的推进，使农业劳动力不断地变为非农业劳动力，农村人口不断地变为城镇人口，城镇人口在总人口中的比重不断增大，城镇化的速度急剧加快。1800年世界城镇人口比重不过1%，1900年迅速增加到13.6%，1950年升至28.4%，1980年复升至40.9%，1995年则达到了45%。从人口绝对数量看，1900年世界城镇总人口只有0.16亿人，1980年增加到18.07亿，1995年变增加到22.69亿人。1900—1995年的不到一百年的时间里，世界城镇人口数增加了140多倍，平均每年增长5.4%。就工业革命的发源地英国本身来说，在工业革命开始之前的1700年，英国的城镇人口只占总人口的2%，然而到1800年，城镇人口率便上升到26%，到1900年时城镇人口率已提高到75%，完全实现了城镇化。所以，人类社会城镇化的历史，实际上就是工业化的历史。没有工业化，也就没有城镇化。

工业化与城镇化之间的内在依存性，还得到数量模型研究的严密证明。据测算，1814—1931年的90年间，英格兰和威尔士的工业化与城镇化的相关系数为0.985；1866—1946年的80年间，法国的工业化与城镇化的相关系数为0.970；1870—1940年的70年间，瑞典的工业化与城镇化的相关系数为0.967；1820—1950年的130年间，整个发达国家的工业化与城镇化的相关系数为 0.997。可以看出，工业化与城镇化之间的相关依存关系十分紧密，二者保持了高度显著的相关度。这种由理论模型测定出来的相关度，为政策实践协调工业化和城镇化的关系提供了依据。

4.2 城镇化推进与农村工业化关系的实践模式

既然城镇化是由工业化推动的，那么工业化的发展模式对城镇化就有着重要影响。这里我们主要分析美国和日本等发达国家和印度、韩国、巴西、泰国等发展中国家的农村工业化与城镇化发展模式，以总结可供参鉴的经验。

4.2.1 发达国家的农村工业化发展与城镇化推进

我们主要以美国和日本为例，分析发达国家农村工业化发展与城镇化推进的关系。

1. 美国的农村工业化发展与城镇化推进

美国的农村工业化，与美国现代经济发展所形成的工业布局高度集中于城市的状况有密切联系。历史地看，美国现代经济的发展发端于 1834—1843 年。从产业选择讲，美国经济发展实行的是优先发展消费品工业的模式。工业发展是从消费品工业开始的，更具体讲是从消费品工业中的棉纺织工业开始的。消费品工业的发展，引起和带动了资本品工业的发展。因此，从 1860 年后，美国经济的发展就进入了资本品工业迅速发展的年代，钢铁产量及煤的开采量急剧增加，机器制造业得到了极大发展。在 19 世纪的最后 30 年里，一系列新兴工业部门如石油工业、汽车工业、电器工业、化学工业、炼铝工业等都得以建立和迅速发展，工业部门的结构发生了巨大变化。按产值大小的次序排列，1860 年时名列前茅的是面粉、棉纺织、木材加工、制鞋等消费品工业部门，铸造和机器制造业合起来才占第三位。19 世纪末排在前面的则是钢铁业，铸造和机器制造业、钢铁业和机器制造业已经成为美国经济发展的排头兵。到 19 世纪末，美国已经形成了比较完整的工业体系，国民经济结构已经以工业部门为主体了。

从产业布局讲，美国经济发展实行的是工业集中布局于城市的模式。据统

计，1954 年美国城市制造业就业人数占全国制造业就业人数的比重已高达
78%。工业集中布局的结果，引起了广大农村地区的人口大规模持续地向工业
中心流动，这导致了城市人口的急剧增加和人口的城市化。据统计，美国城镇
人口占总人口的比重 1790 年时仅有 3.3%，1800 年是为 6.1%，1860 年时上
升为 16.1%，从 1860 年到 1900 年的 40 年间，城市人口几乎翻了 2.5 番，增
加了近 4 倍，平均每 10 年城市人口就增加近 6000 万，城市人口的比重平均每
两年就增加 1 个百分点，1900 年时，城市人口已占总人口的 40%；到 1920
年，城市人口率已超过 50%；到 1960 年，城市人口率已达到 70%。从 1920
年到 1950 年，美国农村外流人口平均每年达 60.3 万人，其中主要是迁往
城市。

农村人口大量流入城市的结果，一方面是城市工业的高度发展和城市的繁
荣，但另一方面也造成了农村地区的衰落，农村公共设施的建设和使用难以为
继，社区和小城镇发展陷于停顿，农民贫困化显现并逐渐突出。根据美国学者
E. 米勒对宾夕法尼亚州 6 个县进行典型调查和分析的结果[1]，美国工业集中
布局使农村人口向城市转移所造成的农村经济衰落趋势，是从 20 世纪 20 年代
后期开始的。米勒的调查表明，农村经济的衰落表现在多个方面。首先是农村
资源的荒废，其中土地荒废尤为明显，六个县的农场土地数量从 1920 年的
612260 公顷减少到 1950 年的 429756 公顷，房地产价值由 1920 年的 9317 万美
元减少到 1940 年的 5411 万美元。农场的衰落在数量和质量两方面都表现出
来，相当数量的耕地变成了牧场，而牧场又荒废成荒地。其次，农村的商业和
社会作用降低，过去存在并发挥很大作用的农村商业网点消失了，过去存在的
一些非农产业衰落了，农村的文化作用也衰落了。在一个很有代表性的村镇，
地方学校于 1931 年关闭，加油站于 1933 年关闭，奶站于 1935 年关闭，文化
公园废弃，舞厅于 1934 年遭火灾后再未重建，在地方商店购物的访问风俗也
衰退了。美国学者 J. 斯特拉塞的考察结果也表明，"那些开车到乡下转悠，想
为自己找块农村土地的人，只要留心观察，马上就看得到国内帝国主义的后
果，不少农民贫困，他们的住房摇摇欲倒，他们的农场凋敝不堪。城市帝国主
义还破坏农村生态，露天开采的矿场和砍光伐净的树林，污染了的河流以及酸
雨，都是城市统治农村的结果。"美国学者 C. 里夫莱对美国中北部各州调查
研究的结果，同样说明了农村经济的衰落。1895 年至 1929 年间，明尼苏达州
的农村小商业点由 799 个减少到 676 个，减少了 15.3%；在俄亥俄州，农村
商业减少得更多，达到了 41%，商业店铺的总数明尼苏达州减少了 18%，俄

亥俄州则减少了 38%。专门的零售商店在明尼苏达州减少了 42%，在俄亥俄州几乎减少了一半。过去存在的农村工业减少得尤为突出，就总体而言，明尼苏达州减少了 70%，俄亥俄州也减少了 70%，其中面粉厂、奶酪厂、鞋厂、马车厂、锯木厂等减少了 75%～100%。一些经营小作坊主要以其手艺而出名的农村手艺人，大都从这些小商业点上消失了。医生、教师、牧师等也离开了农村小商业点。甚至"十字路口小教堂的棕色窗子上都蛛网尘封"。

农村经济的衰落，无疑对整个经济的健康发展带来了不利影响。同时大量人口流入城市，城市膨胀，城市中的交通拥挤、住房紧张、水源匮乏、地价昂贵、工厂空间扩展余地不足、生活费用高涨、环境污染、经济衰退、社会骚乱、失业、贫困、各种犯罪等所谓的"城市病"也开始显现并趋于严重，成为困扰工业城市的基本问题。

因此，从 20 世纪 50 年代开始，农村发展问题在美国受到关注，农村工业化被经济学家们认为是解决衰落的农村社区问题的"吸引人的办法"，"在某种程度上，国家领导人把农村发展和农村工业化等同看待"[2]。

从时间上看，美国农村工业化发展最快的时期是 20 世纪 60 年代和 70 年代。从 1954 年到 1978 年，美国在农村布局的工业逐渐增多，发展不断加快，农村工业增长速度甚至超过城市工业。农村工业的发展，使农村中的工业就业人数迅速增加，其增长速度远远超过城市。1978 年与 1954 年相比，美国制造业就业人数增加了 28.7%，其中城市地区仅增长 7.1%，而农村地区的增长率高达 67.1%，农村地区制造业就业人数的增长速度是城市的近 10 倍。同一时期，在美国净增加的 442.8 万个制造业就业机会中，大约有 52% 是由农村地区的制造业所创造的。到 1978 年，美国农村制造业就业总人数已从 342.9 万人增加到 572.9 万人，增加了 67%，平均每年增长 2.2%；农村制造业就业人数占全国制造业就业人数的比重达到了 30%。根据 1973 年的统计资料，当年农村制造业就业人数占农村就业总人数的比重已达近 25%，即平均每 4 个农村就业人员中就有 1 人在农村制造业中就业，已经大大超过了农业就业人数占农村就业总人数 20% 的水平。由农业就业人数所占的份额推算，20 世纪 70 年代前期美国农村就业总人数中大约有 80% 是从事非农业生产活动的。因此，到 70 年代末期，美国农村工业化的程度实质上已经很高，在农村里已经很难找到一个没有任何工厂的小城镇甚至社区。

美国学者的典型调查研究，更提供了美国农村工业化在 20 世纪 60 年代和 70 年代迅速发展的生动事例。如美国农业部人口研究机构的 K. 比尔认为，"农村地区经济改善，可提供更多的工作……在把人留住方面，最大的改进是在小城镇或乡村"。作为美国农业州之一的俄克拉荷马州，农村工业的发展引起了人口迁入，从 1960 年到 1970 年，人口迁入使该州的总人口增加了 1.3 万人，在 1970 年以后的三年里，新迁入的人口增加了 4.8 万人。该州就业保障委员会的鲍曼认为，"我们农村社区方面有相当的发展，特别是在本州东部……过去几年中俄克拉荷马州在制造业方面的就业机会有了相当的增加；在较小的城镇增加了许多，在农村地区也有广泛的增加"，这是吸引人口迁入本州的原因。在美国的其他农业州，也出现了类似的人口流动趋势，即农村工业的发展不仅遏止了农业州人口的外流，而且还吸收了其他地区尤其是城市人口的迁入。艾奥瓦、威斯康星、明尼苏达、南达科地、内布拉斯加等 6 个农业州的人口从 1970 年到 1973 年共增加了 10 万人之多。据 G. 汉森的调查，对从城市地区迁出的一些人来说，多数人说他们正在向艾奥瓦这样的州移民，因为现在在小城镇上也可以找到工作。艾奥瓦、内布拉斯加和堪萨斯等州的官员们都认为，"人口的增加主要是由于把新工业和工作吸引到小城镇去的共同努力的结果"。内布拉斯加州的奥努拉就是一个典型，20 世纪 70 年代初在那里开辟了一个 80 英亩的工业场地，9 家新工厂在这块地上开办起来，提供了 300 余个就业机会[3]。

从地区上看，美国农村工业化发展速度最快的是南部地区，其次是东北部地区，西北部地区则相对较慢，地区差异比较明显。据统计，1959—1969 年美国全部农业县非农产业部门就业的总人数由 695.2 万人增加到 993.4 万人，增长了 42.9%，其中南部地区增长了 50.4%，东北部中央地区增长了 41.7%，而西北部中央地区只增长了 31.6%。但是，如果从农村工业化的相对规模比较，西部地区则超过了东北部地区。同样以非农就业状况为例，1969 年各地区农业县非农就业人数占整个地区非农业就业总数的比例，南部地区最高，为 31.5%，西北部中央地区为 24.4%，东北部中央地区仅为 14.3%。

美国农村工业化发展地区间差异的形成受制于多种因素，其中不同地区工人工资水平的差异是一个重要因素。由于东北部地区是最早形成的工业中心，工业的高度集聚，使该地区及太平洋沿岸工业城市的劳动力价格处于全国最高水平，而南部地区的劳动力价格则相对较低。南部地区大多数州的平均工资比北部地区低约 1/4，其中半熟练工人的工资水平更低，比北部地区低约 1/3。较低的人工成本吸引了城市工业趋于向南部农村地区分散，从而促进了该地区农村工业化的快速发展。另外，工会力量的差别也是一个重要因素。由于历史的原因，美国南部地区工会的力量较弱，南部地区实行的"工作权利法"（根据该法，工人无须把是否加入工会作为就业的条件）更在一定程度上减少了工会的力量，南部地区非农业雇员中参加工会的比例仅是北部地区的一半，由于工会的力量对资方的利益有直接影响，因此，较低的工人组织程度在一定程度上促使城市工业分散于南部农村地区。

农村工业化的发展，不仅对美国农村地区经济的复兴，而且对城市经济的健康发展，都产生了重大效应。所产生的效应主要是：

（1）人口分布效应

农村工业化的发展，首先改变了传统的城乡人口转移格局，大量人口被吸收到农村工业及其他非农产业部门就业，这不仅稳定了农村社区的人口规模，而且有效地防止了农村地区人口向城市的不合理转移，改变了过去工业高度集中于城市所导致的以农村地区衰落为代价的不合理人口分布。据统计，自20世纪50年代以来，美国城乡人口增长差距明显缩小。1950年与1920年相比，城市人口增长了105.8%，农村人口增长了4.8%，前者是后者的22倍，城市人口比重由51.2%提高到67.3%。而1980年与1950年相比，城市人口增长了49.5%，农村人口增长了11%，前者是后者的4.5倍。农村地区的人口迁移也由净流出转趋为净流入。

（2）就业创造效应

农村工业化的发展，直接增加了农村的非农就业机会。据美国商务部经济开发署进行的一项研究，由于农村工业扩张引致的服务性产业发展，美国农村地区的工业就业系数大于1，在1.02～1.70之间，即每增加1个工业就业职位，实际可提供1个半左右的就业机会[4]。这一系数还随着工业的增长而趋于增大。据估算，20世纪60年代美国农村地区的制造业职位共净增约140万个，服务性工作职位增加了约350万个。大于1的农村工业就业系数充分说明，农村工业的发展不仅有直接的就业效应，而且具有就业增值效应，这本身就充分证明了农村工业的发展带动了农村其他非农产业的发展。

（3）结构调整效应

农村工业化的发展，改变了美国农村的产业结构和就业结构。由于农村工业的发展，美国农村工业就业人数由1954年的342.9万人增加到1978年的572.9万人，而农业的就业人数则由1954年的865.1万人减少到1978年的395.7万人，农村就业结构因此而发生了显著变化。工业就业人数在农村工农业总就业人数中所占的份额，由1954年的28.4%提高到1978年的59.1%；农业就业人数在农村工农业总就业人数中所占的份额，则由1954年的71.6%下降到 1978 年的 40.9％。到 20 世纪 6○ 年代末期，美国农村中三次产业的就业份额已相互接近，从而从根本上改变了农村长期以来以农业为主的传统产业结构。

（4）收入增加效应

农村工业化的发展，直接增加了美国农民的收入。1978 年与 1954 年相比，美国农业人口的总收入增加了 6.5 倍，平均每年增长 8.76％，其中农业收入仅增加 4.4 倍，平均每年增长 7.28％，而非农业收入增加则达 11 倍，平均每年增长 10.91％。农业收入占总收入的份额由 67.8％下降至 48.6％，非农业收入占总收入的份额则由 32.2％上升到 51.4％。可见，农村工业的发展，已使非农业收入成为美国农民收入的重要来源。表 3-1 列示出了 1980 年美国农场主的收入结构情况。

由表 4-1 可以看出，不论哪一类农场，非农收入都是其收入的一个组成部分。对于年销售额 1 万美元以上的兼业农场，非农业收入比重达到了 75％，即 3/4 的收入来源于非农业收入；兼业农场作为一个整体，其收入超过 80％的部分是源于非农业生产活动；即使对于专业农场，非农业收入在农场总收入中所占的比重平均也在 1/3 以上。总体来讲，1980 年美国农场主收入的近 2/3 是来源于非农业生产活动。农民的收入结构从一个方面印证了美国农村工业化的发展程度。

表 4-1　美国农场主的收入结构（1980 年）

农场分类	年销售额（美元）	非农业收入比重（％）
商业性专业农场	10 万以上	28
	4 万～10 万	32
	2 万～4 万	53
	平　　均	34
商业性兼业农场	1 万～2 万	75
	0.5 万～1 万	87
	平　　均	82
其　　他	0.5 万以下	92
总平均	—	62

资料来源：《美国农业经济学》．中国农业出版社。

（5）城乡协同效应

农村工业化的发展，增加了农民收入，改善了农村的基础设施如交通、通信、能源和卫生环境等，也改变了农村的文化面貌，现代化的交通和通信系统，可以把城市文明迅速扩散到农村，农村已不再是闭塞、隔绝、落后的孤立状态，反而因其恬静、空气新鲜、环境优雅、生活费用低等优势吸引了大量的城市居民。这些最终都使农村与城市的差距缩小，实现了农村与城市的协同发展，这是农村工业化的最本质效应。

（6）农业发展效应

农村工业化的发展，还促进了美国农业的发展。这一方面表现在农村工业的发展不仅吸收了农业剩余劳动力，而且保证了农业对劳动力的季节性需求；另一方面农村工业的发展，为农场主的兼业经营提供了基础和条件，美国农场主的兼业经营，可以认为是在农村工业发展的基础上实现的。

美国农村工业的发展，是与政府的推动分不开的，政府在农村工业化发展中扮演了重要角色，发挥了积极作用。首先，政府决策者认识到了农村工业化的重要性。如前所述，在某种程度上，决策者把农村发展和农村工业化等量齐观，把工厂分布在农村，使经济活动、就业和人口分散开来，作为推动农村发展的主要措施。联邦政府的许多政策都鼓励和引导工业在农村设厂，为农村工业提供比较优惠的条件。其次，政府通过立法促进农村工业化的发展。如1964年的"经济机会法"、1965年的"公众工作法"、1965年的"阿巴拉契亚地区法"和1972年的"农村开发法"等，都把在农村社区设置工业当作联邦政府反贫困和促进农村繁荣的明确目标。

美国政府重视农村工业化的理论依据是，农村地区的贫困和城市发展困扰问题，都是由劳动力供给和需求在地理上不相适应造成的。农村地区经济机会的减少和城市地区经济机会的增多，是造成这种不相适应的主要原因。而要纠正这种不平衡，有效的办法就是刺激农村地区经济的发展，做到了这一点，农村地区的就业机会就会增多，农村劳动力流往城市的趋势就会减缓，而工业尤其是直接为地方社区赚钱的制造工业，被认为是对农村地区经济发展的最理想刺激。因此，就应该在农村地区布置工业，实现农村工业化。

通过上述分析，可以概括出美国农村工业化的几个特点：第一，美国的农村工业化是城市繁荣、农村衰落的产物，因而农村工业化被作为促进地区经济繁荣、缩小城乡差距、解决城市发展困扰问题和农村地区贫困问题的主要措施。第二，美国农村工业化是城市工业向农村地区扩散的结果，而不是农村社区自发地兴办工业的结果。城市工业向农村地区的扩散，伴随有政府干预等非经济因素，也伴随着农村地区的地方税收较轻、地价和水费比较便宜、劳动力费用低且供给情况良好等经济因素。第三，美国政府在农村工业化发展中发挥了积极作用，这种作用不仅导致了农村工业化的生成，而且促进了农村工业化的不断发展。

2. 日本的农村工业化发展与城镇化推进

日本是较早提倡农村工业化的国家。从 20 世纪 50 年代中期开始，日本就制定了一系列农村地区工业开发计划，鼓励企业家在农村地区投资创办非农企业，并确定 315 个地区作为农村新工业城市的据点。对于设立在农村地区的工业，政府给予提供贷款、减免税收等优惠政策。

与美国适成对照，日本农村工业化的特点是，农户的兼业经营构成了农村工业化发展的基础，这是由日本的资源结构、农业小规模经营、劳动密集、地价昂贵等因素决定的。因此，日本农村工业化的发展就可以从农户就业结构的兼业经营情况反映出来。

我们首先以日本农户就业结构的兼业性来分析日本农村工业化的发展情况。如上所述，农户的兼业经营构成了日本农村工业发展的基础，因此，农户就业兼业程度的提高，就意味着农村工业化程度的提高。

表 4-2 列示出了日本农户的就业结构及其变化情况。可以看出，从 20 世纪 50 年代开始，日本的农户结构发生了较大变化。基本趋势是：专业农户数量减少，份额下降；第一类兼业农户（即以农业为主的兼业农户）数量也在减少，份额也在下降，但速度慢于专业农户；第二类兼业农户（即以非农业为主的兼业农户）先增后减，但份额持续上升。全部兼业户的份额，1990 年比 1950 年增加了近 36 个百分点，其中第二类兼业农户的份额增加了 2.3 倍。

表 4-2　日本农户结构的演变

年份	专业农户		第一类兼业农户		第二类兼业农户	
	户数（万户）	比重（%）	户数（万户）	比重（%）	户数（万户）	比重（%）
1950	308.6	50.0	175.3	28.4	133.7	21.6
1960	207.8	34.3	203.6	33.6	194.2	32.1
1970	84.5	15.6	181.4	33.6	274.3	50.8
1980	62.3	13.4	100.2	21.5	303.6	65.1
1990	46.0	14.8	47.8	13.5	199.8	71.7

资料来源：《外国农业经济》，中国农业出版社。

　　日本农村工业化的发展还可以从日本农民的收入结构来分析。农村地区非农产业的成长，必然增加农民的非农产业收入。因此，随着农村工业化的发展，农民收入结构中非农业收入的份额就会不断增大。据日本的农户经济调查，农户非农业收入为农业收入的百分比 20 世纪 50 年代初为 50%；50 年代末提高到 90%，即农户的农业收入与非农业收入几乎一样多；60 年代初期为 120%；70 年代初期则增加到 220%；80 年代初期增加到 400%，即农户的非农业收入已相当于农业收入的 4 倍。可见，非农业活动收入已成为日本农民的主要收入来源。

　　日本农民从事非农业活动的主要行业是制造业和建筑业。据日本东京统计局进行的一项就业情况调查，见表 4-3，制造业和建筑业在农民的非农业就业中所占的比重超过了 60%，且呈增加趋势；商业和个体服务业也是农民从事非农业活动的重要领域；制造业、建筑业、商业、个体服务业和交通运输业几项合起来占农民全部非农业就业的 3/4。

表 4-3　日本农民从事非农业就业的领域（%）

就业领域	1962 年	1968 年	1979 年
渔业和采矿	13.0	6.3	3.0
制　造　业	22.1	30.7	30.0
建　筑　业	33.2	28.3	31.7
运输和交通	5.8	6.7	6.3
商　　　业	12.4	11.9	10.0
金　　　融	0.9	1.7	1.9
个体服务业	9.7	10.4	13.2
政　　　府	2.9	4.0	3.9

　　资料来源：《日本的农业与结构》，辽宁大学出版社。

　　日本农村工业化发展的结果，是增加了农民收入，缩小了城乡差距。农家的收入水平，从 20 世纪 70 年代起就已经超过了城市家庭。若以工人家庭年纯收入为 100，农家的平均收入 1965 年为 104.7%，1975 年为 136.9%，1980 年为 131.7%。农家人均收入为工人家庭人均收入的百分比，1965 年为 81.5%，1972 年为 103.4%，1975 年为 114.4%，1980 年为 114.6%。农家人均生活消费支出为工人家庭人均生活消费支出的百分比，1960 年为 75.9%，1970 年为 92.6%，1975 年为 107.1%，1985 年为 112.2%。农家和工人家庭的恩格尔系数，1965 年分别为 35.8% 和 36.0%，1975 年分别为 25.9% 和 30.0%，1985 年分别为 21.8% 和 25.7%。这说明，农村工业化的发展，不仅提高了农民的收入水平，而且提高了农民的生活消费水平。

3. 其他发达国家的农村工业化发展与城镇化推进

在英国，20 世纪 60 年代以后随着"农工综合体"的迅速发展，农业的产前、产后服务部门越来越多地在农村地区迅速发展，与农业的直接生产过程综合成一个完整的经济体系。

法国在 20 世纪 60 年代也提出了农村工业化和农村城镇化问题，到 70 年代中期，随着工业人口的下降，第三产业迅速发展，一部分城市人口开始回流到农村，活跃在农村地区的非农产业主要是第三产业。

德国早在 15 世纪就试图在每一个村庄都办一个工厂，实践结果证明这种做法是不可取的，因为这些小工厂经不起竞争，后来都消失了。对于一个乡村来说，财力比较弱，无力承担工业生产所需要的各种基础设施，无法形成规模效益。后来德国改变做法，设计了一种旨在促进小的"中心点"的农村发展政策，这些小的中心点均衡地分布在农村地区。对于这些均衡分布的中心点，国家有一定的政策措施倾斜，整个国家有各个层次的土地使用规划，给予中心点以照顾，促进工业进入中心点，在中心点以外的地区还有另外的规划，中心只吸引工业，组成一个整体。发展到后来，这些中心点形成了网络，通路畅通，原料、产品、劳动力可以从一个中心流到另一个中心，从村庄随意地流到城镇。农村工业化的发展，已使德国现在已经没有乡村居民和城市居民的分别了，因为乡村居民和城市居民对产品和服务的需求以及生活方式都完全一样。

澳大利亚从 20 世纪 70 年代起随着工业基础从以都市为基础的大型工业向小型、合作型和自我雇佣型的企业转变，使以非农产业为基础的农村小城镇不断兴旺发达。据统计，1976—1981 年期间，澳大利亚居民不足 10 万的小城镇总人口增长了 11.5%，2.5 万~5 万的小城镇总人口增长了 12%，而同期全国人口增长率仅为 6.6%。同一时期内，澳大利亚农村地区的制造工业增长了 15%，超过了全国制造工业的平均增长率。进入 20 世纪 80 年代，澳大利亚灵活机动的农村非农产业已开始走入繁荣时期，诸如旅游、运输、通信和服务性行业，以及切花、新鲜蔬菜和水产品加工等新的出口商品行业，都在农村地区蓬勃发展。澳大利亚政府制定相应的政策措施，鼓励农村工业和农村小城镇的发展。

4. 若干结论

通过对发达国家农村工业发展的典型分析，我们可得出以下几个基本结论：

第一，农村工业化是发达国家经济发展过程中的一个共有的现象。

第二，发达国家农村工业化的发展，并不是从现代经济发端时就开始的。发达国家的经济发展，经历了一个城市繁荣、农村凋敝的过程，农村工业化是其城市工业化达到很高程度、城市现代化已经基本实现的情况下才开始的。

第三，发达国家的政府对农村工业化的发展起了积极的推动作用，它们都不同程度地把农村工业化作为繁荣农村经济、缩小城乡差别的重要措施。

第四，发达国家的农村工业化发展，是城市工业向农村地区分散或扩散的结果，而不是农村自发地兴办工业的结果，这种城市工业向农村地区扩散的农村工业化模式，既有政府的宏观调控作用，也有企业家对农村地区低成本的追逐作用。"城市工业扩散型"的农村工业化模式，构成了发达国家农村工业化道路的基本特征。

4.2.2 发展中国家的农村工业化发展与城镇化推进

我们以印度、韩国、泰国和巴西等为例，分析发展中国家农村工业化发展与城镇化的推进。

1. 印度的农村工业化发展与城镇化推进

作为一个发展中大国，印度非常重视农村工业化的发展，农村工业在国家工业发展政策中占有十分重要地位。1948 年 4 月 6 日，印度政府公布了独立后的第一个工业政策。这个工业政策就十分强调发展农村工业、家庭手工业和小工业，认为农村工业、家庭手工业和小工业可以充分利用当地资源、社会闲散资金和技术，实现消费品自给，增加国民收入，以及能够提供大量的就业机会。1956 年 4 月 30 日公布的对 1948 年工业政策进行修改后的新工业政策仍然把发展农村工业、家庭工业和小工业置于重要地位。为了保证这些工业的发展，政策除规定向其提供财政援助外，还要求通过税收进行调节，并对大工业的生产实行某些限制。新工业政策还强调为落后地区提供水电和运输等基础设施，以促进这类地区的工业发展并提高就业率。1977 年 3 月，人民党上台执政后，于 12 月 23 日公布了该政府的工业政策。人民党工业政策的核心就是着力发展农村工业、家庭工业和小工业。工业部长在其声明中明确指出："本工业政策的主要任务是，大力鼓励家庭工业和小工业的发展，并使其广为分布到集镇和乡村中去。"该政策还规定，大工业要为小工业和农村工业的扩展尽力，公营部门有责任以自己的技术和管理经验来促进家庭工业和小工业的发展，以促进工业的分散；现有的大工业要向落后地区转移，鼓励在人口少的地区建立新工业，以缩小地区间发展的不平衡。1980 年 1 月，国大党重新执政后，于 7 月 23 日宣布了该党新的工业政策。1980 年的工业政策重申了 1956 年工业政策的基本精神，同样把发展农村工业、家庭工业和小工业放在重要地位。

印度政府历来重视农村工业的发展，上述工业政策中突出强调发展农村工业、家庭工业和小工业，就是政府重视农村工业发展的一个重要体现。为了贯彻工业政策，印度政府从第一个五年计划（1951—1956 年）起，就采取了一系列鼓励措施，促进农村工业化的发展。

（1）实施农村工业项目计划

1962 年印度政府制定了试验地区加速农村工业和小工业发展的计划，即农村工业项目计划。起初挑选了 15 邦的 45 个县和 4 个联合地区作为第一期项目，每个县选 3～5 个村庄作为发展组。1965 年又将靠近大国营工业的玻黑拉、拉家泡、兰旗和玻限德拉玩特等 4 个县列入农村工业项目计划。1970 年对这一计划的实施效果进行了鉴定，结果表明，这些项目在促进工业扩散和解决就业方面是行之有效的。因此，政府于 1979 年 12 月做出了在今后 15～20 年内将农村工业项目计划扩大到全国的决定。首先在 1970 年将农村工业项目计划扩大到第一批项目县的全部地区；其次在 1971 年又新接收了 5 个县；再次，在第 5 个五年计划期间再接收 57 个县。为了推行这项计划，印度政府采取了三个重要措施：第一，成立了印度农村工业项目中心，下设秘书处、咨询委员会和项目办公室；第二，培训农村工业企业家；第三，提供经费资助，例如在第 5 个五年计划中农村工业项目的国家经费即为 4.5 亿卢比。

（2）推行农村工业保留政策

所谓农村工业保留政策，即规定一些产品只保留在农村工业中制造的政策。保留政策的目的是，保护农村工业免受来自大工业的竞争。印度政府于 1967 年开始制定和推行农村工业保留政策。对保留政策的基本考虑是，有关产品的生产过程比较简单，且适于采用劳动密集型技术，把这些产品的生产保留在农村工业企业和小工业企业，这在技术上是可行的，在经济上是有利的，且一般能满足消费者对这些产品数量和质量上的要求。这种保留政策，使生产这些产品的大中型工业企业的生产规模被限制到了近三年的最高水平之内，不允许进一步扩大，除非其增产部分中有 75％是供出口的，并且不允许新建有关这些产品的大中型企业。20 世纪 70 年代后期，政府为农村工业保留的产品种类有 500 余种，到 80 年代后期保留产品增加到了 870 多种。农村工业保留政策，是印度政府鼓励农村工业发展的一个重要手段。

（3）提供资金支持和税收减免优惠

为了促进农村工业的发展，印度政府为农村工业提供金融资助。几乎所有提供长期贷款的国家金融机构都给农村工业和小工业以金融支持，且支持的金额不断增加。见表 4-4，国家金融公司对农村工业和小工业的金融资助金额占其全部资助金额的份额由 1969—1970 年的 62.18％增大到 1983—1984 年的73.42％，绝对数额由 202 万卢比增加到 4720 万卢比，增加 22 倍之多。印度政府还为农村工业发展建立了农村工业财产计划，即由政府建设厂房，这些厂房里有的还装备有必需的基础设施，然后出租给工业企业家使用。印度政府规定，农村工业和小工业享受收入税减免、消费税豁免的待遇。目前全部免除费税的小工业项目有 60 多项。另外，印度政府还对农村工业的产品销售进行专门的计划安排，以保证农村工业产品的顺利销售。

表 4-4　印度国家金融公司对农村工业的资助

年　份	金融资助金额 （10 万卢比）	对农村工业及小工业的资助		对农村工业的 资助占总资助 的份额（％）
		受资助单位 数（个）	资助金额 （10 万卢比）	
1969—1970	32.50	2622	0.21	62.18
1975—1976	165.78	9234	91.75	55.34
1979—1980	263.82	15278	166.39	63.07
1983—1984	624.90	25073	472.04	73.42

资料来源：印度的农业与农村。

（4）对农民进行技术培训

为了促进农村工业的健康发展，印度政府采取多种措施对农民进行技术培训，如国家为提高农村企业开发新产品能力及其经营管理才能所提供的技术服务和培训（如产品设计、质量检验、设备装配咨询、财务及其他简要管理技术的咨询和培训等），国家还提供与传统农村工业无关但有利于农村经济发展的技术培训，如自行车、摩托车和农业机械的维修等。通过提供现代化工具和帮助手工匠改进工艺，成功地促进了传统农村工艺的发展，保持了农村工业的市场竞争能力。由于采取了以上措施，印度农村工业化有了较大发展，农村工业在产量、就业和出口等方面都有了很大增长。表 4-5 列示出了从 1973—1974 年到 1983—1984 年印度农村工业发展的基本情况，可以看出，近十年间，印度农村工业及小工业企业的数量增加了 2 倍，产值增加了 5 倍，就业人数增加了 1 倍多，出口额增加了近 4.5 倍。至 1985 年，农村工业及小工业企业数已达 127.5 万个，就业人数达 900 多万人，产值已占全部工业总产值的 1/2，出口值占全部出口值的 1/4 左右。

表 4-5　印度农村工业的增长情况

指　标	单　位	1973—1974 年	1978—1979 年	1983—1984 年	1983—1984 年比 1973—1974 年 年均增长（%）
企 业 数	十万个	4	7	12	11.6
产　值	千万卢比	7	16	42	19.6
就业人数	十万人	40	54	84	7.7
出 口 额	十万卢比	393	315	2159	18.6

资料来源：同表 4-4。

农村工业的发展，增加了就业机会，缓解了印度严重的失业问题，农村工业已成为仅次于农业的吸收劳动力量最多的产业部门。农村工业的发展，在改变印度地区发展不平衡，尤其是促进落后地区和农村的经济发展方面，发挥了重要作用。农村工业的发展，还直接增加了印度农民的收入，改变了农民的收入结构。1950 年时，农民从事农业生产和非农业生产所得到的工资率大致相当，但到 1974 年时，农民从事非农业生产所得到的工资率已经远远超过从事农业生产所得到的工资率。这意味着，农村工业化的发展，使农村非农产业活动能给农民带来更高的收入。农村工业化的发展，也改变了印度农村的就业结构。20 世纪 80 年代初，印度农村劳动力中已有 21% 就业于非农产业，在喀拉拉邦，这个比率已高达 54.3%，在哈里亚纳、喜马偕尔邦、查谟和克什米尔邦、泰米尔纳达邦和西孟加拉邦，这一比率也都超过了 25%。即使是非农就业水平最低的比哈尔邦，农村劳动力中从事非农产业的劳动力比重也在 13% 以上。

在印度学术界和政策界，农村工业化问题是从两个角度来探索的。一是从制造业活动的布局问题出发，讨论工业布局高度集中在城市中心不利于促进城乡地区间的平衡增长模式；二是通过工业布局的多样化，把非工业地区（包括农村）的工业发展作为保护和发展传统的农村工业的一项计划来对待。前者被称作农村工业化的"扩散道路"，即通过城市工业向农村地区扩散实现农村工业化；后者被称为农村工业化的"保护道路"，即通过保护传统的乡村工业，使其不断发展壮大，以实现农村工业化。在学术讨论和政策设计中，家庭手工业和传统技艺常常受到夸耀，并由此在生存和发展上受到特殊的照顾。

虽然印度农村工业化经历了一种类似于"两条腿走路"的混合型道路，但在发展中"扩散道路"不知不觉地已落后于"保护道路"。印度之所以把传统的乡村工业的发展作为农村工业发展战略的重点，是基于经济和社会多种因素考虑的。他们认为，传统的农村工业采用适用的传统技艺而几乎不需要多少资本，传统工业能为农民家庭提供适当的就业而不至于因工厂转让和移民而陷入困境；传统工业的单位资本能够吸收更多的劳动力，即资本与劳动力的比率较低，而且与现代工业相比，单位资本的产出又较高；传统工业能够调节经营活动以便适应于农业生产对劳动力的季节性需求波动，以满足农忙季节的农业生产活动对较多的劳动力的需求；传统工业还提供了一种具有较高吸引力的就业形式——自我就业。因此，传统乡村工业的发展受到了更多的资金支持和技术支持。

2. 韩国的农村工业化发展与城镇化推进

在发展中国家中，韩国的农村工业化发展是颇具特色的。这种特色的主要表现是，政府对农村工业化的有力推动以及扩散型的农村工业化道路。

自20世纪50年代后期以来，韩国的工业发展政策在经济发展中起了关键作用。在经济发展初期阶段，国家制定的绝大多数工业政策都是以提高经济效益为目标，到70年代初，国家工业发展战略更多的是建立在部门基础之上，而不考虑空间布局。这种强调经济效益的工业政策，通过规模经济致使工业高度集中在首尔、釜山这样的大城市，经济增长和工业化在空间上出现了失衡；另一方面，韩国在重视工业发展的同时，忽视了农业的发展，经济增长在产业结构上也出现了失衡，繁荣的工业与不景气的农业进一步导致了城乡发展差别扩大，农村地区在经济高度增长中远远落后了。20世纪60年代末，韩国经过十年经济高速增长后，政府已开始认识到经济增长在空间布局和产业结构上的不平衡状况，遂于 70 年代开始对这种不平衡状况进行调整。调整的重点有两个，一是通过工业扩散减轻工业在首都地区的集中程度，二是加强农业和农村地区的经济发展。农村工业化就是在这样的发展背景下提出并付诸实施的。

韩国政府赋予农村工业化的基本职责是，促进农村地区工业和服务业的发展，增加农村就业机会，提高农村居民的收入水平和生活水平。由于在农村地区发展工业，一方面，可以实现大城市工业扩散的目标；另一方面，又可以实现促进农村地区发展的目标。因此，韩国政府对农村工业化十分重视，制定了许多政策措施，大力促进农村工业化的发展。

（1）"新农村工厂"计划

"新农村工厂"计划是作为"新村运动"的一部分于 1973 年首次提出来的。起始于 1970 年的"新村运动"，其最初阶段的基本目标是改善农村居住条件和消除农村日常生活中的不便之处，如解决自来水供应、茅屋改瓦房、改善卫生条件等。在"新村运动"中，政府投资在农村建起了许多公用设施，如洗衣房和公共浴室等建筑，开通了小河道的运输，铺设了农用铁路支线等。公共小型服务设施充分满足后，"新村运动"进入第二阶段，目标是那些能够产生直接收入的项目，如能增加副业收入的生产项目，以及引进"新村工厂"。韩国政府制定"新村工厂"计划的目的，是为了通过农村工业化来提高农村非农业收入，以缩小城乡收入差距和促进农村社会发展。该计划还试图达到促进工业重新布局、将首尔等都市区的工厂扩散到农村去的目的。为了吸引工业企业家到农村地区投资，政府对那些计划在少于 2 万人口的农村社区开办工厂和发展企业提供一系列诸如金融、税收方面的鼓励，给"新村工厂"的厂房、设备投资以及最初的经营资金提供优惠贷款，并实行一定的税收减免。此外，"新村工厂"还在电力和通信设备安装等方面得到优先照顾，并在管理上和技术上得到"中小型工业促进公司"的指导。自从 1973 年"新村工厂"计划提出并首次选定 165 个"新村工厂"后，被选定的"新村工厂"逐年增多，到 1984年，"新村工厂"的数量增加到 686 个。这 686 个"新村工厂"的地理分布状况为：釜山 3 个，仁川 2 个，大丘 18 个，康津 214 个，江原 26 个，忠北 37个，忠南 58 个，全北 49 个，全南 71 个，庆北 114 个，庆南 85 个，济州 9个。可以看出，"新村工厂"主要位于康泽、庆北和庆南地区。"新村工厂"的生产类型为：食品企业占 12.7%，纺织和皮革制品企业占 29.7%，木器产品企业占 2.6%，造纸企业占 8.5%，化工企业占 10.5%，非金属矿产品企业占 18.8%，造纸企业占 8.5%，化工企业占 10.5%，非金属矿产品企业占

18.8%，初级金属产品企业占 0.3%，合成金属、金属制品及机械和设备企业占 11.1%，其他企业占 5.8%。可以看出，"新村工厂"主要从事纺织、皮革制造加工、食品加工和非金属矿产品加工以及机械制造等生产活动。

（2）农户副业企业计划

与"新村工厂"计划把城市工业向农村地区迁移的模式相反，农户副业企业计划是由许多农户利用当地资源从事传统工副业生产而构成的。该计划于1967年提出，旨在促进传统的农村工业的发展。为了便于提供援助，该计划要求 10 户或更多一些的农户组成一个副业企业，并规定从生产到销售都由集体经营。农户副业企业的主要生产项目是民间传统工艺品、农畜产品加工品和简单的农村家用品。政府对该项计划的主要金融支持来自于银行提供的贷款，贷款分为厂房和设备贷款以及经营资金贷款，此外，对那些全年从副业企业所得收入不超过某一最低限度的家庭免征全部所得税。由于在多数情况下副业企业不能够持续地提高生产率和改善产品质量，它们一直是依靠不熟练的劳动力和低性能的设备，因此，农户副业企业的发展比较缓慢，副业企业计划的执行结果不太令人满意。据统计，从事生产经营活动的农户副业企业数量只占全部建成或计划数的23.5%，每个企业平均约有 12.3 个职工，其中 7 个是固定工，5.3个是临时工。

（3）"农村工业园区"计划

"新村工厂"计划和农户副业企业计划，虽然在促进农村工业化发展方面取得了一定成效，但也存在着不少问题和困难。由于农村地区缺乏必需的社会公共基础设施，如通向"新村工厂"的公路大多未铺石子，使这些工厂运输困难且成本增加。"新村工厂"还普遍存在吸收劳动力困难问题，这些工厂设在人口密度较低的偏僻地区，劳动力供给不能保证，且农村中的青壮年不断流入城市，熟练工人短缺的现象也相当严重，一些工人往往在获得了劳动技能后就外流到大城市，这使"新村工厂"受到了职工流动率高的影响，这样，低的劳动生产率就抵销了廉价农村劳动力的优势。另外，对"新村工厂"来说，获得市场和技术的最新信息以及同金融机构打交道，也都是困难的。因此，一些"新村工厂"虽然从城市迁到了农村，但并未真正开工。据统计，1984 年的686 个"新村工厂"，实际开工的 531 个，开工率为77.4%，在江原、全南等地的"新村工厂"，开工率还不及 60%。这使"新村工厂"计划在推动农村工业化方面的作用打了折扣。在上述背景下，韩国政府意识到，仅仅通过"新村工厂"计划来推行农村工业化是不够的。为此，韩国政府于 1983 年制定了"农村收入来源发展法", 提出了"农村工业园区"计划, 试图通过"农村工业园区"计划, 进一步推行农村工业化。

"农村工业园区"计划的目的, 是在条件较好的农村地区建设工业园区, 通过在这些地区建立工厂, 发展非农产业, 增加农村收入, 实现地域之间、城乡之间的均衡发展。与"新村工厂"计划不同的是, "农村工业园区"计划强调在农村人口聚居中心开发工业区, 而不是像"新村工厂"计划那样把工厂扩散到农村地区的农庄附近。确定农村工业园区的地域为人口 20 万以下的市和全部郡。"农村工业园区"计划从 1984 年开始实施, 当年就确立了 37 个具有示范性质的农村工业园区。1985 年以来, 由于受农村地区工资较低、厂址费用较少、税收优惠以及抑制在大城市增设工厂政策的影响, 农村工业园区的企业建立有所活跃。1986 年, 新确定了 24 个农村工业园区, 1987 年确定了 46 个农村工业园区, 1988 年又确定了 45 个农村工业园区。到 1988 年末, 农村工业园区已达 122 个, 在这些园区建立的企业已达 1355 家。从农村工业园区的开发现状看, 1988 年末的 122 个农村工业园区中, 已经完成建造的 60 个, 正在建造的有 43 个, 处于建造准备过程的有 19 个, 在建立的 1355 个企业中, 已经开工的有 243 个。从农村工业园区的企业规模看, 中小型企业为 1311 个, 占 96.8%, 大企业为 44 个, 占 3.2%。这说明, 农村工业园区的企业以中小型企业为主。从生产的产品看, 1355 个企业中机械金属类企业占 27.8%, 电器电子类企业占 16.9%, 缝纫纤维类企业占 16%, 化工类企业占 9.6%, 食品类企业占 6.9%。从建立形态看, 农村工业园区的 1355 个企业属于搬迁转入的占 47.7%, 属于新建的占 38.5%, 属于分厂性质的占 13.8%。从地域分布情况看, 122 个农村工业园区位于忠南、忠北各 25 个, 庆北 21 个, 庆南 19 个, 全北 11 个, 全南 11 个。

为了实施农村工业化发展计划, 韩国政府制定了一系列农村工业化的支持政策, 以鼓励和促进农村地区工业和其他非农产业的发展。以农村工业园区为例, 这些支持政策主要包括:

(1) 税收支持政策。政府规定, 在农村工业园区建立的企业头 3 年免征法人税和所得税, 之后两年减免 50%。为减轻由于企业转入和投资所造成的负担, 新设立农村收入来源发展投资准备基金, 将企业资产额的 15% 作为损失金范围给予补偿。除了一般补偿外, 还把特别减价补偿范围增加到 100%。地方税方面, 对农村工业园区内设施的取得税和登录税给予免征, 头一年免征财产税, 之后三年减免 50%。

（2）金融支持政策。政府在中小企业振兴基金中，设立了农村工业支持资金，对农村工业企业的设施及经营活动提供长期低息贷款。对一般农村地区建立的企业可支持 4 亿元（韩国元，下同），对工业落后地区建立的企业可支持 7 亿元，贷款期限为 8 年，年利息率为 8.5％～9％。1986—1987 年间，政府已给 184 个企业支援了 574 亿元，1988 年给 235 个企业支援了 630 亿元。金融支持的渠道，过去只限于中小企业银行、农会、地方银行等 11 个金融机构，从 1988 年 8 月开始已扩大到市中银行等全部金融机构。另外，对进入农村工业园区的道路、电力、用水等基础设施，由政府给予补助，如果涉及农地时，还减免因替代农地所形成的全部费用。

（3）行政支持政策。为简化农村工业园区工厂建设方面复杂的行政管理层次和手续，缓解各种限制，提高工作效率，规定只要是由市长或郡首认定为农村收入来源发展计划的就可获得批准。为加强对农村工业化的组织领导，政府还组建了各种专门管理机构，如建立由经济企划院次官担任委员长的"农民收入来源发展委员会"，对农村工业发展实行统一规划和领导；另由经济企划院及内务、商工、农水产等部门有关负责人组成"农村经济协议会"，并在各道设立分会，对具体业务进行协调。同时明确规定，农水产部和地方政府负责农村工业园区的基础设施建设；商工部负责选择工业项目及企业，并协同"中小企业振兴工团"和"农村开发公社"，在经营管理和技术上指导农村工业企业；环境保护厅负责测定、评估公害等工作。另外，在首尔还设立了"农村收入来源开发投资中心"，为城市企业向农村工业企业投资或迁入农村提供服务。

（4）技术支持政策。政府扩大设置了工业振兴厅地方工业试验所、产业研究院、中小企业振兴工团地方事务所，通过这些机构的科学研究活动，加强对农村工业企业的技术支持和经营管理服务。

韩国农村工业化的发展，已经取得了不少成就，尤其是"农村工业园区"计划实施以来，农村地区的工业和其他非农产业的发展质量得以提高。针对农村工业化发展中存在的问题，韩国政府将采取一些新的措施，以推动农村工业化的更快发展。①调整农村工业园区的布局。消除已有的农村工业园区过于集中的现象，实现农村工业化的地域平衡发展。如上所述，20 世纪 80 年代末期，韩国确定的农村工业园区集中位于自然条件相对较好的忠南、忠北和庆南、庆北，这形成了农村地区发展的新的不平衡，与农村工业化的发展目标不相吻合。为此，政府将重新研究工业布局基本计划，计划在南海岸和中南部圈的工业落后地区重点发展农村工业园区。②扩大对农村工业园区企业的经济支持。包括进一步的金融支持、经营指导和信息服务。政府将进一步扩充财政，设计第二中小企业银行和第二、第三信用保证基金，并扩大信贷设施和资金规模，保证对农村工业园区建立企业的贷款支持比率。通过工业振兴厅地方工业试验所、中小企业振兴工团、产业研究院等的活动，加强对农村工业园区的经营指导、生产技术指导和情报信息服务，加强市、郡对农村工业园区的行政支持。加强对农村技术教育的资金支持，在农村地区工业学校中增设职业训练课程，提高农民的就业能力。③简化农村工业园区建立企业的管理层次和管理手续。政府将确定农村工业园区的权限委任给地方自治团体，以减少各项计划的审批层次和所需时间。在土地利用管理法律上，逐步放开耕地区域、山村保护区域、开发区域的土地用途变更权限范围，实现工厂用地的有效保障。扩充中小企业振兴工团的组织机构和职能，扩大服务范围，提高工作效率。简化金融机构的借贷手续层次。④加强农村地区基础设施建设。为了进一步克服农村地区基础设施不能满足工业生产要求对农村工业园区发展的影响，政府除在资金及税制等方面给予支持和提供廉价工厂用地以诱导企业进入农村工业园区外，还将进一步扩大对农村道路、上下水道、通信、医疗、文化、娱乐、金融服务等基础设施方面的财政支持，以为农村工业园区的发展提供良好的基础设施条件。

3. 其他发展中国家的农村工业化发展与城镇化推进

在整个 20 世纪 60 年代和 70 年代，由于泰国政府采取的是强化发展城市工业和资本密集型工业的经济战略，在城市工业部门高速增长带动整个经济增长的同时，广大的农村地区发展明显落后，农村中存在着严重的贫穷和失业问题。为了改变这种城乡发展不平衡和城乡差别扩大的状况，泰国政府从 20 世纪 70 年代后期起，即着手开始调整经济发展战略，把发展的重点逐步转向农村地区。泰国的农村工业化就是这种经济发展战略转变的产物。为了推进农村工业化的发展，泰国政府制定了一系列政策措施，如对农村工业企业和小型工业企业提供金融援助、技术援助、税收优惠、市场服务、职工培训服务、基础设施建设服务等。另外，还决定不再向曼谷及其周围地区增加新的工业投资，以促使工业向农村地区扩散。从基本情况来看，泰国农村工业企业的类型以小型为主，以劳动密集型为主，以农副产品加工业和食品加工业为主，提供就业机会最多的则是纺织工业，包括缝纫、服装加工、丝棉纺织业等。其他类型的企业还有维修业、木材和烟草业、非金属和金属制品业。企业规模 80% 以上是不足 10 名职工的小型企业，雇工占总就业人数的 50％以上。技术水平以手工操作为主，仅有 40％左右的企业采用电动机械，在一些行业如丝绸和绵纺织业主要采用传统技术。

巴西农村工业尤其是农产品加工业的建立和发展，可以追溯到第二次世界大战前或更早些时候。但农村工业发展作为政府的决策并受到政府的鼓励，则始于 20 世纪 60 年代中期。当时，巴西经济发展模式由"向内型"向"外向型"转变，工业高速增长，城市工业的迅速发展为农村经济变革提供了物质基础，同时也对农村发展提出新的挑战，要求改变农村原有的以单一初级产品出口为主的农业经济结构和贫穷落后的状态。同时，城市工业开始不断向农村渗透，向农业部门渗透，逐步形成了农工联合企业。农工联合企业的形成和发展则有力地推动了巴西农村工业化进程。因此，在人们看来，巴西农村工业化发展的一个明显特征是以城市工业发展为条件并受其推动的。巴西政府采取积极鼓励农村工业发展政策的目的在于：第一，通过强化农村工业发展，试图带动农村地区的全面发展，使农村发展与高速发展的工业化和城市化相适应；第二，通过发展农村工业，增加农村就业机会，逐步克服农村的落后状态；第三，通过发展农村工业，提高农产品的加工度，增加农产品出口。巴西政府为推动农村工业化发展采取了一系列政策措施。首先在宏观计划和决策上重视农村工业发展，如政府制定和实施的"支持农工综合体发展计划""完善农村机械化、电器化、化学化计划""鼓励初级农产品加工出口计划""完善居民食物结构计划"等，都推动了农村工业的发展。其次，政府直接参与建立农工联合企业。再次，政府采取多种优惠鼓励政策，提供土地和基础设施，联合本国私人资本或外资建立新型的农工综合开发区。从基本情况看，巴西的农村工业具有以下特征：经营范围很广，门类很多，遍及采矿业、制造业、建筑业以及公用服务业；企业规模以小型为主，70％以上的企业职工人数在 5 人以下，或产值不足 640 个"最低工资"单位[5]，企业平均职工人数为 9 人，这比城市工业企业平均职工人数少 10 人；资本较少，生产性投资额比城市工业企业平均低 20％左右；劳动生产率较高，且有高于城市工业企业的趋势，1975 年农村工业企业平均每个职工生产的工业产值为 2.8 万美元，而城市工业企业平均每个职工生产的工业产值则为 2.5 万美元，前者比后者高 11％，而在 1960 年时，农村工业企业的劳动生产率比城市工业企业平均低 26％左右。巴西农村工业的主要经营形式是农工联合企业。农工联合企业把农牧业生产、农产品加工、制成品的营销三者合为一体，这构成巴西农村工业化的特色。

4. 几点结论

通过对发展中国家农村工业化发展的典型考察，我们可以得出以下几点结论：

第一，农村工业化同样是发展中国家经济发展过程中的一个共同现象。不论是人口稠密的亚洲地区，还是人口相对较少的其他地区，都是这样。虽然农村工业化出现在时间上有早有晚，在发展程度上有高有低，但农村工业化总是一个基本的经济现象。

第二，发展中国家的农村工业化，大都是发展中国家经济发展战略或模式调整和转变的结果。发展中国家的经济发展，大都是循着重视工业、忽视农业和重视城市、忽视农村的战略或模式起步的，在发展的初期，发展资源被集中于城市工业，人口急剧地向城市转移，城市迅速膨胀，农村则在发展中出现了贫困，经济结构明显地"二元化"。这种发展模式所带来的经济增长并没有很好地解决发展中国家的问题，反而因产业结构的失衡和城乡差别的扩大使发展中国家面临了更为严重的经济和社会问题。为此，从 20 世纪 60 年代起，随着发展理论的修正，发展中国家开始纠正发展政策，发展重点开始转向农业和农村，产业协调发展和城乡协调发展战略或模式开始替代过去的重视城市和重视工业的发展战略和模式。而农村工业化则被看作是发展农村经济、实现城乡共同繁荣的重要手段，而被发展中国家普遍采用。

第三，发展中国家的农村工业化，是为了解决农村大量的剩余劳动力的就业问题、农民收入问题以及农业发展问题而提出和发展的。

第四，发展中国家的农村工业化，主要是由政府所推动的。发展中国家的政府不仅通过模式的转换和各种发展计划推进农村工业化进程，而且通过各种优惠的政策鼓励农村工业化的发展。

第五，与发达国家相比，发展中国家农村工业化的起步相对较早。发达国家的农村工业化是在其城市工业化实现以后才起步的，而发展中国家的农村工业化则在其城市工业化仅达到一定程度后就开始起步了。

第六，发展中国家的农村工业化发展，既有城市工业向农村地区的扩散，又有农村地区传统工业的生长。"城市扩散型"的农村工业化模式与"农村自生型"的农村工业化模式相结合，构成了发展中国家农村工业化道路的基本特征。

4.3　我国农村工业化发展与城镇化推进的偏差

20 世纪 80 年代以前，尽管我国农村工业和其他非农产业曾以"社队企业"的形式有所发展，但农村工业化的真正启动和快速发展则是 80 年代以来的事情。

进入 20 世纪 80 年代以后，在改革开放政策的推动下，我国乡镇企业异军突起，迅速成长为农村经济乃至整个国民经济的重要力量，为改变农村经济结构和提高农村经济总体水平做出了积极贡献。到 20 世纪 90 年代后半期，全国乡镇企业增加值占农村社会增加值的比重已接近 60%，乡镇企业总产值占农村社会总产值的比重超过 90%，比 20 世纪 70 年代末上升了 65 个百分点。

乡镇企业的崛起，为吸收农业剩余劳动力就业做出了重大贡献。20 世纪 80 年代以来，乡镇企业累计吸纳农业剩余劳动力 1.3 亿多人，平均每年近 600 万人。目前，乡镇企业职工人数已超过了国有企业职工总数，在乡镇企业中就业的劳动力已占农村总劳动力的 1/3 左右。可见，如果没有乡镇企业的发展，要解决农村庞大的剩余劳动力就业问题是不可能的。乡镇企业发展，为增加农民收入做出了贡献。1979 年以前，我国农民收入的主要来源是农业生产。1979 年以来，乡镇企业的蓬勃发展，为农民找到了新的致富门路，乡镇企业发展对农民人均纯收入的贡献份额不断增大。到 20 世纪 90 年代后半期，农民人均纯收入中来源于乡镇企业的部分已达 1/3 左右，农民人均纯收入净增部分中来自乡镇企业的贡献份额也超过 30%，在乡镇企业发展水平较高的地区，乡镇企业已经成为农民收入的主要来源。乡镇企业发展，也为农村小城镇建设和发展做出了贡献，推动了农村城镇化进程。20 世纪 90 年代以来，全国已在 5 万个乡镇建立起了各类工业小区 4 万多个，聚集和吸引了近 100 万家乡镇企业，使一大批新型小城镇迅速崛起。目前，全国乡镇企业超亿元的小城镇已达 6000 多个。这些小城镇，对整个农村经济和社会发展起着辐射示范和带动作用，成为农村经济重要的增长点。

然而，根据前述的工业化和城镇化的内在联系来衡量，我国乡镇企业发展所启动的农村工业化过程在城镇化上出现了偏差。这个偏差的主要表现是，农村工业化的发展并没有带动相应的农村城镇化过程，即农村城镇化明显滞后于农村工业化。虽然乡镇企业发展吸收了大量的农业劳动力就业，但农村人口向城镇的转移即表现出了明显的滞后性，形成了乡镇企业发展的非城市化现象。

　　表 4-6 和表 4-7 计算列示出了 1979 年以来我国农业劳动力的比重下降和城镇人口比重上升的情况。农业劳动力比重下降是农村工业化发展的标志，而城镇人口比重上升则是包括农村城镇化在内的整个城镇化的标志。所以，这两个比重的差异情况就反映了农村工业化与城镇化的同步程度。

　　在表 4-6 中，工业化与城镇化偏差的百分点定义为城镇人口比重与非农业劳动力的比重（即农业劳动力比重的反面）之差，负值说明城镇化滞后了工业化；城镇化滞后于工业化的程度定义为偏差百分点的绝对值与非农业劳动力比重的比率。可以看出，我国城镇化滞后于工业化的情形十分明显。从偏差百分点来讲，城镇化滞后于工业化的情形在不断强化，1978 年城镇化滞后于工业化不到 12 个百分点，1998 年则扩大到近 20 个百分点，绝对增加了 8 个多百分点；从滞后的程度来看，也呈加大态势，1978 年城镇化滞后于工业化 39.3%，到 1996 年则提高到 40.6%。总体看来，20 世纪 90 年代中期以来，我国城镇化滞后于工业化的程度不是降低了而是提高了，这个现象应当引起重视。

表 4-6　我国农村工业化与城镇化的协调情况

年份	农业劳动力比重（%）	城镇人口比重（%）	非农业劳动力比重（%）	偏差百分点（个）	城镇化滞后于工业化的程度（%）
甲	(1)	(2)	(3) = 100 − (1)	(4) = (2) − (3)	(5) = (4) / (3)
1978	70.5	17.9	29.5	−11.6	39.3
1979	69.8	20.0	30.2	−10.2	33.8
1980	68.7	19.4	31.3	−11.9	38.0
1981	68.1	20.2	31.9	−11.7	36.7
1982	68.1	21.1	31.9	−10.8	33.9
1983	67.1	21.6	32.9	−11.3	34.3
1984	64.0	23.0	36.0	−13.0	36.1
1985	63.4	23.7	37.6	−13.9	37.0
1986	60.9	24.5	39.1	−14.6	37.3
1987	59.9	25.3	40.1	−14.8	36.9
1988	59.3	25.8	40.7	−14.9	36.6
1989	60.0	25.8	40.0	−14.2	35.5

年份	农业劳动力比重（%）	城镇人口比重（%）	非农业劳动力比重（%）	偏差百分点（个）	城镇化滞后于工业化的程度（%）
甲	(1)	(2)	(3)＝100－(1)	(4)＝(2)－(3)	(5)＝(4)/(3)
1990	60.0	26.4	40.0	−13.6	34.0
1991	59.8	26.4	40.2	−13.8	34.3
1992	58.5	27.6	41.5	−13.9	33.5
1993	57.4	28.1	42.6	−14.5	34.0
1994	54.3	26.8	45.7	−18.9	41.4
1995	52.2	29.0	47.8	−18.8	39.3
1996	50.5	29.4	49.5	−20.1	40.6
1997	49.9	29.9	50.1	−20.2	40.3
1998	49.8	30.4	50.2	−19.8	39.4

资料来源：根据《中国统计年鉴》计算。

表 4-7　我国农村工业化和城镇化增量的协调情况

时　期	农业劳动力比重下降百分点（个）	城镇人口比重上升百分点（个）	城镇人口比重上升与农业劳动力比重下降百分点之差（个）
1979—1982	2.4	3.2	0.8
1983—1988	8.8	4.7	−4.1
1989—1991	0.5	0.6	0.1
1992—1998	10.0	4.0	−6.0
1979—1998	20.7	12.5	−8.2

资料来源：根据《中国统计年鉴》计算。

　　表 4-7 则从不同时期展示了城镇化与工业化发展的增量同步情况。可以看出，除 1979—1982 年和 1989—1991 年两个时期外，其余时期城镇化推进在增量上都滞后于工业化，1983—1988 年滞后 4 个多百分点，1992—1998 年滞后 6 个百分点。总体来看，1979—1998 年我国城镇化推进在增量上滞后于工业化 8 个多百分点。进入 20 世纪 90 年代以来，我国农村城镇化滞后于工业化程度的加大态势，是值得深入思考的。

　　乡镇企业发展非城市化现象的出现，主要成因于我国农村工业化的指导思想和发展模式的偏差。由于我国农村人口数量庞大，城市产业发展无法在短时间内为农村剩余劳动力提供足够的就业机会，因此，农业剩余劳动力转移就采用了以"就地转移"为主的模式，这就是所谓的"离土不离乡、进厂不进城"模式。这个模式的核心是，农业劳动力非农化但不城镇化。在这种模式下，农村剩余劳动力的非农化流转主要在本乡，流转半径很小。

　　表 4-8 和表 4-9 是根据全国第一次农业普查资料计算的农业剩余劳动力非农化流转的地区分布情况。可以看出，在 20 世纪 90 年代中后期，农业剩余劳动力主要是在本乡范围内的非农产业中就业，农村非农业户劳动力在本乡范围内就业的比重更高（表 4-9 所示）。

表 4-8　农业劳动力非农化流转的地域分布（%）

就业地域	工业	建筑业	交通运输业	批零贸易餐饮业
本　乡	54.72	29.84	45.83	55.01
本　县	16.36	21.26	31.05	20.23
本　省	12.69	23.39	17.58	14.43
省　外	16.23	25.51	5.54	10.33

资料来源：根据全国农业普查资料计算。

表 4-9　农村非农业户劳动力的就业地域分布（%）

就业地域	工业	建筑业	交通运输业	批零贸易餐饮业
本　乡	73.58	44.62	47.76	65.48
本　县	14.53	23.65	30.16	19.08
本　省	6.51	16.67	17.30	8.66
省　外	5.38	15.06	4.78	6.78

资料来源：根据全国农业普查资料计算。

　　农村工业化发展的非城镇化现象，已经生成了一系列不利于农村工业化和城镇化顺利推进的障碍。首先，农村工业化发展的非城镇化现象，使得农村工业本身未能形成规模效益，也未能分享到如前所述的城镇的外部经济，造成了农村工业的更大的外部不经济，这直接制约着农村工业技术水平的提高、生产条件的改善、经济效益的提高和生产水平的提高，直接制约着农村工业本身的现代化过程。有关计算表明，1985 年我国平均每个乡镇企业的劳动力规模为

8.4 人，1998 年则减少到 6.3 人，减少幅度达 25%，企业规模如此之小，根本无法获得规模效益。

其次，农村工业化发展的非城镇化现象，还激化了农村工业化与农业发展之间的矛盾。非城镇化现象的典型表现是农村工业企业的分散布局。据典型调查，农村工业企业位于建制镇的只占 20% 左右，而位于建制镇的企业，处于镇规划区内的又只有 30%。农村工业发展起步较早、水平较高的江苏和浙江，几乎村村都布局有乡镇企业。这种"村村点火，户户冒烟，遍地开花"的布局方式，首先使农村工业发展占用的土地不合理地增加。据统计，乡镇企业自 20 世纪 80 年代初大发展以来，已占用耕地 1 亿多亩，乡镇企业职工人均占用耕地面积已超过城市职工的 10 倍。我国是一个人多地少的国家，土地资源的短缺一直是制约我国经济发展的一个重要因素，耕地的数量在很大程度上决定着农产品的供给状况和农业的增长水平。因此，农村工业分散化布局对耕地资源的大量占用，对农业的增长构成了直接威胁，引发了农村工业化和农业的矛盾，这一矛盾已经达到了引起全社会普遍关注的程度。农业目前的增长状况，已经提出了对农村工业的这种浪费耕地资源的分散化布局做出纠正的强烈要求。其次是分散化布局也使工业污染难以有效治理，污染问题也日益成为影响农业发展和农村生活质量的重要问题。

再次，农村工业化发展的非城镇化现象，不能带动城镇第三产业的发展，这不仅不利于农村产业结构的合理化，而且直接影响了农业剩余劳动力的非农化进程。

最后，农村工业化发展的非城镇现象，还严重阻碍了现代城市文明的普及，使非农化后的农村居民仍然生活在乡土社会，享受不到现代城市文明。以上海郊县为例，20 世纪 80 年代上海农村发生了巨大变化，到 90 年代，农村非农产业的收入已占到农村经济总收入的 80% 以上，但农村人口也仍然占到 80% 以上。整个 80 年代，上海居民利用发展农村工业的货币收入更新住房，建房热一浪高过一浪，90% 以上的农户即 110 万户盖了新房，总面积大约 1.2 亿平方米，人均占有房屋使用面积已达 30 多平方米。如果按 1 平方米造价 1400 元计算，建房总投资达近 500 亿元。但是，投了那么多钱，盖了那么多房，结果还是分散的自然村落，基本上还是传统的乡土社会，相当一部分农民尽管有了舒适的住房，但仍然十分向往现代城市文明。可见，非城镇化的农村工业化发展，并没有给脱离了土地的农民带来相应的城市文明。非但如此，农民分散盖房子，还造成了耕地资源的巨大浪费。据估计，农村住房对土地的利用率至少要比城市低 10 倍。农民盖房占地已经成为农村耕地减少的另一个重要因素。而现有的农村住房格局一经形成，又会进一步影响工业的集中和人口的迁移，这也是分散化的农村工业模式付出的沉重代价之一。

4.4　协调农村工业化与城镇化同步发展的对策选择

看来很明显，我国农村工业化的未来发展，必须对这种非城镇化偏差做出纠正，否则，农村工业化的发展将难以长期继续下去。所以，通过纠正非城镇化偏差，实现农村工业化与城镇化的同步发展，就成为我国农村工业化和城镇化发展要解决的一个根本问题。

要纠正我国农村工业化发展的非城镇化偏差，实现农村工业化与城镇化的同步发展，必须对我国的农村工业化的基本战略、农村工业布局以及城乡人口迁移政策等进行全面调整。

4.4.1　要纠正农村工业化的发展战略

20 世纪 80 年代以来，我国农村工业化发展的基本战略就是农业剩余劳动力就地消化、就地转移。体现这一战略的基本口号是：农民离土不离乡，进厂不进城，就地富起来。诚然，这一战略对于减小城市的发展压力，避免因农村人口大规模流入城市而引发的一系列城市社会问题起到了积极作用。但是，毋庸置疑，这一战略直接导致了我国农村工业化发展的分散布局和非城镇化偏差。农业剩余劳动力离土不离乡、进厂不进城的直接结果，就是农村工业布局的极度分散和农村工业发展的非城镇化状态。所以，要纠正农村工业化发展的非城镇化偏差，就必须首先纠正农村工业化的这一发展战略。纠正农村工业化的发展战略，就是为了使农村工业化的发展模式与工业化的发展基本规律一致起来，实现城镇化与农村工业化的同步协调发展。

4.4.2　要调整农村工业的布局和格局

要实现农村工业化与城镇化的同步发展，必须改变农村工业的分散布局格局，使农村工业的布局集中。建立农村工业小区，是实现农村工业集中布局的有效方式。

所谓农村工业小区，是指选择交通方便、位置适中、信息灵通以及其他基础设施条件比较好的地点，作为农村工业企业集中分布的区域。通过对这些小区的配套建设，使其成为农村发展的"增长点"，用增长点的"极化效应"和"回波效应"，带动周边地区的发展。这种工业小区的发展结果，就是一定规模的小城镇的形成以及在小城镇基础上发展起来的一定规模的城市。

农村工业小区的建设，要遵循经济合理性和可行性原则。工业小区的区位选择，要考虑到交通条件，尽量在铁路、公路、河道干线周围布局，以利用已经形成的交通运输条件，要考虑到工业废物的处理，要考虑到对周边地区的覆盖面和辐射面。一般来讲，现有的农村小城镇和集镇，应该首先成为农村工业小区。

农村工业小区所必须具备的各种基础设施，可先由政府投资兴建，然后通过收取使用费的形式回收投资。也可以通过吸引社会投资，尤其是吸引富裕起来的农民的投资来兴建。

采用工业小区模式集中农村工业布局目标的实现，必要的行政手段是不可能少的，但重要的还是政策导向。通过政策上的适当优惠，吸引农村工业企业进入工业小区。比如，对在工业小区的新办企业或迁入企业，可给予2～3年的减免税优惠，可以设立工业小区金融机构，对工业小区的企业在信贷上给予优先保证，并在一定时期内给予低息贷款支持等。

小城镇的建设与发展，必须以经济增长来支撑。没有经济的较快发展，小城镇是很难发展起来的。各地小城镇都应注意培育自己的主导产业和特色经济。今后一定时期内，以乡镇工业为主的第二产业仍然是小城镇发展的最重要的依托，多数地区的小城镇还得走以乡镇工业带动第三产业发展的路子，当第三产业发展到一定阶段才能取代乡镇工业居于首要地位。但是，发展乡镇工业必须结合当地实际情况，充分发挥当地优势。特别是农产品资源丰富的地区，乡镇工业发展要把农产品加工业作为重点，积极推进农业产业化经营，最大限度地提高经济效益，尽可能增加劳动力就业机会。

在产业布局上，不论发展第二产业，还是发展第三产业，都应当向小城镇集中，这是小城镇经济繁荣的基本保证。重点是通过完善基础设施建设，加强社会化服务，取消一切不合理收费，减轻企业负担，从而改善企业发展的外部环境，吸引各类工业企业逐步进入小城镇的工业小区，做到相对集中、连片发展。新办的乡镇工业企业原则上要尽可能办在小城镇规划建设的工业小区，原有的乡镇工业企业有条件的要尽可能向工业小区迁移。鼓励农村个体、私营企业到小城镇办厂经商，发展二、三产业特别是各种服务业。鼓励城市大中型工商企业到小城镇设建立零部件加二网点和连锁经营网点，以降低成本，增强市场竞争能力。在有自然人文景观和民族特色的小城镇，应当积极发展旅游业和相关产业。通过各类企业向小城镇集中布局，带动从业人员向小城镇集中居住和购房建房，促进小城镇市场容量的不断扩大，增强经济持续发展的内在动力。

进入小城镇办厂经商，发展二、三产业，主要依靠企业所有者自己投入，政府部门在一定期限内应当采取先予后取的办法，在国家财税责权划分的范围内，对企业应缴的某些税费给予适当减免。在小城镇办厂经商应优先吸纳本社区的劳动力，政府在这方面可提出相应的数量或比例指标，并与企业享受的优惠政策挂钩。各地小城镇应因地制宜地选择和确定主导产业，围绕主导产业的发展制定整个小城镇的经济发展规划，在具体政策上对主导产业的发展给予扶持，特别要注意支持各类为农业服务的实行产业化经营的"龙头企业"。对小城镇发展用地，要按照有偿使用、节约使用的原则，采取政府统一规划、统一征地、统一开发和招标、拍卖出让的办法，进行建设和管理。对集中连片的办厂经商用地，一定期限内在地价上给予适当优惠。对进入小城镇办厂经商的企业和个人，允许购买小城镇规划内的土地使用权，用于建设商场、厂房和住宅，并允许转让、出售和出租。为调动社区集体经济组织的积极性，对在小城镇新建企业或原有乡镇企业搬迁到小城镇的，可按原先的隶属关系进行产值统计、税收征返和管理费上交。

4.4.3　要改革现行的户籍制度

不可否认，城乡隔离的户籍制度是农村人口向城市流转的重大制度障碍。因此，要实现农村工业化与城镇化的同步发展，就需要对现行的户籍制度进行一定调整。

户籍制度的调整，是一项宏大的社会工程。户籍制度所涉及的错综复杂的关系，使得户籍制度的改革具有相当大的难度。从发展的角度讲，问题不在于户籍制度如何改革，而在于户籍制度改革后如何对人口以及相关的一系列社会事务进行有效的管理。根据我国的国情，试图一下子把城市尤其是大城市的户口完全放开是不现实的，也是不可能的。户籍制度的改革应该分步进行，分阶段推进。在近期内，可以先放开县城及县属建制镇的城镇户口，在这一范围内取消农村人口和城市人口的区别，对人口实行统一的社会身份，允许农民自由地进入，自由地长期居住和从事经济活动。经过一定时期的发展后，中等城市的城市户口也逐渐完全放开，允许农民自由地在中等城市及其以下的城市（镇）中居住和从事经济活动。在此基础上再逐渐放开大城市和特大城市的户口。对于新迁居城镇、在镇区落户的居民，在就业、医疗、上学、入托、迁徙等方面，应享受与原有城镇非农业人口完全同等的待遇，并为他们发展二、三产业提供必要条件。

4.4.4 要实现城乡劳动力市场一体化

近年来，由于企业转制、转产和开工不足而造成的失业现象增多和部分企业工资支付不足，城镇企业中潜在的就业不足以转化为公开或半公开的失业，国有企业改革的人员分流也使相当一部分职工下岗或待岗，这些都使城市就业形势更加严峻。

在这种情况下，一些城市以消除外来农民工就业竞争为目标的政策纷纷出台，如明确规定诸多岗位不许雇外地民工，增加各种收费以增大农业劳动力进城就业的成本，以"再就业工程"的名义通过奖罚手段诱导企业用本地失业工人替代外来民工等，这些做法的直接结果都是限制农业劳动力向城镇转移，从而滞缓了农村城镇化进程。从根本上讲，这种保护城市就业市场、把城乡劳动力市场割裂开来的政策取向，是与我国经济发展的长远目标相悖的，因而必须调整。

调整的核心是建立起一个城乡统一的劳动力市场，实行就业岗位的公平竞争，彻底消除限制农村富余劳动力进入城镇就业和生活的各种制度性障碍，为农村富余劳动力向非农产业和城镇流转创造良好条件和环境。

注释：

[1] 参见 Edited by R. D. Rodefeld，Change in Rural America，1978 年英文版，第 10 章。

[2] 参见 Change in Rural America，第 12 章。

[3] 参见 Change in Rural America。

[4] 参见 Change in Rural America，第 12 章。

[5] "最低工资"是巴西统计企业产值的一种方法。每个"最低工资"有一定的货币量标准，如 1975 年 1 个"最低工资"为 532.8 克鲁赛罗，约合 65 美元。

第5章 农村城镇化与生产要素流转

农村城镇化过程,从生产要素流转的角度将,就是农业生产要素尤其是劳动力要素由农业向非农产业、由农村向城镇流转的过程。农村城镇化的推进,有赖于农业劳动力由农业部门向非农业部门的流转和农村人口由农村向城镇的流转。只有加快农业劳动力由农业部门向非农业部门的流转速度和农村人口由农村向城镇的流转速度,才能较快地推进城镇化。因此,把握农村城镇化,还需要认识生产要素的流转规律,把生产要素流转与城镇化推进有机地结合起来。

5.1 生产要素流转的理论规律

生产要素的流转,即生产要素的流动和转移,其含义是生产要素在产业间和地域间的运动。其中生产要素在产业间的流转和转移,如劳动力要素由农业转移到非农产业,土地要素由农业用途转向非农业用途,资本要素由非农产业流向农业等等,是生产要素流转的核心内容。地域间的流转,从一般原理上讲是依存于产业间的流转的,也就是说,生产要素在产业间的流转方向,基本上决定了生产要素在地域间的流转方向,如劳动力在产业上由农业向非农产业流转,在地域上就会表现出人口由农村向城镇的流转。

5.1.1 劳动要素的流转规律

根据理论抽象和发展经验,可以把农业劳动要素的流转规律概括为以下几个方面。

1. 流转趋向:由低收入产业向高收入产业流转

经济学对农业劳动力流转趋向规律的研究,最早可以追溯到英国经济学家威廉·配第。配第生活在 17 世纪的英国，当时英国正处于产业革命的前夜，社会经济生活的各个方面都在发生着符合商品经济运行规则的有序变化，这使得配第有可能观察经济生活中的产业差异，尤其是通过对英、法、荷等欧洲国家之间经济实力的比较，使配第能在较广的经济坐标上观察各国经济水平差异的产业原因，这些观察继而进一步的分析结论体现在配第的名著《政治算术》之中。在该书中，配第描述了不同产业之间收入的差异，并将这种差异与劳动力流转联系起来。配第写道："工业的收益比农业多得多，而商业的收益比工业多得多"[1]。产业收益的差异使不同产业的劳动者的收入出现了差异，"英国的农民每周的劳动所得不过 4 先令，而海员通过工资、食品以及住房等其他各种供应所得到的收益多到 12 先令，所以一个海员实际上等于三个农民"[2]；产业收益的差异也使具有不同产业结构的欧洲国家之间的经济实力出现了差异。如人口的大部分从事工业、商业和外贸的荷兰，人均国民收入要比欧洲大陆其他国家高得多。配第认为，产业间的收益差异会推动劳动力由低收入产业向高收入产业流转，劳动力就业层次的提高，使人均国民收入增加，进而农业份额下降。这种产业收入差异推动劳动力流转的论断，在经济学说史上被称为"配第定理"。

在配第定理的基础上，英国经济学家科林·克拉克独立研究了劳动力的流转规律，揭示了劳动力流转与经济发展程度之间的深刻关系。克拉克的研究基于他所收集的 20 多个国家各部门劳动要素投入和总产出的序时资料。通过对随着经济发展劳动力流转所发生的规律性变化的实证研究，得出了著名的劳动力流转趋向规律的结论：随着人均国民收入的提高，劳动力首先由第一产业向第二产业流转；当人均国民收入进一步提高，劳动力便向第三产业流转。总的结构趋势是，劳动力在第一产业的分布减少，在第二、第三产业的分布增加[3]。克拉克的这一结论，在经济理论史上曾经是闪光的一页，被誉为"克拉克定理"。克拉克本人认为，他的发现不过是印证了配第的观点，因此经济学说史把配第的观点和克拉克的发现合在一起，统称为"配第—克拉克定理"。

由上述的对经济理论研究结论的叙述，可以概括出农业劳动要素流转在趋向上的三个规律：

收入趋向——由低收入流向高收入；

产业趋向——由农业流向非农产业；

地域趋向——由农村流向城镇；

这些流转趋向规律，是观察和分析农业劳动力流转问题的基础。

2. 流转数量规律：数量变化呈现出三个阶段

农业劳动力的非农化流转，在数量上表现出来的规律可以划分为三个阶段：

第一阶段——农业就业份额与农业就业总量都增加（即同向并存）；

第二阶段——农业就业份额下降但农业就业总量增加（即逆向并存）；

第三阶段——农业就业份额与农业就业总量都减少（即同向并存）。

第一阶段一般出现在经济发展初期，由于此时非农产业发展水平低，可吸纳劳动力就业能力弱，农业劳动力向农业外部门流转的规模小于农业人口增加所新增加的农业劳动力规模，所以，无论就业份额还是总量，农业劳动力都是增加的态势。

第二阶段一般发生在经济发展初期的末期和经济发展中期的开始时期，此时工业化进程已开始加速，农业劳动力向非农产业的转移步伐加快，转移规模扩大，从而导致农业劳动力在全社会的就业总量中所占的相对份额下降。然而，由于农村人口基数仍然较大，人口自然增长所生成新的劳动力依然多于从农业转移出去的劳动力，故农业劳动力在总量上仍然是增加的。但是，这一阶段农业劳动要素总量增加的速度大大放缓，明显低于第一阶段。

第三阶段一般从经济发展中期的中期开始出现，与工业化的大规模推进相对应。由于工业化的大规模推进，农业劳动力以较大规模和速度流转到非农部门就业，从而引发了农业就业份额和农业就业总量的同向减少。

3. 流转数量规律：递减速度呈现出"倒 U 型分布"

所谓"倒 U 型分布"，是指农业劳动力数量的减少速度呈现出倒 U 型态势，即起初的减少速度微缓，继而加快，达到最大速度后又开始减慢，速度轨迹呈现倒"U"型，如图 5-1 所示。以美国为例，美国农业就业总量在 1910 年达到"转向点"后，随后每 10 年的农业就业人数减少速度由不断加快，到 20 世纪 60 年代达最大点后转而减小，见表 5-1，可以看出，倒 U 型分布的特征是很明显的。

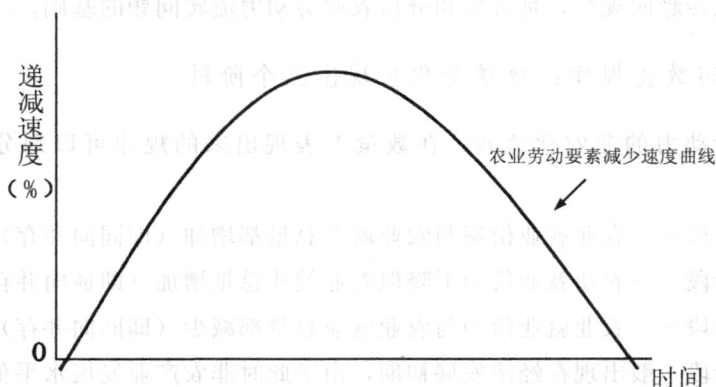

图 5-1　农业劳动要素减少速度的倒 U 型分布曲线

表 5-1　美国农业劳动力流转的速度变化（%）

时　　期	1910 —1920	1920 —1930	1930 —1940	1940 —1950	1950 —1960	1960 —1970	1970 —1980
下降速度	2	8	9	25	37	46	15

资料来源：根据 J. HAYAMI 和 V. RUTTEN 资料计算。

4.流转数量规律："转向点"模型

如上所述，农业劳动要素的流转在绝对数量上表现出先增加后减少的规律。农业劳动要素总量由绝对增加变为绝对减少的"点"，被称之为"转向点"。在经济发展过程中，农业就业总量变化的"转向点"具有历史意义，这是农业发展出现结构性变革的一个基本特征。

在农业劳动要素流转过程中，农业就业"转向点"的出现究竟需要多长时间，也就是说，有哪些基本要素影响农业就业"转向点"的出现，为什么有的国家"转向点"出现得早而有些国家"转向点"出现得晚，这是研究农业劳动要素流转时应该回答的一个理论问题。

从理论上讲，农业就业转向点的出现需要多长时间，这取决人口的自然增长率和非农产业对农业劳动力的吸收率。如果用 R_T 代表总劳动力增长速度，R_A 代表农业部门劳动力增长速度，R_N 代表非农业部门劳动力增长速度，W^A 代表农业就业份额，W^N 代表非农业就业份额，下标 0 和 1 分别代表基期和报告期，则可以构建如下理论模型：

$$R_T = R_A \cdot \sqrt{W_0{}^A \cdot W_1{}^A} + R_N \sqrt{W_0{}^n \cdot W_1{}^n}$$

要实现农业劳动力的零增长，即要达到"转向点"，则需要使 $R_A = 0$，于是上式变为：

$$R_T = R_N \sqrt{W_0{}^n \cdot W_1{}^n}$$

由于 $\qquad\qquad\qquad\qquad \sqrt{W_0{}^n \cdot W_1{}^n} < 1$

所以 $\qquad\qquad\qquad\qquad R_N > R_T$

这说明，到达农业劳动力不再增加即达到"转向点"必须具备的条件是：非农产业劳动力人数的增长速度要大于总劳力的增长速度。

由上述过程可得出两点推论：

第一，如果 $W_0{}^n$ 和 $(W_1{}^n - W_0{}^n)$ 的值皆小，则 $\sqrt{W_0{}^n \cdot W_1{}^n}$ 即很小，要实现 $R_A = 0$ 的目标，R_N 必须大于 R_T 的程度就要大一些。例如，假定 $W_0{}^n = 0.15$，$W_1{}^n = 0.20$，则 $\sqrt{W_0{}^n \cdot W_1{}^n} = 0.17$，要达到转向点，$R_N$ 必须大于 R_T 近 5 倍；但若假定 $W_0{}^n = 0.7$，$W_1{}^n = 0.8$，则 $\sqrt{W_0{}^n \cdot W_1{}^n} = 0.74$，要达到转向点，$R_N$ 只需大于 R_T 34% 即可。这说明，在经济发展过程中，如果一个国家非农产业就业份额很小，则这个国家要想达到农业就业人数的零增长，则需经历较长的时间；相反，如果非农产业就业份额已达到较高的水平，则实现转向点相对的要容易得多。

第二，在其他条件不变时，R_T 越大，则达到 $R_A = 0$ 所需的 R_N 值就越大。这意味着，一个国家的总劳动力增长速度越快，达到转向点就越困难。总劳动力的增长来源于人口增长，所以，进一步引申出的意义是，一个国家的人口增长越快，农业劳动力总量达到转向点就越困难。

5.1.2　土地要素的流转规律

土地要素的位置固定性和数量不可增加性特征，决定了土地要素的流转不像劳动要素那样丰富。

从理论上讲，土地要素的流转并不像劳动要素流转那样表现为地理位置的移动，而是表现为其用途的改变。土地用途的改变，会引起土地利用结构的变化。因此，土地利用结构的变化是土地要素流转的反映。土地要素流转基本趋向是：

第一，在农业内部，随着粮食生产率水平的提高和城乡居民收入水平提高后因需求收入弹性不同而引起的对农产品需求的改变，土地由粮食生产流转于非粮食生产，粮食生产用地所占的相对份额呈下降趋势。当然，这种趋势的程度最终取决于粮食生产的土地生产率水平以及人口总量的增长情况，因为粮食毕竟是人类生存最基本的生活资料。这样，农业用地结构的变化，就反映了土地要素在农业内部的流转情况。

第二，在整个经济系统中，随着农业生产率水平的提高，农业用地向非农业流转。耕地面积的不断减少，是这种流转的最直接表现。当然，农业用土地向非农业领域流转，除了农业生产率提高这个决定因素外，收入水平提高后人们对非农业产品需求的增加也是重要的促动因素。随着收入水平的不断提高，人们不仅需要更多的工业性产品，而且需要更多的由基础设施和城市等提供的服务，如交通、旅游休闲、文化娱乐等，这些方面的发展则需要占用愈来愈多的土地，引起农业用土地向非农业生产领域流转。与第一种流转情况不同的是，这种流转表现为农业土地要素的非农化。

5.1.3 资本要素的流转规律

资本要素的流转分为两个方面：一是工业性物质资本向农业的流转，另一是农业的货币资本的流转。工业性物质资本向农业的流转，是通过化肥、农药、机械等工业性投入的形式体现的。这种流转结果，是增加了农业的要素投入量，提高了农业要素的投入水平。从严格意义上讲，这种流转不属于农业生产要素流转，而属于农业生产要素替代的范畴。即物质资本对农业土地要素的替代和对农业劳动要素的替代。

农业资本要素流转的典型意义是农业货币资本的流转。这种流转因工业化过程中工农业关系的变化而呈现出阶段性规律。一般来讲，在经济发展的初期，农业是国民经济的最大部门，此时工业化所面临的主要任务是资本的原始积累，而此时的工业仍是一个弱小的产业，工业化启动和推进所需要的充分资金自然不能从工业内部生成，既然工业是从农业中产生、分化和独立出来的，且此时农业在整个经济中居于绝对的位置，国民收入的绝大部分来源于农业，劳动人口的绝大份额就业于农业，那么无论从理论上讲还是从现实上讲，为工业化提供资金积累的重担都会落在农业身上。所以，这一时期的工农业关系的基本特征是：农业支持工业，工业化的推动以农业提供的资金积累为主。与此相应，农业货币资本的流转趋向就由农业流转到了农业外部。

当经济发展到农业与工业平等发展的阶段时，农业不再从资金积累上支持工业化的发展，农业的剩余用于其自身的发展，工业化的进一步推进则依靠工业自身的剩余积累，与这一阶段相应，农业的货币资本不再流转于农业外部，而是留在农业内部成为农业自身发展的资本积累。当然，在具体的经济运行过程中，农业的货币资本也在外流，但农业也接受农业外部的货币资本，二者在数量上大体处于平衡，此即农业货币资本在农业与工业平等发展的经济发展阶段不向外流转的本质含义，即不再外流是指在动态上的流出与流入的平衡，而不是货币资本的绝对不外流。

当经济发展到工业支持农业发展的阶段时，农业则大规模的接受其外部的资金支持。在货币资本的流转上，农业成为货币资本的净流入者。

上述三个阶段中，第一阶段的农业货币资本向农业外部流转对农业的影响最大。

从理论上讲，农业货币资本向农业外部流转可以分为两个层面：政府层面和农户层面。在政府层面，导致农业货币资本向外流转的形式有以下两个：第一，工农产品价格"剪刀差"，即工业品价格高于其价值，农产品价格低于其价值，工农产品出现不等价交换的状况，这一方式在运行中具有隐蔽性；第二，农业赋税，即政府通过立法，将农业货币资本取走，这一方式具有公开性。

在农户层面，引起农业货币资本向外流转的途径有三个：第一，储蓄，即农民将所持有的农业货币资金存入银行，银行再通过信贷形式将之用于非农产业，这是农户使农业资本非农化的最重要途径；第二，农民利用持有的货币资本直接兴办非农企业，从事非农业生产活动；第三，农民以集资入股的形式将农业货币资本投入非农产业。

5.2 我国农业生产要素流转的基本态势

本节将运用上一节中所概括出来的若干理论规律，具体分析我国农业生产要素流转的现状及动态变化，重点概括农业生产要素流转的态势特征。

5.2.1 农业劳动力要素流转态势

农业劳动力要素流转是我国农业生产要素流转中表现最活跃的一个部分。尤其是 1979 年以来，在改革开放政策的推动下，我国农业劳动力流转进入了一个全新时期。农业劳动力向非农产业快速流转，不仅推动了农村经济发展，而且成为整个国民经济发展的主要推动力量。

1. 流转的数量规模

为了反映我国农业劳动力的流转规模，我们设计如下模型：

$$ATNL = ATNR + ATNG$$
$$TTNL = TTNR + TTNG$$

上式中，ATNL 表示每年从农业中新流转出来的劳动力数量，即农业劳动力每年所非农化的数量，是一个流量的概念；ATNR 表示每年农村非农业劳动力增加的数量，即每年农业劳动力流转为农村非农业劳动力的增量，这部分劳动力在传统口径上作为农村的非农业劳动力，但并不意味着其完全在农村的非农产业就业，他们可以流转到城镇并自谋非农职业；ATNG 表示国家每年安排的城镇就业人员中来自于农村的劳动力，这意味着这部分农业劳动力是在国家计划安排下实现非农化流转的。

利用 ATNR 和 ATNG，可以计算出各年农业劳动力流转的总体存量规模，即 TTNL。TTNL 等于农村非农业劳动力的年末存量 TTNR 与城镇新就业中来源于农村的劳动力数量的累计 TTNG 之和。

运用上述模型，计算出我国农业劳动力流转的总规模（存量规模和增量规模）列于表 5-2。由表 5-2 可以看出，1998 年我国农业劳动力流转总规模（即农村非农产业劳动力年末人数与城镇新就业人员中来源于农村的劳动力的累计人数之和）已累计达到 1.69 亿人，比 1978 年增长 4.12 倍，平均每年增长 8.5%。1979—1998 年的 20 年间，从农业中流转出来的劳动力累计已达到 1.36 亿人，平均每年 680 万人；农村非农业劳动力已达到 1.4 亿人，比 1978 年增加 10656 万人，平均每年增加 533 万人；非农产业劳动力在农村劳动力中所占的比重已达到 29.7%，比 1978 年上升 20 个百分点，平均每年上升 1 个百分点；农村非农产业劳动力占整个社会非农产业劳动力的比重已超过 30%，比 1978 年上升 8 个多百分点。

表 5-2　1979 年以来我国农业劳动力的流转情况

年份	农业劳动力流转规模		城镇新就业的农村劳动力		农村非农业劳动力		农业劳动力比重（%）	城市人口比重（%）
	总人数（万人）	逐期增量（万人）	累计人数（万人）	逐期增量（万人）	年末人数（万人）	逐期增量（万人）		
1978	3298	—	148	—	3150	—	70.5	17.9
1979	3409	111	219	71	3190	40	69.8	20.0
1980	3848	439	346	127	3502	312	68.7	19.4
1981	4130	282	438	92	3692	190	68.1	20.2

| 年份 | 农业劳动力流转规模 | | 城镇新就业的农村劳动力 | | 农村非农业劳动力 | | 农业劳动力比重（%） | 城市人口比重（%） |
	总人数（万人）	逐期增量（万人）	累计人数（万人）	逐期增量（万人）	年末人数（万人）	逐期增量（万人）		
1982	4354	224	504	66	3805	113	68.1	21.1
1983	4912	558	572	68	4340	535	67.1	21.6
1984	6583	1671	695	123	5888	1548	64.0	23.0
1985	7558	975	845	150	6713	825	62.4	23.7
1986	8534	976	1012	167	8130	809	60.9	24.5
1987	9309	775	1179	167	8130	608	59.9	25.3
1988	9950	641	1339	160	8611	481	59.3	25.8
1989	9957	7	1459	120	8498	—113	60.0	25.8
1990	10251	294	1577	118	8674	176	60.0	26.4
1991	10623	372	1717	140	8906	232	59.8	26.4
1992	11642	1019	1877	160	9765	859	58.5	27.6
1993	13060	1418	2062	185	10998	1233	57.4	28.1
1994	14221	1161	2257	195	11964	966	54.3	26.8
1995	15184	963	2477	220	12707	743	52.2	29.0
1996	15715	531	2687	210	13028	321	50.5	29.4
1997	16404	689	2877	190	13527	499	49.9	29.9
1998	16889	485	3083	206	13806	279	49.8	30.4

资料来源：根据《中国统计年鉴》计算。

农业劳动力的流转，明显改变了我国的就业结构。1998 年我国农业劳动力比重已降至 50% 以下，比 1978 年下降了近 21 个百分点，平均每年下降 1 个多百分点，农业劳动力比重平均每年减少 1.8%，超过了 1952—1978 年 26 年平均减少速度的 3 倍多。

2. 流转的阶段特征

在表 5-2 的基础上，我们计算出我国农业劳动力流转的阶段性变化情况，列于表 5-3。综合表 5-2 和表 5-3，可以看出，1979 年以来，我国农业劳动力的流转过程大致可以划分为四个阶段。

表 5-3　1979 年以来我国农业劳动力流转的阶段变化（万人、%）

阶　段	转移总规模			到城镇固定就业			在农村非农产业就业			农业劳动力比重下降百分点	城市人口比重上升百分点
	总增加量	年均增量	年均增速	总增加量	年均增量	年均增速	总增加量	年均增量	年均增速		
1979—1982	1056	264	7.2	356	69	35.8	700	175	3.9	2.4	3.2
1983—1988	5596	933	14.8	835	139	17.7	4806	801	14.6	8.8	4.7
1989—1991	673	224	2.2	378	126	8.6	295	98	1.1	0.5	0.6
1992—1998	6266	895	6.9	1366	195	8.7	4900	700	6.5	10.0	4.0
1979—1998	13591	680	8.5	2935	147	16.4	10656	533	7.7	20.7	12.5

资料来源：根据表 5-2 计算。

（1）第一阶段：重新启动阶段（1979—1982 年）

从 1979 年起，我国农业劳动力流转开始打破过去长期停滞的局面。改革开放政策，重新启动了我国的农业劳动力流转过程。到 1982 年，全国农村非农就业总量已达 3085 万人，比 1978 年增加 700 万人，平均每年增加 175 万人；农业劳动力流转总量达到 4354 万人，比 1978 年增加 1056 万人，平均每年增加 264 万人；农业劳动力比重下降了 2.4 个百分点，城市人口份额上升了 3.2 个百分点。在这一阶段，农业劳动力非农化流转速度虽然不是很快，平均每年为 7.2%，但见表 5-2 和表 5-3，每年的转移规模还是很可观的。

（2）第二阶段：快速流转阶段（1983—1988 年）

从 1983 年开始，我国农业劳动力流转速度明显加快，进入快速流转阶段。1988 年与 1982 年相比，农村非农业就业总量净增 4806 万人，年均增加 933 万人；农业劳动力年均非农化流转速度高达 15%，是上一个阶段的近 3 倍；农业劳动力比重下降了 8.8 个百分点，年均下降 1.5 个百分点；城市人口比重上升了 4.7 个百分点，年均上升了 0.8 个百分点。其中，1982—1986 年的四年间，农村人口的流转超常规进行，农业劳动力年均流转量 1045 万人，年均流转速度 18.3%，农村非农产业劳动力年均增加 930 万人，年均增长速度超过 18.5%。

（3）第三阶段：曲折流转阶段（1989—1991 年）

从 1988 年第三季度开始，我国实施的为期三年的治理整顿，使乡镇企业发展受到一定影响，城市也对进城务工的农民进行一定程度的清理，大量已流转到非农产业的劳动力又回流到农业，农业劳动力非农化流转进入了一个曲折停滞时期。1989 年农村非农产业就业人数比 1988 年减少了 113 万人，农业劳动力比重回升了 0.7 个百分点，城市人口比重未出现任何上升；到 1990 年，农村非农产业就业水平才基本恢复到 1988 年的水平，1991 年的农业劳动力比重仍比 1988 年高出 0.5 个百分点。

（4）第四阶段：重新进入快速流转阶段（1992 年以来）

从 1992 年起，我国经济又进入了一个高速增长时期，农业劳动力流转摆脱了停滞局面，恢复了快速流转态势，重新进入快速流转阶段。流转总规模达到 6266 万人，超过了 1983—1988 的水平，农业劳动力比重下降了近 10 个百分点，城市人口份额上升了 4 个百分点。同样是 6 年时间，这一阶段农业劳动力流转规模平均比 1983—1988 年期间多近 200 万人，农业劳动力份额下降快 1.1 个百分点。

3. 流转的主要方式

1979 年以来，我国农业劳动力流转在方式上具有四个特征。

第一，自谋职业与国家安排：以自谋职业为主。

在表 5-2 和表 5-3 的基础上，可以计算出我国农业劳动力转移规模的存量结构（列于表 5-4）和增量结构（列于表 5-5）。可以看出，无论是存量结构还是增量结构，以在农村非农产业就业为主要形式的农民自谋职业都是农业劳动力非农化流转的主体。存量结构中，正常情况下，农民自谋职业的比重都在 80% 以上；增量结构中，除 1989—1991 年，农民自谋职业比重都超过了 65%，其中两个快速增长阶段则达 85% 和接近 80%，1979—1998 年 20 年平均则约为 80%。因此，在我国农业劳动力流转中，国家有计划安排对吸纳农业劳动力非农化就业只发挥了有限的作用。

表 5-4　我国农业劳动力流转规模的存量结构（%）

年　　份	在农村非农产业就业	国家安排就业
1979	93.6	6.4
1982	88.4	11.6
1988	86.5	13.6
1991	83.8	16.2
1998	81.8	18.2

资料来源：根据表 5-2 计算。

表 5-5 我国农业劳动力流转规模的增量结构 (%)

时　　期	在农村非农产业就业	国家安排就业
1979—1982	66.3	33.7
1983—1988	85.1	14.9
1989—1991	43.8	56.2
1992—1998	78.2	21.8
1979—1998	78.4	21.6

资料来源：根据表 5-3 计算。

第二，就地转移与异地转移：以就地转移为主。

典型调查和问卷调查结果表明，1979 年以来，我国农业劳动力流转以就地转移为主，"离土不离乡，进厂不进城"是我国农业劳动流转的基本模式。见表 5-6，到 20 世纪 90 年代后期，农民的非农业就业仍绝大部分局限于农村社区内部，近 60% 的人非农业就业地点就在本村或邻村，若把集镇也作为就地看待，则就地转移比重高达 80% 左右，进入县城及县城以上的只占 20% 左右；农民转入非农部门后居住地点仍在本村或邻村的要占 70% 以上，农民的非农就业在地域上形成了以本村为中心的辐射结构分布。

表 5-6 我国农民非农就业的地域分布 (%)

	工作地点比率	居住地点比率
在本村或外村	59.0	70.3
在集镇	19.2	12.6
在县城	12.2	13.1
在县城以上城市	9.6	4.0

资料来源：根据调查资料计算。

第三，兼业转移与分离转移：以兼业转移为主。

表 5-6 中转入非农产业的农民仍有很高比例居住在本村的事实，就说明了我国农业劳动力非农化流转的兼业性质。即使不在本村居住的农民，农忙季节回村务农的现象也很普遍。20 世纪 90 年代中期的调查结果显示（见表 5-7），在转入非农业的农民中，有 64.7% 没有转出承包土地，13.6% 只转出一部分承包地，这意味着 81% 的非农化农民具有兼业行为。对乡镇企业发展水平不同的 4 个县的调查结果也表明，在乡镇企业就业的农民中，兼事农业生产的比

重很高，在 50%～90% 之间。因比可见，我国农业劳动力的非农化流转，仍然是以兼业为主的流转。

表 5-7 乡镇企业职工兼事农业生产的情况（%）

兼农情况	无 锡	界 首	南 海	上 饶
经常干的	39.7	10.0	10.0	17.9
不经常干的	52.5	54.8	50.6	50.7
合 计	92.2	64.8	60.6	68.6

资料来源：根据调查资料计算。

4. 跨区流转的基本特征

进入 20 世纪 90 年代以来，我国农业劳动力流转的基本特征，就是跨区域流转及其规模的明显扩大。据估计，2002 年全国农村外出劳动力已超过了 9000 万人，其中出县就业近 6500 万人，出省就业近 4000 万人。流出地区主要是中、西部以农业为主、经济不发达、非农就业机会较少的地区，如四川、湖南、安徽、江西、河南 5 省外出劳动力就占全国的 57%。流入地区主要是大中城市和沿海发达地区，仅广东流入的劳动力就占全国外出劳动力的 37.9%。农业劳动力的大规模跨区域流转，已经成为一个基本现象。根据调查资料，分析我国农业劳动力跨区域流转态势，可以得出如下特征性结论。

第一，性别、年龄及文化程度结构。

跨区流转的农业劳动力的性别、年龄及文化程度结构列于表 5-8。可以看出，在跨区域流转的农业劳动力中，性别结构特征是：以男性为主，男性约占 3/4，女性约占 1/4，其中西部地区外出劳动力中女性比例最低，为 18% 左右，东部地区最高，为 30% 左右。年龄结构特征是：以 18～35 岁的青年人为主，

表 5-8 跨区流转劳动力的性别、年龄及文化状况（%）

	全国平均	东部地区	中部地区	西部地区
性别结构：				
男	75.19	70.49	71.90	82.30
女	24.81	29.51	28.10	17.70
年龄结构：				
17 岁以下	4.51	3.31	5.00	4.34

	全国平均	东部地区	中部地区	西部地区
18～35 岁	71.43	71.07	74.17	71.05
36～59 岁	23.31	24.79	20.00	23.68
60 岁以上	0.75	0.83	0.83	0.88
文化结构：				
文盲或半文盲	3.76	4.13	3.33	5.31
小学文化	31.58	30.58	31.67	32.74
初中文化	54.14	53.72	55.83	53.10
高中及以上文化	9.77	11.57	9.17	8.85

资料来源：根据调查资料整理计算。

比例超过 70％，36～59 岁的壮年人约占 23％左右，意味着外出劳动力的 95％左右是青年和壮年。文化结构特征是：初中文化者居多，占 54％左右，小学文化程度者约占 32％，高中文化程度者只占 10％。比较而言，东部地区外出劳动力文化水平略高一些，高中文化程度的比例为 12％左右。这种结构特征与我国农村目前的整体教育状况有关。

第二，外出时间选择。

从外出的具体时间看，见表 5-9，绝大部分农业劳动力是选择春节后外出，占近 70％；夏收后约占 13％。这说明，跨区域流转的劳动力是集中在春节后的一段时间内外出的。从外出的时间长度看，一年内外出时间在 10 个月以上的超过了 45％，外出 6～10 个月约占 22％，二者合计外出时间在半年以上的超过 2/3。这说明，农业劳动力的跨区域流转大多数是长时间外出。

表 5-9　跨区域流转劳动力的外出时间情况（％）

	全国平均	东部地区	中部地区	西部地区
外出具体时间：				
春节后外出	68.91	69.42	71.90	65.79
夏收后外出	12.61	9.92	12.40	14.92
秋收秋种后外出	7.56	4.96	7.44	9.65
其他时间外出	10.92	15.70	8.26	9.64

	全国平均	东部地区	中部地区	西部地区
外出时间长度：				
3 个月以下	12.03	9.10	13.33	15.05
3~6 个月	20.30	15.70	19.17	25.66
6~10 个月	21.80	19.00	21.67	24.78
10 个月以上	45.87	56.20	45.83	34.51

资料来源：同表 5-8。

第三，流向区域选择。

由表 5-10 可以看出，外出劳动力的流向区域，总体来说，42% 左右在县内，28% 左右在县外省内，流到省外的超过了 30%。不同地区之间存在差别，东部地区劳动力主要在省内流动，占 82%；中部地区主要在省外，占 45% 以上；西部地区流向省外的比例也较高，为 27%。流向区域就城市和农村而言，以城市为主，约占 70% 以上。

表 5-10　跨区或流转劳动力的流向区域（%）

	全国平均	东部地区	中部地区	西部地区
流向区域 1：				
县内	42.11	48.36	30.56	47.79
县外省内	27.62	33.61	23.97	25.66
省外	30.07	16.03	45.45	26.55
流向区域 2：				
城市	71.22	70.84	78.69	64.91
乡村	23.48	25.83	18.03	26.32
其他	5.30	3.33	3.28	8.77

资料来源：同表 5-8。

第四，外出方式与工作寻找方式。

如果从有无政府或其他正式组织的直接参与来考察，已经发生的农业劳动力跨区域流转大体有两种方式。其一，政府或其他正式机构直接参与实现的劳动力跨区域转移，如江苏省政府就曾经要求苏南乡镇企业企业从苏北农村招工等。其二，没有政府或其他正式机构参与的农民自发外出，这种方式的特点是，外出的决策完全是农民自己做出的。

　　由表 5-11 可以看出，自发外出是农业劳动力非农化流转的主要方式。表
5-11 中，除第 4、第 5、第 6 和第 7 种方式外，其余都属于自发外出方式。采
取自发外出方式的劳动力占外出劳动力总数的比重超过 90%，由村级组织和
乡以上政府介绍安排的外出不足 5%。由此可见，目前农业劳动力跨区域外出
就业，绝大部分是由农民自发完成的，政府在安排农业劳动力外出方面所发挥
的作用还十分有限。但绝对依靠自发性外出，在一定程度上使农业劳动力的跨
区域流转具有了盲目性和无序性。

表 5-11　跨区域流转劳动力的外出与寻职方式（%）

	全国平均	东部地区	中部地区	西部地区
外出方式：				
由家庭成员带出	6.03	7.69	5.72	5.88
由本地农民带出	18.97	15.39	24.76	15.69
外地亲朋介绍外出	31.03	31.73	31.43	28.43
外来人员招工	2.59	2.86	1.90	1.96
村集体组织外出	0.86	0.96	0.95	1.96
乡以上政府介绍安排外出	3.45	3.85	3.81	2.94
民间职业介绍安排外出	0.86	1.92	0.00	0.98
自行外出	33.62	31.73	28.57	40.20
其　他	2.59	3.85	2.86	1.96
工作寻找方式：				
熟人介绍	61.54	61.54	66.04	56.44
通过劳务市场	2.88	2.88	3.77	2.97
自己寻找上门	24.04	22.12	19.81	30.69
其　他	11.54	13.46	10.38	9.90

资料来源：同表 5-8。

　　表 5-11 还显示出，已经外出的劳动力，又主要通过熟人介绍工作和就业，
自己上门寻找工作的约为 1/4，而劳务市场在外出劳动力的就业中发挥的作用
很小，只有不到 3% 的人是通过劳务市场寻找工作的。这说明，劳务市场发展
滞后，不能适应农业劳动力大规模跨区域流转和就业的需要。

　　第五，经营范围和产业领域。

　　总体而言，外出劳动力的就业范围首先是国有企事业单位，占近 1/5（见

表 5-12）；其次是城市私营企业，占 13％左右；再次是个体工商户，占 12％左右。在乡镇企业、城镇集体企业事业单位就业和独立或合作从事个体工商企业的比重大体相当，都接近 10％。表 5-12 还表明，外出劳动力就业的产业领域主要是工业和建筑业，二者合计超过了 50％，在饮食服务业就业的劳动力也较多，约占 15％。

表 5-12　跨区域流转劳动力的就业领域（%）

	全国平均	东部地区	中部地区	西部地区
就业范围：				
国有企事业单位	19.33	16.39	18.49	22.81
城镇集体企事业单位	9.24	8.20	10.09	10.53
城市私营企业	13.45	12.30	16.81	11.40
乡镇企业	9.24	9.84	7.56	10.53
三资企业	5.04	6.56	5.88	2.63
个体工商户	12.61	12.30	14.29	10.53
城镇或农村家庭	5.88	4.10	5.04	7.89
独立或合作个体工商户	9.24	9.84	9.24	7.89
其　他	15.97	20.47	12.60	15.79
就业的产业领域：				
种植业	1.96	0.96	1.89	1.82
林　业	0.98	0.96	0.94	0.00
牧　业	0.00	0.00	0.00	0.00
渔　业	1.96	4.81	0.00	0.00
工　业	28.43	30.77	29.25	21.82
建筑业	22.55	17.31	22.64	24.55
运输业	4.90	4.81	5.66	5.44
商　业	7.84	7.69	8.49	5.45
饮食、服务业	14.71	13.46	16.04	13.64
其　他	16.67	19.23	15.09	18.18

资料来源：同表 5-8。

第六，职业分布层次。

虽然外出劳动力中也有一部分从事经营管理工作和技术工作，但见表 5-13，大多数外出劳动力从事的是一般性劳务，即所谓"打工"，比重接近

70%；约有10%的人从事个体工商业活动。这说明，目前我国跨区域流转的劳动力的就业层次还较低。

表 5-13　跨区域流转劳动力的职业分布层次（%）

	全国平均	东部地区	中部地区	西部地区
个体工商业	9.62	11.32	10.28	7.85
企业经营管理者	0.96	0.94	0.00	0.98
企业一般管理人员	2.88	3.77	1.87	2.94
企业技术人员	5.77	5.66	5.61	4.90
一般劳务	68.27	64.15	69.19	70.59
其　他	12.50	12.26	13.05	12.74

资料来源：同表5-8。

第七，流转变更程度。

外出劳动力的流转还表现出了较高的变更程度。由表5-14看出，流动变更程度最大的是工作单位，接近40%；其次是所流向的地区，在33%左右；就业领域和具体职业的变更程度大体相当，为30%左右。较高的变更程度，说明跨区域流转的劳动力就业还很不稳定，具有较大的风险性。

表 5-14　跨区域流转劳动力的变更程度（%）

	全国平均	东部地区	中部地区	西部地区
流入地区	33.01	30.69	26.42	48.67
就业领域	29.13	28.71	19.81	46.02
工作单位	38.83	37.62	30.19	53.10
职　业	30.10	28.72	20.75	47.79

资料来源：同表5-8。

5.2.2　农业土地流转态势

作为一种要素，耕地在农业用地中占有重要位置。在农业用地的流转中，耕地是最活跃的部分。因此，对我国农业土地要素流转态势的分析，即以耕地的流转为主。

1. 耕地在农业内部的流转态势

如上一节的理论分析所述，耕地在农业内部的流转表现为耕地使用结构的变化。表 5-15、表 5-16 和表 5-17 分别列出了反映耕地在农业内部流转情况的农作物播种面积结构及其变化、粮食作物播种面积结构及其变化和经济作物播种面积结构及其变化。可以看出，我国耕地的使用结构发生了显著变化，尤其是 1979 年以来，变化程度不断加大。耕地使用结构变化的主旋律是：耕地使用呈现出了明显的非粮食化趋势。具体表现为：

第一，耕地要素由粮食生产向非粮食生产流转。

反映耕地要素由粮食生产向非粮食生产流转的基本指标是粮食作物播种面积占农作物总播种面积的份额及其变化。计算结果表明（列于表 5-15），在我国农作物总播种面积中，粮食作物所占的份额下降，由 1952 年的 87.8％下降到 1978 年的80.3％，又下降到 2001 年的 68.1％，如果以 1979 年为界线，则前 26 年（1952—1978 年）下降了 7.5 个百分点，后 22 年（1979—2001 年）下降了 12.2 个百分点，可见，1979 年以来的年均下降幅度明显大于 1979 年以前；同期经济作物份额由 8.8％上升到 9.6％，又进一步上升到 15.2％；蔬菜和瓜类份额的上升更为明显，由 1.4％上升到 2.5％，又进一步上升到 11.9％。耕地要素向非粮食生产流转的动态特征非常明显。这说明，在全部农作物生产中，耕地作为一种生产要素，是由粮食生产向经济作物、蔬菜和瓜类等流转，这是我国耕地在农业内部流转的基本主旋律，即耕地使用的非粮食化趋势。

表 5-15　我国耕地农业内部流转情况：农作物播种面积结构（％）

年　份	粮食作物	经济作物	蔬菜和瓜类	其　他
1952	87.8	8.8	1.4	2.0
1957	85.0	9.2	2.4	3.4
1965	83.5	8.5	2.7	5.3
1970	83.1	8.2	1.9	6.8
1978	80.3	9.6	2.5	7.6
1985	75.8	14.8	3.9	5.5
1990	76.5	13.8	4.8	4.9
1995	73.4	15.0	7.1	4.5
1998	73.1	13.7	8.9	4.3
2001	68.1	15.2	11.9	4.8

资料来源：根据《中国农村统计年鉴》计算。

耕地流转的这种非粮食化趋势，在沿海经济发达地区表现得更为显著。如1980—2001 年期间，广东省（包括海南）粮食作物播种面积占农作物总播种面积的份额由 80.5％下降到 60.1％，下降了 20 多个百分点；以蔬菜、花卉为主的其他作物播种面积占农作物总播种面积的份额则由 6.1％上升到 25％以上，上升了 19 个百分点；粮食作物份额的下降幅度和其他作物份额的上升速度都显著快于全国水平。2001 年，广东省粮食作物播种面积占农作物总播种面积的份额比全国水平低 8 个百分点，而蔬菜和瓜类播种面积占农作物总播种面积的份额比全国水平高 11 个百分点，以蔬菜、花卉为主的其他作物播种面积占农作物总播种面积的份额比全国水平高 12 个百分点。

第二，在粮食生产中耕地要素向主要粮食品种流转。

反映在粮食生产中耕地要素向主要粮食品种流转的基本指标是主要粮食作物播种面积占粮食作物全部播种面积份额的变化。计算结果显示（见表 5-16），在粮食播种面积中，水稻、小麦、玉米等三种主要粮食作物所占份额上升，由1952 年的 53％上升到 1978 年的 69.3％，又进一步上升到 1998 年的 76％。1952—1998 年，我国三种主要粮食作物播种面积份额增长了近 50％，而其他粮食（主要是杂粮）的份额则减少了一半以上，耕地要素向主要粮食作物生产流转的态势十分明显。在三种主要粮食中，玉米份额的上升幅度最大，由10.1％上升到 22.2％，上升幅度超过了 100％，达 12 个多百分点，小麦份额上升了 6 个多百分点。如果观察 1979 年以来的情况，则玉米和小麦份额都呈明显上升趋势，水稻则稳中有降。所以，可以认为，耕地要素在粮食生产中的流转主要是趋向于稻谷、玉米和小麦等主要粮食作物，其中以趋向于玉米和小麦更为明显。

表 5-16　我国耕地农业内部流转情况：粮食作物播种面积结构（％）

年 份	水 稻	小 麦	玉 米	大 豆	其 他
1952	22.9	20.0	10.1	9.4	37.6
1957	24.1	20.6	11.2	9.5	34.6
1965	24.9	20.7	13.1	7.2	34.1
1970	27.1	21.3	13.3	6.7	31.6
1978	28.5	24.2	16.6	5.9	24.8
1985	29.5	26.8	16.3	7.1	20.3
1990	29.1	27.1	18.9	6.7	18.2
1995	27.9	26.2	20.7	7.4	17.8
1998	27.4	26.1	22.2	7.5	16.8

资料来源：根据《中国统计年鉴》计算。

第三，在经济作物生产中耕地要素由棉花生产向油料生产流转。

反映在经济作物生产中耕地要素由棉花生产向油料生产流转的基本指标是棉花播种面积和油料作物播种面积各自占经济作物作物全部播种面积份额的变化。计算结果表明（表 5-17 所示），在全部经济作物播种面积中，棉花所占比例由 1952 年的 44.6％下降到 1978 年的 33.7％，又进一步下降到 1998 年的 20.9％，而油料作物比例则由 1952 年的 45.7％上升到 1998 年的 60％以上。1979 年以来，油料对耕地的占用比例上升尤快，20 年里增加了 17.5 个百分点，同期棉花播种面积减少的份额全部被油料作物所替代。所以，可以认为，1979 年以来，经济作物生产中耕地要素主要由棉花生产向油料生产流转。

表 5-17　我国耕地农业内部流转情况：经济作物播种面积结构（％）

年　份	棉　花	油　料	其　他
1952	44.6	45.7	9.7
1957	39.9	47.9	12.2
1965	41.0	42.3	16.7
1970	42.7	38.6	18.7
1978	33.7	43.1	23.2
1985	23.0	52.7	24.3
1990	26.2	53.4	20.4
1995	24.1	58.3	17.6
1998	20.9	60.6	18.5

资料来源：根据《中国统计年鉴》计算。

第四，有相当一部分耕地要素由作物类生产流转于水果类生产。

反映耕地要素流转这一趋势的基本指标是水果栽植面积的扩大。统计资料显示，我国果园面积一直呈扩大态势。计算表明，1952—1998 年我国果园面积扩大了 11.5 倍，绝对面积增加了 1.12 亿亩，平均每年增加 256 万亩，年增速度接近 6％；其中 1952—1978 年扩大 1.4 倍，绝对增加 1458 万亩，平均每年增加 56 万亩；1979—1998 年扩大 4.2 倍，绝对增加 1.03 亿亩，平均每年增加 516 万亩。可以看出，后 20 年平均每年增加的果园面积是前 26 年的近 10 倍。进入 20 世纪 90 年代以来，耕地要素向水果生产流转的趋势更加强烈，平均每年的流转量接近 600 万亩。

从地域分布讲，目前我国果园面积主要集中在河北、广东、山东、广西和陕西等 5 个省区。表 5-18 列示出了 2000 年几个水果生产大省果园面积在全国所占的比重，可以看出，仅河北、广东、山东、广西和陕西等 5 个省区就拥有了全国近一半的果园面积。广东省水果类生产的扩大态势尤为显著，1980 年，广东省（包括海南）的果园面积仅占全国的 2.2%，绝对面积只有 60 万亩，到 2000 年，广东省（包括海南）果园面积占全国的比重就上升至 12.8%，面积扩大到 1715 万亩，绝对增加 1655 万亩，增长 26 倍多，平均每年增长近20%。这说明，广东省的耕地要素流转，不仅表现为如前所述的明显的由粮食生产向蔬菜、花卉生产的流转，而且表现出明显的由粮食生产向水果类生产的流转。

表 5-18　我国果园面积的集中分布状况（2000 年）

省　区	果园面积占全国的比重（%）
河　北	11.7
广　东	11.2
广　西	8.8
山　东	8.6
陕　西	7.5

资料来源：根据《中国统计年鉴》计算。

2. 耕地的非农化流转态势

我国耕地的非农化流转态势是相当严重的。我们利用耕地面积统计资料调整以前的数据[4]，来反映耕地的非农化流转态势。见表 5-19，自 1957 年以来，我国的耕地就表现出绝对减少之势。1957—1998 年，全国共减少耕地 25082万亩，相当于 4 个吉林省的耕地面积，即大约每 10 年就减少掉一个吉林省。耕地的减少趋势与人口的增加趋势相交织，使人地矛盾更加突出。1998 年与1949 年相比，我国人均耕地减少 1.6 亩，幅度达 58%，1998 年人均占用耕地仅相当于 1949 年的 2/5 稍多一点；平均每个农业人口占有耕地减少 1.7 亩，幅度达 53%，1998 年农业人口人均占有耕地只相当于 1949 年的不到一半；平均每个农业劳动力占有耕地减少了 5 亩多，1998 劳均占有耕地相当于 1952 年的不到 1/2。

表 5-19　我国耕地面积的变化态势

年　份	耕地总面积（万亩）	人均占有耕地（亩）	平均每个农业人口占用耕地（亩）	平均每个农业劳动力占用耕地（亩）
1949	146822	2.71	3.28	—
1952	161878	2.82	3.29	9.35
1957	167545	2.59	3.10	8.69
1962	154355	2.29	2.76	7.25
1965	155391	2.14	2.57	6.64
1970	151702	1.82	2.16	5.54
1975	149562	1.62	1.91	5.08
1978	149084	1.55	1.84	5.07
1980	148958	1.51	1.82	4.93
1985	145269	1.39	1.74	4.66
1990	143511	1.27	1.61	4.30
1996	143200	1.20	1.58	4.44
1998	142463	1.14	1.55	4.35

资料来源：根据《中国统计年鉴》计算。

耕地减少的主要原因是非农业经济活动对耕地的占用。工业化和城市化不仅使耕地的非农化流转在数量上十分庞大，而且流转的大多是平坦肥沃、位置优越的耕地。

5.2.3　农业资本流转态势

农业资本的流转，也表现为在农业内部流转和非农业化流转两个方面。

1. 农业资本在农业内部的流转态势

由于农业物资消耗是农业生产活动在一年内所消耗的全部物质资本的货币表现。因此，农业物质消耗的结构就体现了资本要素在农业中的配置状况。物质消耗的结构及其变化，就成为反映资本要素在农业内部流转态势的指标。

表 5-20 计算出了 1983—1996 年我国农业物质消耗的结构及其变化。可以

明显看出，在全部消耗结构中，种植业和林业所占份额下降，其中种植业份额下降的幅度颇大，由 1983 年的 65％下降到 1996 年的 47％，下降了近 18 个百分点，幅度近 30％，平均每年下降近 1.5 个百分点；畜牧业和渔业所占份额增加，其中畜牧业份额增加幅度较大，由 1983 年的 28％增加到 1996 年的 42％，增加了 14 个百分点，幅度达 50％，平均每年超过了 1 个百分点，同期渔业份额增加了 6 个百分点。

表 5-20　我国农业的物质消耗结构（％）

年　份	种植业	林　业	畜牧业	渔　业
1983	65	4	28	3
1985	59	4	34	4
1990	54	3	38	5
1995	48	2	42	8
1996	47	2	42	9

资料来源：根据《中国农业统计年鉴》和农产品成本调查资料计算。

农业物质消耗结构的变化，表明了农业资本要素在农业内部流转是一个由种植业向非种植业部门流转的态势。

2. 农业资本非农化流转态势

农业资本非农化流转包括两个层面，一是农业内部由农业流转到非农产业，二是由农业流转到了农村外部的国民经济系统。前者的主要表现是，农民用从农业生产活动中积累的资金从事非农业活动，如乡镇企业的兴办和发展，就与农业资金的积累支持分不开的。从资本流转系统来看，这部分非农化的资金最终会通过增加农民收入或改善农业和农村基础设施从而增加农民福利的形式回流于农民。后者的主要表现是，国家通过税收、金融和"剪刀差"形式从农民手中积累资金，农业资金通过税收、金融和"剪刀差"形式流转到农村外部的非农业系统，成为国家工业化的资本积累。从我国的实际情况看，这一层面是农业资本要素非农化流转的主渠道。

实事求是地讲，我国农业通过资本要素非农化流转为国家工业化的资本积累做出了巨大贡献。有关研究表明[5]，1952—1990 年期间，以赋税方式农业资本非农化流转的量为 1528 亿元，平均每年 55 亿元；以工农业产品价格"剪刀差"方式农业资金非农化流转的量达 8708 亿元，平均每年 311 亿元；以金融方式农业资金非农化流转的量为 1403 亿元，平均每年 50 亿元；三种方式合计，农业资金非农化流转量多达 11639 亿元，占国民收入全部积累额的近 30%，平均每年 416 亿元，农业提供的资金占国民收入全部积累额的比重在 1970 以前的年份都在 40% 以上。这就是说，平均讲来，从 1952 年到 1990 年的近 30 年内，我国农业为国家工业化建设提供了近 1/3 的资金积累，这不能不说不是农业的一个巨大贡献。

在农业资本要素非农化流转的三种方式中，"剪刀差"的作用是最大的。平均来讲，1952—1990 年通过"剪刀差"流转的农业资金占 75%，通过赋税流转的农业资金占 13%，通过金融流转的农业资金占 12%。这说明，在非农化流转了的农业资金中，有 3/4 是通过"剪刀差"方式。"剪刀差"是过去我国农业资本要素非农化流转的主要方式。动态地看，随着我国市场机制的不断发育和国家宏观政策的调整，"剪刀差"和赋税方式在非农化流转农业资金中的作用是减少态势，如在整个 20 世纪 70 年代，"剪刀差"的作用份额都在 80% 以上，1990 年则降至 65% 以下；赋税方式的作用份额 1990 年已降至 7%，比 1952 年减少近 50 个百分点；而与此形成对照的是，金融方式的作用呈增长态势，1990 年已上升到接近 20%。

进入 20 世纪 90 年代以来，农业资金非农化流转于国民经济系统的趋势仍在继续，通过金融渠道流转的数量不断增加。有关研究表明，1991—1996 年，由赋税流转的农业资金为 1586 亿元，由粮食收购流转的农业资金为 2750 亿元，由金融流转的农业资金为 4177 亿元，三者合计为 8513 亿元，平均每年近 1420 亿元。可以明显看出，金融方式的作用份额已接近 50%。这说明，在市场化改革取向下，金融方式越来越成为我国农业资金非农化流转的主要方式。

据调查测算，1995 年以来，全国农村资金通过金融渠道的净流出数量每年都在 600 亿元以上，2000 年达到 878 亿元。1995—2000 年合计，仅通过农村信用社和邮政储蓄渠道，全国农村资金外流数量就达 4433 亿元，平均每年 740 亿元。考虑到国有商业银行吸收农民储蓄存款远大于对农民发放的贷款的事实，农村资金外流数量实际上要大大多于上述数字。

表 5-21 计算列示出了农村信贷资金的总体收支情况。表中以农户储蓄存款和农业存款反映金融部门从农村筹集的资金，以农业贷款和乡镇企业贷款反映金融部门向农村注入的资金。据此测算，1996—2000 年，农村地区通过信贷渠道流出的资金由 1912 元增加到 4048 亿元，增加了 1 倍多。

表 5-21 农村信贷资金收支情况（亿元）

年　份	农户储蓄	农业存款	农业贷款	乡镇企业贷款	农村信贷资金净流出
1996	7671	1364	7123	—	1912
1997	9132	1533	3315	5036	2315
1998	10441	1748	4444	5580	2165
1999	11217	2126	4792	6161	2390
2000	12355	2643	4889	6061	4048

注：1996 年的农业贷款包括乡镇企业贷款。

资料来源：根据《中国金融年鉴 2001》计算。

农村资金通过金融渠道外流在各地都是一个普遍现象。人民银行山东省日照市支行的调查表明，1995 年以来，日照市的农村资金流向城市和非农业的数额高达 20 亿元以上，占同期农村存款增长总量的 2/3。江苏张家港市农村信用社 2000 年吸收存款 42 亿元，而贷给农户的仅 1.5 亿元，占不到 4％，其余部分全部流出农业和农村。河南、山东、浙江等省农村资金通过邮政储蓄和商业银行大量外流，许多农区 60％～70％的农村资金流向城市和工业。

农村资金通过金融渠道外流的主要途径是：

（1）邮政储蓄的只存不贷

由于邮政储蓄只存不贷，纯粹靠上缴中央银行吃利息赚钱，吸纳的存款百分之百流出农村，已经成为农村资金的一个庞大"漏斗"。邮政储蓄利用自身的机构优势、网络优势、利率优势和信誉优势，广泛吸引农民存款。在不少农村的公路沿线农舍土墙上，到处可以看到"邮政储蓄只存不贷没风险""邮局存款最安全保险"等宣传标语。在不少地区，邮政储蓄呈现出异常增长的势头。据河南、山东两省调查，1998—2000 年，两省邮政储蓄年均递增 29.4％，比农村信用社储蓄增长高出 17 个多百分点。1995—2000 年全国邮政储蓄年均增长 30％，超过同期农村信用社存款增速 12 个百分点。河南固始县在调查时点 1999 年 3 月末，邮政储蓄余额占全县所有农村信用社存款总余额的 25％；河南信阳市邮政储蓄存款余额，甚至大大超过本市最大的农业县——固始县农业银行的存款总余额；1990—1999 年，抚州市全市邮政储蓄的市场份额由 5.03％上升到 10.2％。计算表明，通过邮政储蓄外流的农村资金，占农村资金流出总量的近 30％。邮政储蓄已经成为农村资金净流出的一个最直接的通道。

（2）商业银行的多存少贷

近年来，随着国有银行改革的深入，国有商业银行在降低不良资产率和防范金融风险的同时，逐步撤并分支机构，上收信贷管理权限，县级支行的贷款权限很小，有的甚至没有放贷权力。这样，商业银行在县及县以下的营业网点基本上就成了单一的储蓄机构，所吸收的存款以二级准备金的形式集中到市级分行，再以同样的方式集中到省分行和总行，由县以上的金融机构统一发放贷款，所发放的贷款主要用于城市的工商企业。在这种格局下，国有商业银行一定程度上讲成了农村资金的"抽水机"，农村资金通过商业银行县及以下营业网点流出了农村。据典型调查，一些地区县有的仅占新增存款级国有商业银行2001 年发放的贷款仅占新增存款的 10％左右，的 1.5％，绝大多数存款都被上级银行"抽"走。商业银行在农村多存少贷，是导致农村资金外流的重要渠道。表 5-22 反映了 20 世纪 80 年代以来各个时期金融机构在农村的信贷存差情况。可以看出，农村存贷款年均存差额不断增加，由"六五时期"的平均422.8 亿元增加到"九五时期"的平均 2566 亿元，增加了 5.1 倍，平均每年增长幅度达 13％。

表 5-22　农村信贷存差变化情况（亿元）

时　　期	年均农村 贷款余额	年均农村 存款余额	年均农村 存贷款差额
1981—1985（六五时期）	283.6	708.4	424.8
1986—1990（七五时期）	800.7	1917.4	1116.7
1991—1995（八五时期）	3869.4	4940.6	1071.2
1996—2000（九五时期）	9480.2	12046.1	2565.9

注：农村存款包括农户储蓄和农业存款，农村贷款包括农业贷款和乡镇企业贷款。
资料来源：根据《中国统计年鉴》和《中国金融年鉴》计算。

（3）农村信用社存款的部分"农转非"

农村信用社是农村金融的主渠道，承担着为农民提供金融服务的重要职责。但在信用社吸收的农民存款中，有相当部分通过存款准备金、转存银行款、购买国债和金融债券、拆借于商业银行、放贷于城镇非农企业等形式流出农村，信用社资金"农转非"现象十分突出。据测算，在农村信用社运营的农民储蓄资金总量中，50％以上流出了农村。山东日照市农村信用社系统 2001年最大的 10 户企业贷款中，有 7 家是非农企业，贷款余额高达 1.7 亿元，信用社的资金还参与货币市场业务，截至 2001 年 10 月底，该市信用社参与货币市场的网上资金余额高达 1.1 亿元。2000 年江苏张家港市农村信用社共吸收存款 42 亿元，贷款 29.7 亿元，其中贷给农户的只有 1.5 亿。在豫鲁浙等省，农村信用社贷款给城市建设、投资购买国债等各类债券、向其他金融机构拆出资金等现象较为普遍。农村信用社资金的"农转非"，是农村资金外流的主要渠道。表 5-23 反映了农村信用社农户存贷款差额的变化情况。可以看出，农村信用社吸收农户的存款大大高于对农户的贷款，存贷差额不断增加，由 1980 年的 101 亿元增加到 1998 年的 7782 亿元，增加了近 80 倍，平均每年绝对增加近 430 亿元，年均递增速度超过了 27％；存贷差额占当年末存款余额的比重从 1984 年开始连续上升，由不足 60％上升到 75％以上，即意味着农户在信用社的贷款仅相当于其存款的 25％左右，亦即信用社存款的 75％被"非农化"了。

表 5-23　农村信用社农户存差变化情况（亿元）

年　份	农户存款余额	农户贷款余额	存贷差额
1980	117	16	101
1982	228	44	184
1984	438	181	257
1986	766	258	508
1988	1142	372	770
1990	1842	518	1324
1992	2867	760	2107
1994	4816	1081	3735
1996	7671	1487	6184
1997	9132	1743	7389
1998	10441	2659	7782

注：农村存款包括农户储蓄和农业存款，农村贷款包括农业贷款和乡镇企业贷款。
资料来源：根据《中国统计年鉴》和《中国金融年鉴》计算。

另外，农村资金还通过购买国家债券和彩票以及部分农民参与非法博彩活动等流出农村。

农村资金大量外流，并不是因为农民、农业生产、农村经济发展不需要资金，并不是因为农村出现了资金过剩。事实上，农民的资金需求很大，农业生产和农村经济发展的资金缺口很大，农民从金融机构得到贷款的难度很大。农村资金外流，根本上导源于资金回流农村的金融体制不顺，渠道不畅，机制不活，农村信用机制不完善。具体讲，农村资金外流的主要成因有以下几个：

一是商业银行改革梗阻了资金进入农村的金融传导机制。国有银行的商业化改革，强调资金安全和监管是非常必要的，但在实践中对金融风险的防范变成了简单的撤并机构和"信贷权力上收"，银行在基层的营业机构大大减少，基层银行缺乏必要的放贷权，这在很大程度上阻抑了资金进入农村的通道。20世纪 90 年代初以来，作为农村金融服务供给主体的中国农业银行，就大量撤并设置在乡镇及其乡镇以下的分支机构，机构设置上表现出明显的城市化倾向，其他国有商业银行从农村撤出的倾向更为明显。目前，国有商业银行都实行集中制、集权制的信贷管理体制，主要信贷审批权限集中到一、二级分行，工行、农行对县级机构实行授权、授信制度，其他商业银行基本上把信贷审批权全部上收。在实际工作中，县级行一般只享有严格规模限制内的消费性信贷、存单抵押贷款等审批权力，并实行"贷款第一责任人""贷款终身责任制"等制度，信贷监管强调"两个 100%"（贷款手续的合规合法性和利息收回100%）和"两个 98%"（本金收回和商业承兑汇票到期资金收回率 98%），信贷员患上了"贷款恐惧症"，致使基层行能不放贷就不放贷，基层行的存差资金主要用于上存上级银行获取利差收入。于是，各地普遍出现了"慎贷""惜贷"现象，县域金融萎缩，基层行对农村经济的信贷支持功能退化，逐渐变为上级行的超级"储蓄所"和农村资金的"抽水机"。据中国人民银行统计，1999—2001 年的三年时间里，四大国有商业银行撤掉分支机构达 3 万多个，主要集中在各商业银行县及县以下的机构。在一些地方，农业银行在乡镇的分支机构几乎撤并了一多半，如山东莘县农业银行在全县乡镇的分支机构已经由21 个缩减为 5 个，缩减了将近 3/4。

二是农村信用社与农民的关系不顺制约了资金顺利进入农村。农村信用社本来是农民的合作经济组织，承担着为农民提供金融服务的主要职责，但由于各种原因，信用社在体制上出现了"异化"，基本上成了准官办的金融机构，失去了与农民的合作关系，失去了合作金融的内核。在农民眼里，信用社与商业银行没有什么区别，从商业银行贷不到的款在信用社同样也贷不到。另一方面，尽管在业务分工上信用社主要是面向农村经济和农民，但国家金融监管机构对农村信用社的监管使用着与商业银行同样的规则，农村信用社是按照与商业银行相同的模式和方法从事金融运转业务，国家对农村信用社也没有特殊的优惠扶持政策。为了生存和提高竞争力，信用社往往把贷款业务重点放在效益好和风险小的非农业项目上，对农业和农民的服务只限于少数经营大户和黄金客户，广大农户的贷款需求则很少考虑。另一方面，农村信用社精简合并工作的力度也不小，仅 1998—2001 年，全国农村信用社就精简法人机构 1 万多个，精简人员近 4 万人，服务网络也明显收缩。精简机构和人员，减轻了农村信用社的运营包袱，降低了经营成本，但也削弱了为农业、农村和农民服务的力量。

三是邮政储蓄缺乏资金回流农村的通道。邮政储蓄"只存不贷"，收储资金全部上交人民银行，形成了农村资金"只出不进"的单向流动。在现行政策下，人民银行为农村信用社提供一部分支农再贷款，作为对农村信用社的资金支持。从资金流量上认识，这种再贷款可以看作是农村邮政储蓄的转化。但是，再贷款的额度较小，远远不能弥补从邮政储蓄流出的农村资金量。以山东聊城市为例，该市 2000 年县以下邮政储蓄净增 6 亿元，而农村信用社得到的支农再贷款仅为 2.1 亿元，只占农村邮政储蓄存款增量的 1/3，占农村邮政储蓄存款总额的 13.7%。支农贷款投放量与农村邮政储蓄增量相差悬殊，根本弥补不了从邮政储蓄渠道流失的农村资金量。

四是农户经营规模小、分散，贷款成本高、风险大，也制约着信贷资金向农村流动。农户的经营规模普遍偏小，经济总量很小，农村点多、面广、战线长，经营十分分散，农户单笔贷款的额度也小，贷款费用相对于工商企业和经营大户来讲要大得多，这增加了面向农村的金融经营成本，从而制约了信贷资金顺利流入农村。山东省曾作过测算，由于农村信用社 70% 以上是农民社员的定期存款，其各项存款利息支出成本加上管理费用，每 100 元就要支付2.95 元，比商业银行至少高出 1.5 至 2.2 个百分点。同样数量的贷款额分散贷给几个农户比集中贷给一个企业，贷款经营成本一般要高 20% 以上。另外，农业生产经营受自然风险和市场风险的双重影响，贷款风险较大。农村信用制度建设严重滞后，一些农民缺乏基本的信用观念，贷款故意不还，或家境困难无力归还，或经营失败无法归还，使金融机构形成了不良贷款，也严重制约了金融资金向农村的回归。

综上所述，可以得出结论：20 世纪 90 年代以前，我国农业资金非农化流转的主要方式是"剪刀差"；90 年代以来，我国农业资金非农化的主要方式是金融渠道。这种流转主要方式的变化，对于正确认识农业资本非农化流转态势和制定或调整应对措施，都是十分重要的。

5.3　我国农业生产要素流转的效果评价

农业生产要素的流转，是推动经济结构转换和经济发展水平提高的基本要素。因此，农业生产要素的流转，对农业和整个经济发展都具有积极作用。然而，这并不意味着农业生产要素的流转就一定能够形成正面效果。如果流转不当，农业生产要素的流转同样会对经济发展造成不良影响。本节将在上一节实证分析结果的基础上，对我国农业生产要素流转的效果进行评价，在此基础上辨析我国农业生产要素流转存在的基本问题。

5.3.1　农业生产要素流转形成的积极作用

农业生产要素流转，对推动我国农业结构、农村经济结构和整个国民经济结构的变革和经济发展水平的提高都产生了非常重要的作用。

1. 劳动要素流转形成的积极作用

在我国农业生产要素流转所形成的积极作用中，劳动要素流转的积极作用是最为显著的。农业劳动力的非农化流转促进了农村产业结构变革，增加了农民收入，启动了农村工业化过程，带动了农村城镇化进程，促进了农村经济和整个国民经济的快速发展。

第一，农业劳动力的非农化流转，为乡镇企业提供了充足的人力资源，使乡镇企业得以在劳动密集的方式下展开并完成资本原始积累过程，并在此基础上不断发展。

乡镇企业的异军突出，是我国 20 世纪 80 年代农村发展的一个重大事件，此点已被国内外广泛公认。然而，乡镇企业的发展，是建立在农业劳动力流转的基础之上的。2001 年我国乡镇企业从业人员已达 1.3 亿多人，比 1978 年增长 4 倍多，平均每年增长 9% 以上。而乡镇企业从业人员，基本上全部是非农化了的农民。所以，如果没有农业劳动力向农村非农产业的流转，就不会有乡镇企业的发展。没有乡镇企业的发展，就不会有我国农村经济的今天。乡镇企业发展的更深层意义还在于启动了农村的工业化过程和带动了农村的城镇化进程。

第二，农业劳动力的非农化流转，改变了农村的就业结构，改变了整个国民经济的就业结构，进而带动了产业结构的变革和优化。

由于农业劳动力的非农化流转，我国农业就业的"转向点"于 1992 出现，即从 1992 年起，农业劳动力的数量开始绝对减少，2001 年农业劳动力绝对量比 1991 年减少 1735 万人，这是我国农业劳动力流转引起的结构性变革的一个重要表现。从 1998 年起，见表 5-2，我国农业劳动力占社会总劳动力的比重就降至 50％以下。

在农村内部，就业结构的变化也是很明显的。目前农村非农产业劳动力在农村劳动力中所占的比重已接近 30％，比 20 世纪 80 年代初增加了近 4 倍，增加了 20 多个百分点。在就业结构非农化的推动下，农村产业结构出现了显著变化。1979 年以前，我国农村产业结构的特征是以农业为主体，农业产值在农村社会总产值中所占的比重很大，直到 1978 年，农业产值占农村社会总产值的比重仍高达近 70％；1979 年以来，农业劳动力快速流转所带动的农村非农产业的发展，显著地改变了农村产业结构，使农业份额下降，非农产业份额迅速上升。到 1998 年，农业在农村社会总产值中的份额只有 1/4 左右，农村工业份额高达 55％，农村建筑业份额为 5％，农村商业和饮食业份额为 7％，非农产业合计达 75％左右，与 1978 年相比，农业份额下降 40 个多百分点，农村工业份额上升 35 个百分点，农业份额下降所释放出来的结构空间（40 多个百分点）主要被农村工业占据了（达 83.4％）。目前我国的农村经济已经是以非农产业为主体的经济。农村劳动力流转引起的就业结构变化的更深刻意义，是推进了我国的现代化进程。

第三，农业劳动力的非农化流转，还是增加农民收入、改变农民观念的一个重要力量。

可以说，20 世纪 80 年代以来，我国农民收入的快速增长，主要得益于农业劳动力的非农化流转以及由此而带动的农村非农产业发展。调查显示，目前我国农民人均纯收入的约 1/3 来源于非农产业，农民人均纯收入净增部分来自非农产业的份额已超过了 30％。农民流转到城市务工，开阔了眼界，增长了知识，锻炼了才干，积累了资金，接受了城市文明的熏陶（无论是主动的还是被动的），这对改变农民的观念产生了重要作用。

另外，农业劳动力非农化流转，还促进了城市就业制度的改革，这对优化劳动力的资源配置、实现城乡劳动力市场一体化起到了积极作用。

2. 土地要素流转形成的积极作用

土地要素流转形成的积极作用，主要表现在土地要素的流转所引起的农业生产结构的变革和优化上。由于农业生产是一种以土地为基本生产要素的经济活动，农业生产结构变革和优化的基础就是土地要素在农业内部流转所引起的农地使用结构的变化。我国农业土地尤其是耕地流转引起的使用结构的变化，对带动农业生产结构的调整和优化产生了重要的作用。上一节的分析结论表明，我国耕地在农业内部流转的基本态势是循着非粮食生产的方向，即耕地由粮食生产向非粮食生产流转，这就为经济作物、蔬菜和瓜果等高价值的农业生产的发展提供了空间。在粮食生产率不断提高的基础上，我国粮食种植面积份额 1998 年比 1978 年减少了 7 个多百分点，绝对面积减少了 1 亿多亩；与此形成对照的是，经济作物种植面积份额增加了 4 个多百分点，蔬菜和瓜果种植面积份额增加了 6 个多百分点，其中油料种植面积绝对增加了 1 亿亩，增长 1.1 倍，蔬菜及瓜果种植面积绝对增加量超过了 1.5 亿亩，增长了 2.7 倍。高价值农作物生产的发展，使从价值角度衡量的种植业结构发生了比播种面积结构更为显著的变化。

耕地的非农化流转，在为工业化和城市化提供空间基础方面发挥的作用是巨大的。同时，耕地的非农化流转，也进一步提高了耕地资源的稀缺程度。而耕地稀缺程度的提高，又进一步推动了耕地有效利用率的提高，这主要表现在耕地复种指数的不断增大上。2001 年与 1978 年相比，我国耕地复种指数由 151% 上升到 161%，增加了 13 个百分点。由于耕地利用强度的提高，使我国农作物播种面积在过去 20 年中增加了 8400 多万亩。

3. 资本要素流转的积极作用

首先，农业资本要素在农业内部的流转，成为推动农业整体结构调整和优化的一个重要力量。上一节的分析表明，我国农业资本在农业内部的流转呈现出非种植业化态势，即资金由种植业生产向非种植业生产流转。这种流转的结果，是扩大了畜牧业、渔业和林业的生产，提升了这些非种植业生产在农业中的地位，这种作用具体表现在农业产值结构的变化上。见表 5-24，1978—1998 年，我国农业产值结构中，种植业份额下降了 22 个百分点，畜牧业份额上升了 14 个百分点，渔业和林业的份额各上升了 8.3 个和 0.1 个百分点。畜牧业和渔业份额的上升，又进一步推动了市场上农产品供应的丰富和居民生活水平的提高。

表 5-24　我国农业产值结构的变化（%）

年　份	种植业	林　业	畜牧业	渔　业
1978	80.0	3.4	15.0	1.6
1980	75.9	4.8	17.3	2.0
1985	73.3	5.0	19.3	2.4
1990	63.7	4.6	25.1	6.6
1995	54.9	4.7	30.8	9.6
1998	58.0	3.5	28.6	9.9

资料来源：《中国统计年鉴》。

其次，农业资本要素的非农化流转，为国家工业化提供了大量资金，推动了国家工业化的快速发展。如前所述，在我国工业化起步和推进过程中，国家采取各种方式，主要是"剪刀差"方式，从农业中获取了数量相当可观的资金，从而基本保证了工业化扩展对资本积累需要。据粗略计算，从 1953 第一个五年计划起，到 1990 年第七个五年计划止，全国预算内的固定资产投资为 9733 亿元，平均每年 203 亿元左右，这个水平大体相当于用"剪刀差"方式每年从农业中汲取的资金数量；在国民收入全部积累额中，来自农业所流转的资金接近 1/3。所以，一定意义上说，几十年来我国工业化建设的投资资金主要是由农业资本的非农化流转而来的，农业资本的非农化流转成为工业部门的重要资本推动和保证。农业资本向工业化过程无偿流转，使我国的工业部门实现了高速度增长。1990 年与 1952 年相比，我国工业增长了近 65 倍，农业只增长了 3 倍，二者之比为 22：1，也就是说，农业在只在 3 倍的增长格局上支撑了工业部门 60 多倍的增长幅度。很显然，如果没有农业所提供的资金作保证，工业部门的高速度增长是不可能的。建立在农业资本非农化流转的基础上的工业部门的快速增长，使我国在短短几十年内就建立起了比较完整的现代工业体系，拥有了保卫国家独立的能力，人民生活有了很大的改善，有效地摆脱了工业化起步时有可能形成的"贫困恶性循环"和"低水平均衡陷阱"。总之，如果没有农业资本的非农化流转，我国工业化的成功启动和推进是完全不可能的，这是我国农业资本非农化流转的非常积极且重要的作用。

5.3.2　农业生产要素流转的问题辨析

我国农业生产要素的流转，在对促进农业发展、农村经济发展、农村城镇化和整个国民经济发展所产生的积极和深刻作用的同时，也存在着一些不合理的层面。这些层面的存在，给我国农业的健康顺利发展带来了一定负面影响。

1. 耕地要素流转的问题辨析

我国耕地要素流转中的问题集中存在于耕地的非农化流转方面。耕地非农化流转中存在的不合理问题主要有两个：一是非农化流转速度过快，超过了我国资源结构所能承受的程度。如前所述，1957年以来我国耕地面积就呈绝对减少之势，1998与1957年相比，耕地净减少2.5亿多亩，平均每年减少612万亩。我国的耕地资源本来就先天不足，人均占有量明显低于世界平均水平，耕地的大量流转，使人均占有量更少，人地矛盾更加突出，不少地区人均占有量已低于联合国规定的警戒水平（0.8亩）。而且耕地的减少不仅是一个数量概念，还具有质量含义，因为被工业化、城市化所占用的耕地大部分是生产能力高、地理位置好的良田。在我国农业的综合生产能力中，耕地是最重要的部分。耕地的大量非农化流转，对我国农业尤其是粮食的增产潜力以及粮食的供给能力都将形成不利影响。

耕地非农化流转存在的第二个问题是，利用程度低，浪费严重，有的甚至是乱占滥用。如在第一节的理论分析中所析，随着经济的发展，耕地流转而形成的工业化和城市化是社会的进步。然而，在我国非农化的耕地中，有相当一部分并不是由经济发展规律所决定的，而是乱占滥用。1987年的全国非农业用地清查，查出违法占地案件1300多万件，违法占地达816万亩；1993年针对耕地失控的局面在全国范围内清理开发区，查出在新设立的2804个各级各类开发区中，有78%属于滥设，涉及土地面积高达1143万亩。1986年《土地管理法》颁布实施后，耕地锐减趋势一度得到控制，但后来又重新回升。一些地方、单位从地方利益出发，越权超量批地，乱占滥用耕地。一些所谓"开发区"，仅仅是把大片耕地圈起来，圈而不开，使耕地资源严重浪费。

在耕地的非农化流转中，一些脱离经济发展水平和国情的高消费项目对耕地的占用是很严重的，在此方面建高尔夫球场就是典型。据国家土地管理部门统计，我国已建成近百个高尔夫球场，占用了大量耕地。显而易见，在目前经济水平下，大量兴建高尔夫球场这样的大量占有耕地的高消费项目，是脱离我国国情的。

在耕地的非农化流转方面，乡镇企业的散化布局对耕地的浪费同样是很严重的。我国乡镇企业的布局是非常分散的，典型调查表明，乡镇企业分布在县城以上城市的不到1％，分布在建制镇的只有20％，而散布在村庄的则高达80％左右，即使是位于建制镇的企业，处于镇规划区内的也只有30％。一些乡镇企业发展起步较早、水平较高的地区，几乎村村都布局有乡镇企业。这种近乎"村村点火、处处冒烟、遍地开花"的分散格局，不仅在一定程度上降低了乡镇企业竞争力，加剧了环境污染，而且更为重要的是造成了土地的极大浪费。测算表明，由于布局散化，乡镇企业职工的人均占地比城市职工多出3倍以上，乡镇企业发展多付出了8倍的土地代价。看来很明显，乡镇企业的散化布局方式必须得以尽快扭转，否则，我国的土地资源无法承受这样的农村工业化。

2. 资本要素流转的问题辨析

我国农业资本要素非农化流转存在的主要问题，一是流转的数量过大，二是持续时间过长。如前所析，1952—1990年期间，我国农业为国家工业化提供了总量高达11549亿元的资金积累，即使扣除了国家财政用于农业的支出，净流出的资金量也超过了1万亿元，按农业劳动力年度平均，最多时达266元，占当年农民纯收入的42％以上。由于农业资本长期非农化大量流转，对农业和农民自身的发展带来了不利影响。

首先是农业的自身积累水平很低，扩大再生产的能力十分脆弱，缺乏发展后劲，抵御自然灾害的能力有限，基本上仍然处于靠天吃饭的状态。

其次是农民收入水平较低，增长缓慢，城乡居民收入水平仍存在着很大的差距，且差距近年来不断拉大。

再次是国家在从农业中获取资本积累的同时，把农民排斥在工业化和城镇化的过程及福利之外，严格的户籍制度使农民无法进行身份转换，这不仅使农民无法分享工业化和城镇化的好处，如农民与工作安排、公费医疗、劳保福利、住房分配等城市人所享有的消费特权无缘，而且把农民大量滞留在农村，使农业就业份额下降缓慢严重滞后于农业产值份额的下降，强化了既有的二元结构。世界银行的一项研究结论表明，由于发展中国家人口增长加快，劳动力剩余现象普遍存在，农业劳动力份额下降速度与农业产值份额相比有一个时滞，通常，当农业与工业各自占国内生产总值的比重在达到相等以后，人均GDP大约再提高1倍多时，农业与工业各自占总劳动力的比重也达到相等。然而，我国的情况则与此相悖，统计表明，我国农业与工业各自占GDP的比重相等是在1965年达到的，农业比重为39％，工业比重为38％，当时人均

GDP 为 90 美元，按不变价格计算，1990 年我国人均 GDP 超过了 300 美元，已经比 1965 年提高了 3 倍，但农业与工业各自占总劳动力的比重仍然没有达到相等，农业劳动力份额仍高达 50％以上。我国就业结构与产值结构严重断裂的情形，固然与 20 世纪 80 年代以前的重工业化模式不无关系，但限制农村人口向城市转移的政策因素起着重要作用。剩余劳动力滞留在农业和农村，是我国工业化的在汲取农业资金的同时留给农业的一个结构性矛盾，这个矛盾已演化成我国经济发展的总体性矛盾，它在我国未来的经济发展中仍会凸现制约性作用。可以说，在我国今后经济的现代化过程中，所要解决的矛盾主要就是这个矛盾。

特别应该指出的是，我国农业资本向工业化过程流转所持续的时间过长，已经超过了理论的规范。有关研究表明，根据工业化成长阶段的判识理论，我国宏观经济结构指标在 20 世纪 80 年代中期已经显示出农业为工业化提供资本积累结束的基本特征，也就是说，从 20 世纪 80 年代中期我国经济发展就应该向工业与农业平等发展的阶段转变，相应地从农业中汲取资本积累的宏观经济政策就应该得到调整。经济发展处于农业与工业平等发展阶段时宏观政策的主题是，工业化不再从农业中净抽取资金，农业剩余基本上全部用于农业自身的发展，政策的具体操作则是从农业中抽取的资本与对农业注入的资本在数量上实现动态平衡。然而，20 世纪 80 年代以来我国经济运行的实践表明，如上一节的实证分析所析，农业不仅未能获得来自外部的大规模资金注入的"回波效应"，反而继续为非农产业发展的深化提供着资金，农业资本非农化流转的态势并未停止。与此同时，国家对农业的基本建设投资份额还呈下降趋势，"六五"时期为 5.1％，"七五"时期降到 3.3％，"八五"时期又降至 3％。宏观经济政策不随经济发展阶段的提高而调整，使农业资本要素继续向工业化过程流转，这对我国未来农业发展是极其不利的。

3. 劳动力要素流转的问题辨析

我国农业劳动力非农化流转存在的问题主要有三个：

第一，"离土不离乡、进厂不进城"模式，直接导致了乡镇企业布局的分散化和农村城市化的滞后。上一节的分析表明，我国农业劳动力非农化流转的主要模式是"离土不离乡、进厂不进城"。这种模式的存在虽具有某种程度的客观性，但它所产生的负面效应已日益凸现出来。首先，这种模式直接导致了乡镇企业布局的分散化，而分散化的乡镇企业布局不仅对乡镇企业进一步发展不利，而且还付出浪费土地、污染环境等社会代价。其次，这种模式延缓了农村人口城市化的历史进程，使我国的城市化严重滞后于农业劳动力非农化。表5-2 中的数据已经十分明确的说明，我国的城镇化与农业劳动力非农化是不同步的，1979—1998 年，农业劳动力份额下降了 21 个百分点，而城市人口份额只上升了 12.5 个百分点，城镇化滞后于农业劳动力非农化近 9 个百分点，也就是说，城镇化速度比农业劳动力非农化速度慢 42％。城镇化发展滞后，是我国经济发展中的又一个结构性矛盾。

第二，务农劳动力素质弱化。农业劳动力非农化流转，一般都是"精英"率先流转，这是一个规律。因此，如果在农业劳动力大规模流转时期，不通过人力资本投资对务农劳动力进行智力输入，则农业劳动力素质就会出现下降。20 世纪 80 年代以来，由于国家在农村基础教育和职业技术教育方面缺乏强有力的举措，加之务农与务工和经商之间悬殊的收入差距降低了农民务农的兴趣，农业劳动力大规模流转已明显使务农劳动力的素质降低，在一些经济发达地区和劳动力外出较多的非发达地位，务农的已不再是强壮的男劳力，而是老弱病残妇，即所谓的"386061 部队"（38 指妇女、60 指老人、61 指儿童），在一些地区，"男工女耕"的现象也非常普遍。毫无疑问，务农劳动力素质的下降，对我国农业现代化的实现是不利的。

第三，"民工潮"对社会秩序形成了一定冲击。"民工潮"是我国农业劳动力大规模流转的写照。"民工潮"的形成，除了就业机会与劳动力供给之间巨大的缺口、交通运输能力不足、地区间经济发展水平的明显差异等因素外，也反映了对农业劳动力跨区域流转缺乏有效的宏观指导和调控，同时也反映了一些如户籍制度的不适应性等。尽管"民工潮"的出现具有一定程度的必然性，但它对社会秩序的冲击所形成的负面影响则是不可忽视的。

5.4 我国农业生产要素流转的实现机制

农业生产要素的流转，是在一系列因素的促动和作用下实现的，这些因素发生作用的内在机理，就是农业生产要素流转的实现机制。农业生产要素流转过程的顺利进行，需要完善的实现机制作保证。因此，分析我国农业生产要素流转的实现机制，有助于深化对我国农业生产要素流转的态势及问题的认识，也有助于对我国农业生产要素流转对策选择的设计。

5.4.1　农业生产要素流转的一般实现机制：收入差原理

尽管影响农业生产要素流转的因素很多，但从理论上讲，这些因素中最核心的是要素的收入，因为任何要素就业的目的都是为了获得收入，收入最大化是要素就业选择和调整的基本法则。这样，收入的差距就会促动生产要素由低收入的就业领域向高收入的就业领域流转。只要存在着收入差距，就会形成要素的流转。这一原理被称为生产要素流转的"收入差原理"。无论是劳动要素、土地要素还是资本要素，都无不受这一原理所支配，只不过在劳动要素上的表现更为直接和明显而已。在实现经济运行中，土地要素和资本要素是作为物而存在的，它们本身无法实现自我流转，只有在人的能动作用下，土地要素和资本要素才可能流转，土地要素和资本要素的流转都是人的意志的体现，即在人的支配下实现由低收入就业领域向高收入就业领域的流转。所以，劳动要素在收入差原理作用下的流转行为，就集中代表了所有要素的流转行为。

经济学对促动生产要素流转的收入差原理的研究，最初使用的是实际收入概念。在经济学说史上，早期的"配第定理"和"克拉克规律"，以及后来的"刘易斯—费景汉—拉尼斯模式"等，都是从实际收入意义上分析农业劳动力流转的实现的。20 世纪 60 年代末，美国经济学家托达罗提出了"预期收入"概念，从而发展了收入差原理，形成了"托达罗模式"。托达罗模式的出发点是，农业劳动力由农村向城市转移的决策是根据"预期收入"最大化目标做出的。这种决策有两个根据：第一是城乡实际收入差异，第二是城市就业机会或就业概率。城市收入水平与就业概率的乘积，就是农业劳动力流转的预期收入。托达罗认为，一个农业劳动者决定他是否流转于城市的决策，不仅决定于城乡实际收入差异，而且决定于城市就业概率。当城市失业率很高即就业概率很小时，即使城乡收入差异很大，一个农业劳动者也不会简单地做出迁入城市的决定，他还必须考虑就业因素。只有当在城市获得的预期收入高于从事农作的实际收入时，迁入城市的决策才是合理的。因此，决定农业劳动力由农村向城市流转或由农业向非农产业流转的机制是"预期收入差"。

预期收入差的定义式为：

$$D = W \cdot N - R$$

上式中，W 代表城市或非农产业的实际工资率，N 代表城市或非农产业的就业概率，R 代表农作的平均实际收入，D 代表预期收入差。可见，D 越大，推动农业劳动力非农化流转的动力越强,非农化流转的农业劳动力就越多。农业劳动力非农化流转的数量(M)是预期收入差(D)的增函数,即

$$M = f(D) \qquad (f' > 0)$$

在任何时期内,流转者在城市找到工作的概率由两个因素决定:非农产业部门新创造的就业机会的数量和现有失业人数。就业概率 N 与前一个因素成正比,与后一个因素成反比,即

$$N = \lambda T / S - T$$

上式中,λ 代表非农产业部门新就业机会的创造率,T 代表城市就业总量,S 代表城市劳动力总量。所以 S 与 T 之差就是城市的失业总量,λ 与 T 之积就是城市新创造的就业机会数量。

非农产业部门就业机会的创造率等于产出增长率(R)与劳动生产率(P)之差,即

$$\lambda = R - P$$

如果从更长一段时间来考虑,用 $V_{(0)}$ 代表流转者扣除待业时间后预期的城乡收入差的净贴现值,$Y_U(t)$ 和 $Y_r(t)$ 分别代表 t 期城市和农村的实际收入,m 代表流转者待业的时间长度,r 代表流转者选择待业时间长度的扣除率,则农业劳动力非农化流转的行为方程就为:

$$V_{(0)} = \int_{t=0}^{m} [P(t)Y_U(t) - Y_r(t)]e^{-rt}dt - C_{(0)}$$

上式中,$C_{(0)}$ 代表流转成本(如搬迁费用等),$P(t)$ 代表在平均收入水平下流转者 t 期内在城市就业的概率。

如果 $V_{(0)} > 0$,农业劳动力就选择流转,如果 $V_{(0)} < 0$,农业劳动力就选择不流转。因此,预期收入差是促成农业生产要素非农化业流转的实现的一般机制。

5.4.2 我国农业生产要素流转的具体实现机制

我国农业生产要素流转的实现,从根本上说,也是收入差原理作用的结果。如果非农产业和农业之间不存在收入差异,则不会出现农业生产要素尤其是劳动力大规模的流转。但是,我国农业生产要素流转的实现也有自身的特点,这些特点集中体现在宏观经济体制和政策对农业生产要素流转实现的作用上。

从我国农业劳动力流转来看,具体的促进农业劳动力大规模流转的实现机

制，除了"收入差"拉动外，还有以下几个主要方面：

第一，农民独立商品生产者地位的确立，从根本上启动了农业劳动力流转。1979 年以前，我国农民是生产者，但不是一个独立商品生产者和经营者，农民没有自主权来调整劳动力要素配置，这是农业劳动力流转长期凝固的一个重要原因。1979 年以来，以家庭联产承包责任制为核心的农村经济改革，赋予了农民的经营自主权，使农民逐渐成为独立的商品生产者和经营者。尽管农民实际获得的经营自主权还是不完备的，但农民已经能够充分地支配自己的劳动时间，调整和优化自己的劳动要素配置，这就使农民为了实现收入最大化目标而根据市场条件变化将其剩余劳动力配置于非农产业活动成为可能和必然，从而为农业劳动力流转提供了根本基础。

第二，政策上容许农民自由流动、自主择业，是农业劳动力流转的重要推动力。1979 年以来，国家逐渐放弃了限制农民向外转移的一些政策措施，制定了允许农民自由流动的政策。鼓励农民到农村非农产业就业；容许农村人口自理口粮进入小城市就业、落户、办企业；容许农民跨区域流动和就业；容许农民有控制地进入大中城市寻找工作和就业；农村人口转为城镇人口的审批较过去放宽；劳动部门不仅管理城市劳动力，也注意农村的就业和农村劳动力的流转，尤其是城乡之间的流转；劳动力市场逐渐增多并日益成长；为农民进入城市择业提供就业培训、就业指导和有关信息服务；用法律手段保护农民工尤其在"三资"企业和私人企业就业的农民工的合法权益，这些政策消除了农民流转尤其是向城镇流转和跨区域流转的壁垒，成为农业劳动力大规模流转的重要推动。

第三，乡镇企业大发展，是拉动农业劳动力流转的重要力量。1979 年以来，我国乡镇企业异军突起，农村非农产业的大发展为农业劳动力流转做出了重要贡献。乡镇企业共吸纳农业劳动力 1 亿多人，平均每年近 600 万人，占农业劳动力转移总量的 80％以上。目前乡镇企业职工已超过 1.3 亿人，占农村劳动力总数的 30％左右，相当于全国国有经济单位职工总数的 110％；农村社会总产值的 42％、全国出口交货值的 47％、国家税收的 25％来源于乡镇企业。乡镇企业已经成为我国经济的增长点。很明显，没有乡镇企业的大发展，就不会有农业劳动力的大规模流转。当然，1979 年以来乡镇企业的飞速发展，与政府的鼓励和支持政策是分不开的。

第四，城市食品供应制度的完全货币化和市场化，为农业劳动力流转提供了极大的便利。农业劳动力的跨区域流转尤其是向城市流转，首先是解决吃饭问题。在传统经济体制下，城市人口食品供应制度的非货币化和非市场化，是制约农业劳动力流转的基本因素。1979年以来，随着经济体制改革的不断深入，我国城市人口的食品供应制度逐渐走向货币化和市场化，以至于最终彻底放弃与户籍制度相联系的供应制度，完全走向货币化和市场化，农民跨区域流动后在异地的生存问题得到了解决。不可否认，这为农业劳动力的流转尤其是跨区域大规模流转提供了便利条件。

第五，农业增长使农产品供给短缺状况得到了有效缓解，是农业劳动力大规模流转的基础。农业劳动力流转受制于农业发展状况，这是农业劳动力流转的国际经验。我国的实践也表明，农业状况较差时期，农业劳动力流转的环境就紧缩；农业状况较好时期，农业劳动力流转的环境就宽松。1979以来，我国农业的持续增长，扭转了农产品长期供给短缺的局面，这为农业劳动力大规模流转提供了基础。

我国农业资本要素流转的实现表现出了更强的特殊性。资本要素在农业内部的流转，即由粮食生产流转于非粮食生产，由种植业生产流转于养殖业生产等，完全遵循了收入差原理。而资本要素的非农化流转，则主要是在国家的价格政策下实现的。为了从农业中积累工业化发展的资金，在传统经济体制下，国家制定并实施了工农产品价格的"剪刀差"政策，由此实现了农业资金向工业化过程的大量流转。所以，价格政策是传统经济体制下我国农业资本非农化流转实现的主要机制。

5.5 农业生产要素流转的国际比较

农业生产要素流转是经济发展中的一个必然现象，也是经济发展的一个基本内容，任何国家都会遇到这个问题。但是，不同国家由于自然经济条件不同，农业生产要素流转就表现出了不同的特征及模式。美国和日本无论在农业资源结构方面还是在农业发展道路方面都具有典型特征，故以二者为例，对农业生产要素流转进行简要的国际比较。

5.5.1 美国的农业生产要素流转

美国的经济发展经历表明，农业生产要素流转是推动其农业现代化和整个经济结构变革的重要力量。

1. 美国的农业劳动力要素流转

在美国农业生产要素流转中，劳动力的非农化流转是最为活跃的，它奠定了美国现代经济的基础。

根据历史，自 1790 年英国纺织工人斯莱特在美国建立第一个棉纺织厂从而播下工业革命的火种以来，到 19 世纪 20 年代，美国开始进入工业迅速发展的阶段。随着机器大工业的发展和工厂制度的兴起，以及农业在技术方面的改进和农业劳动生产率水平的提高，美国逐渐启动了现代农业劳动力的流转进程。

1820—1850 年这一时期，成为美国农业劳动力非农化流转的启动时期。在这一时期，美国总劳动力增长 1.6 倍，而非农业劳动力增长 4.6 倍，农业劳动力仅增长 0.8 倍，农业劳动力占总劳动力的份额由 78.8％下降到 54.8％，平均每年递减 1.2％。

1850—1880 年时期，美国农业劳动力流转的特征是区位大迁移。进入 19 世纪中叶，美国西部发现了金、银矿，政府又通过《宅地法》鼓励人口西移，加之横贯东西的铁路大动脉所提供的便利，农业劳动力流转呈现出了西进浪潮。所以 1850—1880 年时期，美国农业劳动力流转的特征是区位大迁移，即由东部流转到西部。在这一流转中，多数劳动者没有改变职业，不仅如此，许多流转于西部的东部非农业人口也加入了西部的农业开发行列。因此，从总体上讲，这一时期，美国农业劳动力非农化流转速度减缓，总劳动力增长 1 倍多，农业劳动力增长超过 0.5 倍，农业劳动力占总劳动力的份额仅由 1850 年的 55％减少到 1880 年的 51％，平均每年递减 0.2％。

从 1880 年开始，美国农业劳动力非农化流转进入快速阶段，这种快速流转的势头一直持续到 20 世纪 60 年代末，长达 90 年，农业劳动力份额由 1880 年的 51％下降到 1970 年的 5％以下，这标志着美国农业劳动力非农化流转过程已经完成。在此期间，美国于 1910 年达到了农业就业的"转向点"。20 世纪 70 年代以后，美国农业劳动力非农化流转缓慢，农业就业份额和就业总量都趋于稳定，这是完成了农业劳动力的非农化流转过程后的典型表现。

美国农业劳动力流转的整个过程，具有五个明显特点：第一，农业劳动力流转完全是在市场机制的作用下推进和完成的。第二，农业劳动力流转与整个经济发展保持了较好的适应关系。第三，农业劳动力流转与农业发展保持了较好的适应关系，农业劳动力非农化流转并未对农业本身的发展带来负面冲击，农业在农业劳动力非农化流转过程中始终发挥了重要作用。第四，服务产业的发展在吸纳农业部门所释放的剩余劳动力方面发挥了积极作用。第五，农业劳动力非农化与城市化保持了较好的协调关系，表 5-25 计算出了不同时期美国农业劳动力份额减少百分点与城市人口率增加百分点的比较，可以看出，美国农业劳动力非农化流转走的完全是一条城市化的道路，即农业劳动力向非农产业的流转，在地域上完全表现为由农村向城镇的区位转移。

表 5-25　美国不同时期农业劳动力非农化与城市化的比较

时　期	农业劳动力份额减少 百分点（个）	城市人口份额增加 百分点（个）
1860—1900	23.2	19.9
1900—1940	16.9	16.8
1940—1970	15.2	17.0
1860—1970	55.3	53.7

资料来源：根据《美国历史统计：从殖民地时期至今》等计算。

2. 美国的农业资本要素流转

美国农业资本要素的非农化流转大约持续到 19 世纪的末期，所采用的模式主要是"米勒—马歇尔模式"（MillMarshallian Madel）。这一模式的实质是：在市场取向和相当完全竞争的体制下，商业化家庭农场，为了使自己不至于丧失在实际单位平均成本不断下降中的地位，总是追寻并采用最好的生产技术，从而在不断的技术进步中，家庭农场就在较低的价格水平下，为非农业部门提供了不断增加的充足的食物和原料，即通过竞争给予（持续的农业技术进步）和竞争索取（较低的农产品价格），实现了农业资本向非农产业的流动。相当完全竞争的市场体制、商品化家庭农场和不断进步的农业技术，是这一模式存在并得到发挥作用的基础。

实践证明，美国所采取的这种模式是一种非常积极的模式，它是先给农业以增加生产的制度基础、技术基础和追求利润的动力，然后在农业生产运行状态良好的基础上，积极主动地为工业化提供资金积累，而不是在农业生产发展缓慢甚至停滞的状态下，通过硬性"挤压"使农业消极被动地提供资金积累。因此其结果，不仅保证了工业化的高速发展，农业本身也得到了不断改造，从而实现了工业化和农业发展的相辅相成的共同繁荣，这是美国农业资本非农化流转的最根本特征和成功之处。

　　农业为工业化提供资金积累的使命完成后，美国政府适时进行了农业政策的调整和转换。从 19 世纪末开始，政府加强了对铁路部门的管理，使铁路部门对农场主的货运收费合理化；给农业提供较低利率的贷款；鼓励更有效的经营农产品购销商业等。这些措施使市场发生了有利于农业的变化，农业品价格比工业品价格出现了更快的上升，从而使农业顺利步入了与工业平等发展的阶段。到 20 世纪 30 年代初期，又适时对农业实施了以资金大规模回流于农业为特征的保护政策。

3. 美国的农业土地要素流转

　　美国农业土地要素非农化流转的规模也是很大的，每年大约有 1800 万亩耕地被非农业经济活动占用，但美国的土地资源相对丰富，农业用地的大量非农化流转并未对美国农业发展带来不利影响，相反还极大地促进了非农产业经济的快速发展。

　　美国农业土地要素非农化流转的特征是"集中型"非农化，即非农产业活动在区位上高度集中，如从波士顿到华盛顿的大约 550 公里长的地带内，形成了一个世界上最庞大的城市连绵区，许多大城市连成一片。这种"集中型"的非农化模式，是节约土地、提高土地利用率的有效方式。

5.5.2　日本的农业生产要素流转

　　农业生产要素的流转，同样是日本农业现代化和经济结构变革的重要推动力量。

1. 日本的农业劳动力要素流转

　　日本农业生产要素的流转是以农业劳动力非农化流转为主体的。根据日本经济学家的观点，日本工业化从 19 世纪 80 年代中期开始启动[6]，日本现代农业劳动力流转过程也就随着工业化的启动而启动。当时农业劳动力在日本总劳动力所占的份额在 76% 以上，从 1880 年代中期到 1920 年，日本经历了农业劳动力非农化流转的第一个快速期，农业劳动力份额下降到 54%，下降了 20 多个百分点。在随后的时期，由于非农就业机会增长的减缓和战争的影响，日本农业劳动力非农化流转步入了一个相对停滞的阶段，1947

年的农业劳动力份额几乎与 1920 年相同。进入 20 世纪 50 年代以来，随着日本经济高速增长阶段的到来，农业劳动力非农化流转进入了速度最快的时期。1950—1980 年，日本农业劳动力的绝对量减少了 2/3 左右，其份额下降了 37 多百分点，平均每年的流转量都超过了 60 万人，到 1980 年，农业劳动力份额已下降到 10.4％。这一时期，日本完成了农业劳动力的非农化流转中农业劳动力份额由 50％左右下降到 10％左右的关键过程。也就是说，日本仅用了 30 年时间，就完成了农业劳动力的非农化的关键过程，这大大短于美国、法国等发达国家。如实现农业劳动力份额由 50％下降到 10％左右所经历的时间，美国为 80 年（1880—1960 年），法国为 120 年（1855—1975 年），加拿大为 95 年（1870—1965 年），德国为 85 年（1880—1965 年），丹麦为 95 年（1875—1970 年）。战后日本农业劳动力快速非农化的主要原因是非农产业快速发展的推动，在此方面，较高的储蓄和投资水平以及中小企业的大量存在发挥了关键作用。

日本农业劳动力在快速非农化的同时，也暴露出了一些问题：

一是农业劳动力的非农化流转与农地经营的集中不一致，农业劳动力的快速大量非农化并未引起农地的有效集中的和农场经营规模的扩大。1955—1985 年，日本农业劳动力人数减少了 65％，而农场的平均规模只扩大了 23％，由 1 公顷增加到 1.22 公顷。农地集中的缓慢，导致了日本小规模土地经营格局的凝固化。虽然日本农业在小规模土地经营基础上也实现了较高程度的现代化，但日本为此付出的代价是很大的。农地集中缓慢的原因，除了与人均土地资源较少有关外，主要是日本政府的政策法律导向的偏差。1952 年日本颁布的农地法案规定，每个农户所有的土地不得超过 3 公顷（北海道为 12 公顷），这就抑制了土地所有权的流转和集中，虽然进入 20 世纪 60 年代后，日本在 1962 年对农地法进行了修改，废除土地所有最高限额的规定，但由于经济快速发展已使土地价格猛涨，土地所有权的转移和集中仍很缓慢。

二是农业劳动力非农化流转的兼业性质。1960—1985 年，日本以从事非农业活动为主的劳动力在农业劳动力中所占的比重由 17.7％提高到了 45.3％，兼业农户由 65.7％增加到 85.6％，其中第一类兼业农户由 33.7％减少到 17.8％，而第二类兼业农户则由 32％增加到 67.8％，农户的高兼业性使日本成为世界上农民兼业化程度最高的国家。农户的兼业化发展虽然对改善农户的收入结构和提高农户的收入水平产生了积极作用，但从宏观上讲，高兼业性对农业结构改造和生产能力的提高是不利的。

三是务农劳动力素质的弱化。与农业劳动力快速大量非农化相伴生的一个现象是日本留在农业中经营农业的劳动力的素质弱化，集中表现是务农劳动力老龄化，农业后继乏人。日本基干农业从业者中，年龄在 60 岁以上的比例 1965 年为 18.9%，1975 年为 24.3%，1985 年为 36.5%，1995 年为 52.4%，即目前日本的基本农业从业者中，已有多于一半的人年龄超过了 60 岁，后继乏人已成为日本农业发展的一个严重问题。

四是引起农村地区人口过疏。农业劳动力向城市的流转，使日本农村地区人口过疏化，一些地区甚至出现了农村凋敝和"废村"现象，1970 年日本农村地区共有村庄 143409 个，1980 年减至 142377 个，1990 年又进一步减少到 140122 个，20 年间农村村庄减少了 3287 个，减少率达 2.3%，这种"废村"现象在日本的边远地区更为严重。

2. 日本的农业资本要素流转

在日本工业化的资本积累过程中，农业资本要素的非农化流转也做出了很大贡献。

日本农业资本非农化流转的基本模式是"贸易条件改善—高税收模式"，即高农产品价格与高农业税收相结合。在日本工业化资本积累过程中，农业赋税起了重要作用。据统计，1888—1902 年间，日本从农业中获得的税收要占到全部非农业投资的 60% 左右。从农业贸易条件看，1880—1910 年间，农业贸易条件上升了 6.2%，纵观 1880—1980 年的百年历史，日本农业的贸易条件一直处于不断改善的趋势中。从理论上讲，高价格与高税收相配合的内在意义是：一方面，高农产品价格会刺激农民采取新技术，增加农业剩余生产，提高农业的供给能力；另一方面，高农业赋税又保证了将部分农业剩余有效地转移到非农业部门，以用做工业化的资本积累。与此同时，以土地税为形式的农业税收制度还会迫使农民集约性的使用土地以提高土地生产率。看来很明显，高价格是农业所生产的剩余不断增长的基础，高税收是工业化从农业中转移资本的基础，两个基础共同配合，即形成了农业增长与工业化顺利发展、农业与工业化相辅相成的局面。另外，农民的自愿性储蓄，也是日本资本非农化流转的重要形式，农业净储蓄在非农业投入中所占的比重 1898—1907 年时期为 42.1%，1908—1917 年时期为 32.2%[7]。

日本农业为工业化提供资本积累的使命于 20 世纪初完成后，政府随即进行了农业政策的调整和转换，通过减轻农业的税收负担，使农业发展进入了以资本要素不再净外流为特征的农业与工业平等发展时期。从 20 世纪 60 年代初开始，日本又实施了以工业剩余回流农业为内容的农业保护政策。

3. 日本的农业土地要素流转

日本是一个土地资源十分稀缺的国家，人均耕地不足 0.3 公顷，人均耕地只有 0.04 公顷。所以，日本政府一直采取相应措施，保护农业用地，控制农业土地非农化流转。这种保护和控制使日本的农业劳动力的非农化流转走的是一条集中型的城市化道路，而城市化的发展又以大城市为核心。1930—1980 年，日本农业份额由 49.7% 下降到 10.4%，下降了 39.3 个百分点；同期城市人口率由 24% 上升了 76.2%，上升了 52.2 个百分点，也就是说，非农化的农业劳动力及其所负担的人口完全进入了城市。而城市化的发展又突出了大城市，以东京、名古屋、大阪为中心形成了城市带，用只占 20% 的国土，就集中了 55% 左右的人口和 70% 以上的工业产值。大城市的发展，对节约土地、提高土地利用率产生了积极作用。

5.5.3　农业生产要素流转国际比较的基本结论

通过上述对美国和日本这两个典型国家农业生产要素流转的分析和比较，可以得出如下结论：

第一，农业生产要素的流转是推进农业现代化和经济结构转换的重要力量。农业生产要素流转的过程受阻，整个经济发展就会受到抑制。

第二，农业劳动力要素的非农化流转是农业生产要素的流转中的最活跃部分，农业劳动力要素的非农化流转过程的完成，标志着现代经济的确立和经济现代化的实现。

第三，农业劳动力要素的非农化流转，应该与人口城市化的推进和农地集中与农业经营规模扩大的推进相一致。

第四，农业土地要素的非农化流转，应该采取集中化模式，这有利于土地使用率的提高。

第五，农业资本要素的非农化流转，要与经济发展的阶段性相一致，随着经济发展阶段的变化，要适时调整农业资本要素非农化的宏观政策。

5.6　优化我国农业生产要素流转的对策选择

根据农业生产要素流转的理论规律，参考国际经验，结合我国农业生产要素流转存在的基本问题，我们提出优化我国农业生产要素流转的若干对策建议。

5.6.1　实现我国农业生产要素流转有效性的标准

农业生产要素流转的有效性，是指农业生产要素流转对农业发展和国民经济发展的有效性。农业生产要素流转有效性的基本标准，是设计优化我国农业生产要素流转对策建议的依据。

从单要素层面，我们提出农业生产要素流转有效性的五个标准：

第一，农业剩余劳动尽快非农化。即农业剩余劳动不应该长期滞留在农业内部。剩余劳动力在农业内部的长期滞留，对农业发展和整个国民经济发展都是不利的。

第二，农业劳动力非农化与农村人口城市化要协同推进。即农业劳动力的非农化流转要采取集中型模式。这种模式的特征是，非农产业在一定区位集中，大多数农业劳动力必须经过跨地域流转才能实现非农化。非农产业的地域集中，就是城镇化的推进。城镇化严重滞后于农业劳动力的非农化，会形成不利于整个国民经济发展的结构性矛盾。

第三，农业土地的非农化在模式上要与农业劳动力的非农化相协调。即农业土地的非农化流转也要实行集中型模式，以在地域上为农业劳动力的集中非农化提供作业空间。农地非农化集中的区位，应充分考虑到交通、地理、资源及人文等方面的因素。

第四，农业土地的非农化在规模上要与农业生产能力相适应。即农业土地的非农化流转在速度上不能过快，在数量上不能过多。不能因为农业土地的非农化而影响农产品的供给能力和农业的发展。

第五，农业资本的非农化要与农业发展相适应。即农业资本非农化不能以严重牺牲农业为代价，不能影响农业本身的发展。

从要素配合层面，我们提出农业生产要素流转有效性的两个标准：

第一，各种农业生产要素非农化相互之间要保持协调。任何要素非农化的单独推进，都不能完成农业生产要素非农化的全部使命。所以，农业生产诸要素非农化必须协调。协调的含义是，农业劳动力的非农化、农业土地的非农化和农业资本的非农化在数量上和速度上，相互保持一定的比例关系。

第二，农业生产三要素非农化和产业发展保持协调。农业生产发展三要素协调非农化，是实现产业协调发展的必由途径；而农业生产三要素协调非农化，又要通过产业协调发展表现出来。这种协调包括农业生产三要素非农化与农业发展的协调和农业生产三要素非农化与产业演进顺利进行的协调。

5.6.2 我国农业生产要素流转优化的基本取向

优化我国农业生产要素的流转，应该坚持四个基本取向：

第一，要提高农业生产要素流转的质量和效率，使农业生产要素的流转在我国农业和整个经济发展中发挥更大作用。

第二，要加快我国农业劳动力要素非农化流转的速度，农业劳动力要素的非农化流转要与城镇化推进相协调，农地集中和农业经营规模扩大也要与农业劳动力非农化保持一定程度的协调。

第三，要严格控制我国农业用地尤其是耕地的非农化流转，农地非农化流转要采取"集中型"模式，尽可能减少土地浪费，提高土地利用率。

第四，要根据我国宏观经济特征的变化，适时调整农业资本非农化政策，避免农业资本非农化流转时间过长，实现农业发展与工业化推进的协调。

5.6.3 优化我国农业生产要素流转的对策选择

主要从三个方面来探讨优化我国农业生产要素流转的对策选择。

1. 优化农业劳动力要素流转的对策选择

如前所述，我国农业劳动力与人口城镇化和农业产值份额下降的结构性变化不相一致，农业就业份额下降严重滞后于农业产值份额的下降，人口城镇化又严重滞后于农业劳动力非农化，由此形成的结构性偏差严重制约着我国经济的健康发展。即使是农业劳动力非农化流转本身，其与农业就业份额下降至10％仍相差40个百分点，这说明我国农业劳动力非农化流转的差距还很大，任务相当艰巨。因此，通过加快农业劳动力的非农化流转，调整结构性偏差，是目前和今后一段时间我国经济发展的一个重要问题。因此，必须高度重视农业剩余劳动力的非农化流转问题，加快农业劳动力的非农化流转。在加快我国农业劳动力非农化流转的基本取向下，优化我国农业劳动力要素非农化流转的基本对策是：

（1）把农业劳动力流转纳入整个社会经济发展的大系统

首先要在经济发展的指导思想上，充分认识农业劳动力非农化流转的重要性和必要性。没有农业劳动力的非农化流转，就没有城乡二元结构转换所引起的社会就业结构的转换和城乡发展的统筹。而仅有产业结构的转换，是不能实现我国的现代化的。不仅如此，就业结构和产值结构的不协调所产生的特殊矛盾，还会成为我国现代化道路上的障碍。从结构份额上判断，我国农业劳动力流转水平与农业劳动力份额下降到 10% 之间还有一段较长的距离，因此，我国现代化在城乡全面实现，将最终由农业劳动力的非农化流转程度决定。21世纪初期，将是我国社会经济结构变化最激烈、劳动力流转最活跃的时期，农业剩余劳动力的开发利用和就业转移问题也将变得更加突出，成为影响国民经济发展全局的重大战略问题。因此，必须在经济发展的指导思想上，高度重视农业劳动力非农化流转问题，清醒认识并充分估计解决这一问题难度。

其次，要把农业劳动力流转纳入国家与国民经济与社会发展计划和规划之中。今后的发展计划和规划，不能再把农业劳动力流转看作只是农民的事情、农村的事情，要把农业劳动力非农化流转作为影响国民经济与社会发展全局的大事，把农业劳动力非农化流转列为国家发展计划和规划的重要内容。

再次，要把农业劳动力流转纳入就业行政管理部门的统一管理之中。过去的就业行政管理部门，只管城市人口的就业，国家的就业计划只是城市就业计划，这种做法已不能适应农业劳动力非农化流转的需要，甚至有碍于农业劳动力的顺利流转，必须尽快彻底改变。就业行政管理部门，既要管理市民的就业，又要管理农民的就业，把城乡劳动力看作一个有机的整体，统一开发，统一利用，统一管理，形成一个有效的城乡统一的劳动力市场。

（2）积极推进以乡镇企业为主体的农村非农产业的发展

未来农村非农产业的发展状况，将在很大程度上决定着农业劳动力的流转和就业。因此，必须加快以乡镇企业为主体的农村非农产业的发展，积极推进农村非农产业发展水平的提高。

首先，国家应把支持乡镇企业发展作为一项基本政策稳定下来并长期坚持下去。在宏观这政策上，应给予更多的指导和扶持，为乡镇企业创造一个公平竞争的制度环境和社会环境，减轻乡镇企业不合理负担；在产业政策上，应考虑将劳动密集型企业，尤其是农副产品加工业及部分城市工业的配套企业，适当向农村扩散，并采取一定的优惠政策，对农村的劳动密集型企业加以扶持；在区域政策上，应把中西部地区乡镇企业的发展作为扶持和支持的重点，一方面，已确定的中西部地区乡镇企业的发展的优惠政策要及时到位，另一方面，可以考虑建立旨在提高中西部地区乡镇企业融资能力的信用基金制度，并鼓励东部地区以要素捆绑的方式到中西部兴办产业，加强地区之间的产业扩散和经济协作，区域政策的另一个要点是要把乡镇企业发展与小城镇建设结合起来，通过小城镇建设实现乡镇企业的相对集中，通过乡镇企业的相对集中促进小城镇建设的发展；在管理政策上，应将目前乡镇企业的集中独家管理转变为行业管理，以有利于乡镇与城市产业发展的协调和融合。

其次，乡镇企业发展的技术选择，应把劳动密集型技术放在重要位置，以提高乡镇企业吸纳劳动力就业的能力。随着乡镇企业发展的升级，技术改造的重要性日益明显，不断进行技术改造是乡镇企业能保持其生命力的根本所在。然而，技术改造不等于就是一味追求资本密集型技术。如果不重视劳动密集型技术，就等于放弃了乡镇企业在农村的劳动力资源优势，这不仅不利于乡镇企业市场竞争能力的提高，而且背离了乡镇企业吸纳更多的农业剩余劳动力就业的历史使命。况且资本密集型技术不等于就必然是现代先进技术，劳动密集型技术也不等于就完全是传统落后技术。加入世界贸易组织后，劳动密集技术将是我国农业和农村经济竞争力的一个重要基点。总之，未来乡镇企业发展的技术选择，仍然应把吸纳农业劳动力就业功能作为一个基本的出发点。

再次，调整乡镇企业布局，把乡镇企业发展与小城镇建设有机地结合起来，实现乡镇企业布局的相对集中。测算表明，乡镇企业适当集中比分散布局在就业能力方面（包括连带效应）可扩张50％以上，而且还可以节约土地，能与城镇化推进一并起来。

第四，调整乡镇企业结构，加大第三产业发展的力度，通过第三产业发展带动乡镇企业吸纳就业能力的提高。第三产业的社会服务业是吸纳劳动力就业的重要领域。20世纪90年代初，社会服务和个人服务领域的比重在美国为22％，日本为22％，德国为28％，加拿大为31％，巴西为35％，而我国仅为5％，差距很大。因此，加快发展第三产业，不仅是乡镇企业的课题，而且是城市企业的任务，这一领域将为解决我国剩余劳动力就业问题提供广阔空间。

乡镇企业布局相对集中，与小城镇建设结合起来后，可望带动农村第三产业的发展。

第五，积极推进乡镇企业的制度创新。要在乡镇企业产权制度改革和要素制度培育方面有新的突破，通过促进要素自由流动和更大范围内合理配置和优化组合，为乡镇企业找到最大限度创造就业机会和最大限度推进技术进步两者的最佳结合点创造制度条件；淡化乡镇企业的社区属性；加强乡镇企业内部管理，提高乡镇企业的规范度和管理水平。

第六，高度重视中西部地区乡镇企业的发展。我国农业剩余劳动力的压力主要在中西部地区，中西部地区又具有自然矿产资源丰富、劳动力价格便宜、市场潜力广大等优势，因此，乡镇企业发展的重心应适当向中西部倾斜。这样做不仅有利于吸纳更多的农业劳动力就业，而且可以缓解农业劳动力跨区域流转的压力。与此同时，应鼓励东部沿海地区的乡镇企业以两头在外的方式更大规模地打入国际市场，以便为中西部乡镇企业的跟进腾出国内中低档产品的市场空间。

（3）调整农业劳动力要素流转模式

以就地流转、分散流转为特征的农业劳动力非农化流转的"离土不离乡、进厂不进城"的模式，如前所析，在土地利用、环境保护、乡镇企业发展，以及城市化推进等方面已经表现出了严重的负面效果。而且更为明确的是，主要依靠"离土不离乡、进厂不进城"的农村就地流转模式，已无法解决数以亿计的农业剩余劳动力的出路问题，无法完成农业劳动力非农化流转的过程。因此，必须对我国农业劳动力非农化流转的模式进行调整。

①放弃"离土不离乡、进厂不进城"的就地分散流转模式，确立"离土又离乡、进厂又进城"的跨区域集中流转模式。可以说，如果在农业劳动力非农化流转的同时不能相应推进城镇化，则即使农业剩余劳动力问题解决了，也会出现第二次劳动力流转过程，即劳动力及人口由农村向城市的流转，而第二次流转的社会成本以及对经济发展的延误将是无法估量的。

②在政策上把农业劳动力的非农化流转与农村非农产业的集中布局发展、小城镇建设和城市化推进紧密结合起来，形成三者内在一致化的政策。

（4）加大城镇化推进力度

农业剩余劳动力流转将引起农村人口城镇化，这是一种历史的进步，期望把人口的大多数留在农村是不现实的。我国城镇化的潜力还很大，应通过发展城市产业，创造更多的就业机会，吸纳更多的剩余劳动力就业，彻底改变城镇化滞后于农业劳动力非农化和工业化的局面。

①在城市发展方针上，在继续实行"严格控制大城市发展，适度发展中等城市，积极发展小城镇"方针的同时，应随着城镇化的推进和改革深化做出必要的调整。县城以上城市在户籍管理、用工制度、子女入学、住房商品化、社会保险等方面，应有利于农民进入而不应限制农民进入，尽可能减少农民的进入成本。

②加快小城镇建设，把小城镇发展纳入国家社会经济发展总体规划。目前我国有小城镇1.9万个，20世纪80年代以来，小城镇已累计吸收3000多万农村劳动力，占农村剩余劳动力转移总量的30%。因此，小城镇是吸纳农业剩余劳动力的一个重要基地，同时也是乡镇企业规模经营的基地，今后应把小城镇的发展作为一项战略目标来抓，在小城镇体制、产业布局、户籍管理、土地使用、社会保险等方面制定相应政策，促进小城镇在吸纳农业剩余劳动力就业和城乡经济协调发展方面发挥更大作用。

③提高中等城市发展水平和质量，使中等城市在推进我国城市化进程方面发挥中坚作用。我国中等城市的数量较多，分布很广，但发展水平和质量不高，因而发展潜力很大。单从区位分布上比较均衡这一优势上看，中等城市在吸纳农业剩余劳动力就业、推进城市化进程、促进区域经济平衡发展等方面就具有重要地位和作用，因此，在城市化方针上，应逐渐提升发展中等城市的重要性，加大中等城市发展力度，通过中等城市发展水平和质量的提高，带动农业劳动力非农化和城市化的健康发展。

④城乡劳动力市场要一体化，不能因为城市出现失业和下岗现象就中断城乡劳动力市场的一体化进程。从根本上讲，保护城市就业市场、把城乡劳动力市场割裂开来的政策取向是与我国经济发展的长远目标相悖的，因而必须调整。事实上，进城打工的农村劳动力，与城市就业者分别处于不同的岗位层次上，并不对城市劳动者的就业构成直接的竞争。因此清退农民工，一方面并不会减轻国家整体的就业压力，另一方面还会因为农民收入下降而对市场需求产生不利影响，反过来会增加城市失业。此外，由于同样的岗位雇佣城市职工，企业要支付更多的工资，其结果会提高整体工资水平，降低我国经济的竞争能力。总之，试图限制农民进城以保护城市就业市场的政策取向是不可取的。我们应该积极推进城乡劳动力市场的一体化，通过城乡劳动力市场的一体化提高市场配置劳动资源的效率。

2. 优化农业土地要素流转的对策选择

我国农业土地流转政策优化的重点是，保护耕地，严格限制耕地的非农化流转；提高土地利用率，严厉杜绝土地浪费现象。

第一，农用土地的非农化流转，要按照《土地管理法》规定的审批数量权限严格审批，杜绝越权批地和超量批地以及批少占多现象的发生，对土地尤其是耕地的保护一定要坚持法律的尊严，使法律手段成为调控农地非农化流转数量的主要工具。

第二，农用土地的非农化流转，要采取集中型模式。通过集中型流转，为非农产业的区位集中和小城镇发展提供基础，促动城市化的健康发展。

第三，农用土地的非农化流转，要严格限量。国家要加强对非农业建设用地数量的控制，可按下式计算非农业建设占用耕地的数量控制指标：

$$M = [M_1 + M_2 + M_3 - (M_4 + M_5)]/n$$

上式中，M 为全国每年非农业建设占用耕地数量的指标；n 为规划年限；M_1 为全国现有耕地面积；M_2 为规划期内垦荒面积；M_3 为其他途径增加的耕地面积；M_4 为全国必须确保的最低限度的耕地面积；M_5 为自然灾害因素损失的耕地面积。

全国必须确保的最低限度耕地面积由下式确定：

$$M_4 = [(F \times P + D)/A] + M_6$$

式中，F 为人均所需粮食（包括直接口粮和间接口粮），（公斤／人）；P 为规划人口数量（人）；A 为粮食单位面积产量（公斤／亩）；D 为规划期内非生活类用粮（工业原料、农业种子等）（公斤）；M_6 为规划期内确保的蔬菜和经济作物用地（亩）。

总的控制指标确定后，要按国家建设、乡镇企业及村民建房不同用途进行分解下达，实际非农化的数量不能突破控制目标。

第四，加强农业生产用地管理，制止耕地撂荒。耕地撂荒是一种变相浪费土地的现象，应该坚决制止。

3. 优化农业资本要素流转的对策选择

根据农业为工业化提供资本积累使命完成的基本特征，即产业结构已经以工业为主体，工业与农业的产值结构份额大致为 60％：40％，其中农业份额不低于 40％；农业部门的就业人数在社会总就业人数中所占的比重不超过

55%；人口的城市化水平不低于30%；人均GDP按1980年不变价格在800~1000美元，我国经济发展的宏观结构指标在20世纪80年代中后期已经显示出了这些特征，就是说，我国的工业化成长在80年代中后期已经完成了农业支持工业发展的阶段，开始步入农业和工业平等发展的阶段，农业为工业化提供资本积累的历史使命已经完成。然而，直到目前为止，我国农业仍然为工业化的发展提供资金积累，宏观经济政策的调整严重滞后。所以，优化我国农业资本流转政策选择的核心是，放弃继续从农业中汲取非农产业发展资本积累的政策，确立以农业资本零位净流出即资本从农业部门流出与资本流入农业部门动态平衡的宏观政策，使我国经济发展尽快转入农业与工业平等发展阶段。政策调整的持续滞后，将对我国农业的健康发展是极为不利的，而农业发展的受阻又必然会影响到整个经济的健康顺利发展。

总之，我们应该采取全方位的政策措施，并根据发展的变化对政策措施进行不断调整，以推动我国农业生产要素流转过程的顺利进行和完成，通过农业生产要素流转的顺利进行推动农村城镇化的顺利进行。

注释：

[1] 威廉·配第：《政治算术》，商务印书馆1978年版，第19~20页。

[2] 威廉·配第：《政治算术》，商务印书馆1978年版，第23页。

[3] C. G. Clark, Conditions of Economic Progress, Macmillan, 1957.

[4] 国土资源部、国家统计局、全国普查办公室"关于土地利用现状调查数据成果的公报"公布，1996年10月31日全国耕地总资源为19.5亿亩，比耕地常规统计报表上的数字多36%。根据公报数字，国家统计局对耕地面积数字进行了调整。国家统计局公布的2001年耕地总资源为19.06亿亩，其中常用耕地面积15.874亿亩，临时性耕地面积为3.188亿亩。

[5] 冯海发、李微：《我国农业为工业化提供资金积累的数量研究》，《经济研究》1993年第4期。

[6] （日）南亮进：《日本的经济发展》，对外贸易出版社1989年版。

[7] 世界银行：《1986年世界发展报告》，中国财政经济出版社1986年版。

第6章 农村城镇化与生态环境保护

人口和非农产业在城镇的集中，必然会产生生态环境问题。如果农村城镇化的推进不注意环境保护，城镇化的结果使农村生态环境受到了破坏，则这样的农村城镇化是会付出巨大的社会成本的。因此，需要探讨城镇化所可能引发的农村生态环境问题及其治理对策，从环境保护的角度探索推进农村城镇化的具体措施。

6.1 农村城镇化的外部性

所谓农村城镇化的外部性，是指在农村城镇化过程中所形成的生态环境问题。

6.1.1 农村城镇化外部性的理论表现

所谓外部性，又称外部经济或外部效果，是指单个经济活动主体（生产或消费者）的经济行为对社会其他人的福利造成的影响。如果某个人的一项经济活动会给社会上其他成员带来好处，他自己却不能由此而带来补偿，此时，这个人从其活动中得到的私人利益就小于该活动所带来的社会利益，这种性质的外部影响被称为"外部经济"或"外部正效果"。显然农村城镇化外部经济不会对自然生态环境造成损伤；如果某个人的一项经济活动给社会其他成员带来危害，但他自己却并不为此而支付足够抵偿这种危害的成本，此时，这个人为其活动所付出的私人成本就小于该活动所造成的社会成本，这种性质的外部影响被称为"外部不经济"或"外部负效应"。农村城镇化的外部不经济，是导致损伤自然生态环境的重要经济学原因。

在存在外部不经济的情形下，若假定某个人采取某项活动的私人成本为

Cp,社会成本为 Cs,则私人成本小于社会成本,即 $Cp < Cs$,若这个人采取该行动所得到的私人利益 Vp 大于私人成本而小于社会成本,即 $Cp < Vp < Cs$,则从社会观点看,该行动是不利的。显而易见,在这种情况下,资源配置的帕累托最优状态没有得到实现,也存在着帕累托改进的余地。假定如果这个人不采取这项行动,则他放弃的好处即损失为 $(Vp - Cp)$,但社会上其他人由此而避免的损失为 $(Cs - Cp)$,由于 $(Cs - Cp)$ 大于 $(Vp - Cp)$,故如果以某种方式重新配置资源的话,就可以使每个人的损失都减小,亦即使每个人的"福利"增大,这就是存在着帕累托改进的表现。

我们可以用图 6-1 具体说明生产的外部不经济是如何造成社会资源配置失当的。图中,横轴代表生产的数量,纵轴代表货币单位的成本、收益和价格等,水平直线 $D = MR$ 是某生产者在完全竞争市场的需求曲线和边际收益曲线,MC 为生产者的边际成本曲线。由于存在着生产上的外部不经济,故社会的边际成本高于私人的边际成本,在图中显示出来的是社会边际成本曲线 $MC + ME$ 位于生产者的边际成本曲线 MC 的上方,$MC + ME$ 与 MC 的垂直距离即社会边际成本与私人边际成本的差额为 ME,ME 就是边际外部不经济,它反映了由于生产者增加 1 单位生产所引起的社会其他人所增加的成本。由于市场机制不能把生产的外部不经济所形成的社会成本在生产者的私人成本核算中体现出来,因此,生产者获得最大利润的均衡点就是由边际收益 MR 与边际成本 MC 相等的 E_1 所确定,E_1 点所对应的生产者最佳生产量为 Q_1。然而,如果按照社会成本于边际收益相等的原则确定生产活动的最佳水平,则均衡点为 E_2,相应的最佳生产量为 Q_2,

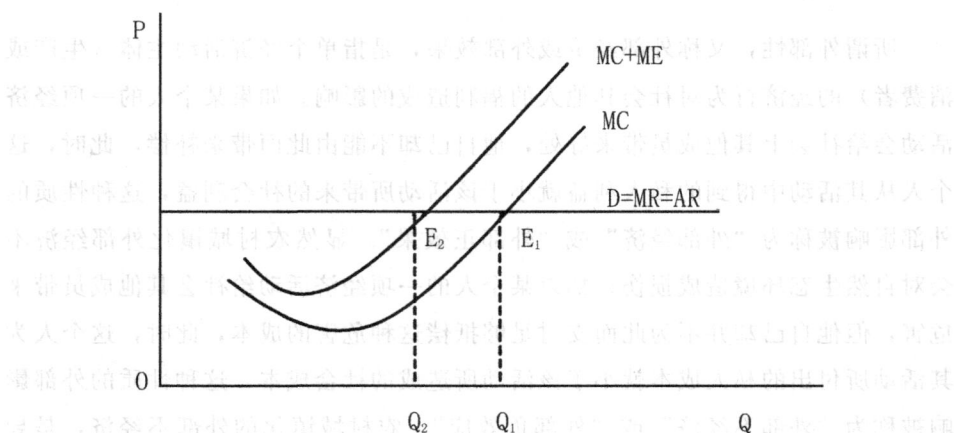

图 6-1　外部性对资源配置的影响

这就是说,生产的外部不经济导致了产品生产过多,超过了帕累托最优状态所要求的水平 Q_2。

一般来讲,农村城镇化过程中所可能产生的生态环境问题主要来源于两个方面:

一是人口的集聚所引起的有机物生态循环系统的改变。生态系统的循环存在着一个内在的平衡机制,如果没有外部因素的作用,这个内在机制是能够保证生态系统的平衡的。人口在散居的情况下,人们从生态系统获得农产品,经食用和消化后,排泄物又注入生态系统,这些有机物会成为生态系统的投入,进入下一个循环过程。由于城镇之使农村人口集聚于城镇,而城镇的有机排泄物及其他废弃物又不能有效地进入农田生态系统,这样就割断了有机排泄物及废弃物与原来的农田生态系统的联系,从而生成两个环境问题因素,一个是城镇的有机排泄物和废弃物的集中,造成了城镇环境的有机物污染,如目前名种类型的城市共同存在着的生活垃圾处理及污染问题,就是这一环境问题因素的具体表现,另一个是农田生态系统的有机投入物减少,为了保持生态系统投入与产出的平衡,就必须用各种替代物如化肥等替代有机投入,而农田大量注入化学肥料的结果,也会形成生态问题,另外,生产化肥的工厂也会造成环境污染。

二是工业生产活动的集中所引起的外部性。由于工业生产活动在城镇的集中,如果治理不周,工业企业所非放出来的废水、废气和废渣等就会在一个位点上集中。当这些排放超过自然系统本身的净化能力后,就会造成生态环境问题,如空气污染、水质污染、农田污染、噪声污染等。

另外,现代农业对自然生态环境的负面影响,也是典型的外部不经济。比如,集约型畜牧业的发展,对地下水和空气造成了污染,但是,市场机制的自发作用却不能把这种污染所造成的代价注入生产者的成本结构,生产者因而不对由其造成对他人的负面影响支付费用,由于生产者实际付出的成本小于他应该付出的成本,生产者得到了事实上的额外利润,生产规模就会不断扩大,所造成的环境污染也就越严重,社会所承负的代价也就相应越大。同样,使用化学投入对环境的影响、专业化单一耕作对保持水土的影响等,都是现代农业所表现出来的外部不经济。因此从经济理论上分析,外部不经济是现代农业生成环境问题的重要原因。

总之,环境问题是农村城镇化的副产品。尽管农村城镇化的推进不能做到零污染,但使对环境的损伤降低到最低限度,即降低到自然环境系统本身能够承受并良性运转的限度，是推进农村城镇化过程中处理生态环境问题的基本准则。

6.1.2　我国农村城镇化外部性的基本表现

尽管我国的农村城镇化水平还比较低，但农村城镇化过程中的环境问题已经显露出来，某些方面甚至已经较为严重。

1. 乡镇企业发展的外部性

从目前情况看，农村城镇化的环境问题主要来源于乡镇企业尤其是乡镇工业的粗放式发展。据统计，全国每年因工业废水而污染的耕地面积达 2 亿多亩，占耕地总面积的 10% 以上，每年因污染而减少的粮食超过了 100 亿公斤，直接经济损失 125 亿元；全国每天排放的污水量超过 1 亿吨，其中 80% 以上未经任何处理就直接排入水域，使河流、湖泊、水库遭受污染。江苏省对全省河、湖、水库 222 个断面水质进行监测的结果表明，一类水已不复存在，二类水占 5%，三类水占 13.1%，四类及其以下的水占 81.9%，水污染十分严重。乡镇企业较为发达的苏南地区，人们描述水质变化的情形是："（20 世纪）70年代淘米洗菜，80 年代鱼虾绝代，90 年代病虫灾害。"1997 年，全国工业企业固体废物产生量达 10.6 亿吨，其中危险废物 1077 万吨，在这些工业固体废物总量中，建制镇及其以下工业的产生量为 4 亿吨，占 40% 左右。这表明，乡镇企业在成为我国经济发展的一个重要支柱的同时，也成为我国环境污染的一个主要来源。

乡镇企业排放污染，使其内部成本社会化，由此而导致的外部性将会大大增加农村城镇化的社会成本。因此，农村城镇化的推进必须高度重视环境保护问题，尤其是乡镇企业发展所引发的农村地区的生态环境问题。

2. 传统农业改造的外部性

我国农业虽然从总体上讲尚未进入现代农业阶段，但化肥、农药等无机物投入已达到较高水平。2001 年全国平均每亩耕地化肥施用量（折纯）已接近30 公斤，农药使用量接近 1 公斤，大大高于世界平均水平，如化肥用量高于世界平均水平 1 倍多。由于化肥结构不甚合理，重氮轻磷肥，使用方法也不科学，化肥利用率较低，平均只有 30%，其余大量流入江河湖泊，使水质受到污染；农药的使用已普及到所有的农作物，然而能真正击中防治对象的仅是极少部分，大部分污染到田间地头，造成土壤和水质污染。化肥的大量投入，不仅造成了环境问题，而且形成了经济问题。化肥的边际报酬递减趋势十分明显，据计算，我国增施 1 公斤化肥增产的粮食数量，1980—1985 年 5 年平均为 11.56 公斤，1986—1990 年 5 年平均为 8.24 公斤，1991—1995 年 5 年平均为 2.03 公斤，1986—1990 年时期比 1981—1985 年时期减少 28.7%，1991—1995 年时期比 1986—1990 年时期又减少 75.4%，1981—1985 年时期增施 1 公斤化肥所实现的粮食产量，在 1991—1995 年时期增施 5.7 公斤化肥才能达到。照此趋势，农业生产不仅在生态上持续不下去，而且在经济上也持续不下去。

另外，集约化畜牧业所造成的对空气和地下水污染问题已在大城市郊区显露。在一些特大城市郊区如北京、上海等，这一问题已变得较为严重。例如，北京郊区基本母猪在 100 头以上、年产肥猪 1500 头以上的规模化养猪场已达 1022 个，规模在 1 万只以上的大中型养鸡场近 500 家，这些大型养殖场每天产生大量粪便，绝大多数不进行妥善处理，从而使大量的氮、磷、钾元素进入地表水和地下水，造成水源污染。如北京郊区的窦店村是一个率先和初步实现农业现代化的单位，其氮化肥施用量及禽畜饲养量已大大超过环境安全上限，因而其地下水硝（酸）态盐的含量已从 20 世纪 70 年代以前的 5×10^{-6} 急剧升至 1990 年的 30.9×10^{-6}，1995 年更达到 42×10^{-6}。北京市早在 1985 年检测的 322 眼水井中，硝酸盐的含量超过 44.3g/L 的就有 131 眼，占 41%。上海郊区集约型养殖业年产畜禽类粪便量 1990 年已突破 12 亿吨，远远超过了该市工业废渣和居民生活废弃物的数量之和，使空气和地下水都受到了不同程度的污染。从全国近年的情况看，对北方 14 个县 69 个点的调查结果显示，饮用水的硝酸盐含量半数以上超过国际通用标准的 50×10^{-6}，最多竟达 300×10^{-6}，是国际标准的 6 倍。地下水污染进一步对居民身体健康构成了直接威胁。

6.2　农村城镇化过程中传统农业改造的环境问题

上面已经指出，传统农业改造同样会生成生态环境问题。从实际情况看，农村城镇化的推进必然面临传统农业的改造问题，因此，就需要了解和把握传统农业改造中的生态环境治理问题，这是协调农村城镇化推进与生态环境建设关系的一个重要方面。

6.2.1 传统农业的特征

传统农业是人类农业发展的一个基本阶段。当人类社会进入铁器时代，铁制农具开始在农业中使用时，农业生产即步入了传统农业时代。所以，传统农业脱胎于原始农业，是铁制时代开始发展起来的，是和现代农业相比较相联系而存在的。

传统农业作为一个完整的农业体系，有着自身独自的特征。这些特征表现在经济、技术、文化等多个方面。

1. 传统农业的经济特征

经济学的大量实证研究结果表明，传统农业的经济特征表现在以下诸个方面。

第一，较低的生产率水平。

传统农业的生产力水平较低，因此作为农业投入产出关系而表现出的生产率水平就较低，而且基本上增长缓慢。在英国英格兰，从 1250 年到 1750 年 500 年间，小麦单产的年均增长速度仅为 0.2%；在日本，从 750 年到 1885 年的千余年间，水稻年产每年仅以 0.05% 的速度增长，按照这样的速度，单产翻 1 翻则需长达 1400 年。看来，用蜗牛爬行来形容传统农业的单产增长速度是不过分的。

在传统农业中，家畜生产率也很低。典型研究表明，发展中国家不同育龄期的家畜平均体重普遍明显低于发达国家。通常情况下，传统农业中的家畜，体重增长过度只有现代农业中的 1/3；牛奶、鸡蛋和役用畜力的生产率也同样很低。

劳动生产率是传统农业的一个明显特征，由于使用手工和畜力工具，每个农业劳动力能够负担的耕种面积少，加以其他资源利用方面的限制以及作物与家畜的生产率水平低下，传统农业中每个农民每年生产的农产品数量很少，通常比现代农业要低数十倍，对此，美国著名经济学家舒尔茨深刻地指出："一个像其祖辈选择耕作的人，无论土地多么肥沃或他如何辛勤劳动，也无法生产出丰富的食物。他无须总是那么辛勤而长时间的劳动，他能生产的如此之多，以致他的兄弟和某些邻居可以到城市谋生，没有这些人也可以生产出足够的农产品。"[1]

第二，长期停滞的均衡状态。

在漫长的时代里，传统农业在关键性的技术、制度、经济和文化交流上几乎没有什么变化，处于一种超稳定的均衡状态，这种状态可以看作一个特殊类型的经济均衡。无论从历史还是从未来的角度看，这种类型的均衡表现为：科学技术水平保持不变，拥有或获得收入来源的动机和偏好保持不变，上述两种状况保持不变的时期之长足以达到均衡。

传统农业的技术以农民世代使用的生产要素为基础。传统农业知识和农业技术通过口头传授和示范而得以代代相传，这些知识和劳动相结合，便创造了一个社会的再生性资本，如传统农具、灌溉设施、房屋、食品以及制作加工的设备等。这样知识就融于农业技术之中。而知识一旦与劳动和其他资源相结合，便能决定使社会可以获得农产品供给曲线的位置。如果一个农业区内没有出现任何意义重大的新发明，或者未能以其他社区引进具有较多生产效率的农业技术，那么这个社区的技术水平就得不到任何发展，这一情形往往会延续好几代。在当今一些传统农业地区，公元前一千多年所使用的耕牛犁田的方法仍然在使用着。

传统农业中农民对拥有或获取经济物品和服务的偏好及动机长期保持不变。在传统农业中，占统治地位的观念往往只重视生存和现状的维持，而不重视发展和对现状的改善。传统农业的两大特点助长了这种观念，一是由于缺乏系统的研究和试验，使调整和改变现状具有巨大的风险性；另一是因为农民收入过低，他们在经济上承受不了收入在短时间内降至最低生存水平以下的危险。经过一段时间以后，保守主义具有的优势往往便以多数裁决和其他文化特征的形式制度变化而固定下来，这种情形一旦形成，即使当失败的风险通过研究试验而减少时，人们对改革的反对态度也难以改变。在传统农业中，一系列文化因素如信仰、爱好、传统和风险等在不同区域内是独一无二的，它们决定了影响人们对事物的评价和期待的文化模式。如果对物品和服务的偏好没有变化，如果人口增长不多，那么无论是人均还是整个社会而言，需求曲线的位置都是稳定的。传统社会的文化方面的重要的新生事物并不多见，历史上传统社会也从不会从其他民族引进意义重大的外部文化。所以，在传统农业中，人们对物品和服务的需求偏好和动机逐渐趋于稳定。由于需要消费者留意的新产品较小，任何信息对需求曲线都影响甚微。

第三，有效的资源配置。

根据经济学理论，当边际成本等于边际收益时，资源配置才是有效的。例如当一种可变要素投入如肥料于固定数量的其他投入如土地和劳动相结合时，则在这个肥料投入水平农民便处于均衡位置。在此位置上增加或减少肥料使用量，都会使资源配置偏离有效状态。如果农民少用 1 个单位的肥料，肥料用量为 B，则在此点生产的边际收益会大于边际成本，因而农民在 B 点基础上增加肥料使用量对增加利润是有利的；相反，如果农民在 A 点多用 1 单位肥料，使肥料使用量达到 C，则在 C 点生产的边际收益小于边际成本，因而农民在 C 点基础上减少肥料使用量则有利于利润的增加。所以肥料使用量多于 A 或小于 A，都是不合理之举，只有在 A 点上农民对肥料的配置才是最有效率的。

在传统农业中，农民的资源配置行为能否达到最优点，是一个最有争议的话题。传统理论认为，传统农业中的农民愚昧、落后，对经济刺激不能做出正常反应，经济行为缺乏理性，所以生产要素的配置必然低下。美国经济学家舒尔茨在 20 世纪 60 年代出版的《改造传统农业》一书中，一举打破了这种传统观点。舒尔茨根据社会学家对危地马拉的帕那撒尔和印度的塞纳普尔这两个传统农业社会所做的详细调查的资料证明，"在传统农业中生产要素配置的效率低下的情况是比较少见的"[2]，这就是说，传统农业中的农民并不愚昧，他们对市场机会所做出迅速而正确的反应，经常为了多赚一分钱而斤斤计较，他们多年的努力使现有的生产要素并不会使生产增长，外来的专家也找不出这里的生产要素配置有什么低效率之处[3]。舒尔茨的这一观点，构成了传统农业"贫穷且有效率"学说，被现代经济学界广泛接受。

第四，高的收入流来源价格。

传统农业中生产要素的配置现状是合理的，那么为什么传统农业停滞、落后，不能成为经济增长的源泉呢？一般的观点，认为传统农业中的储蓄率和投资率低下的原因是农民没有节约和储蓄习惯，或者缺乏能抓住投资机会的企业家。现代经济发展理论认为，传统农业中固然存在着储蓄率和投资率低下及资本缺乏的现象，但其根据并非农民储蓄少或缺乏企业家，而在于传统农业中对原有生产要素增加投资的收益率低，对储蓄和投资缺乏足够的经济刺激。

解释传统农业投资收益率低的著名理论是舒尔茨的"收入流价格理论"。该理论认为，收入是一个流量概念，它由每单位时间既定量的收入流所组成。因此收入流的增加就等于经济增长。要得到收入流，就必须得到收入流的来源；要增加收入流，就要增加收入流的来源。收入是由生产要素生产出来的，所以收入流的来源就是生产要素。而生产要素是有价值的，在这一意义上说，收入流是有价格的。在传统农业中，由于生产要素和技术状况不变，持久收入流来源的供给就是不变的，所以对持久收入流来源的需求也不变，即持久收入流的供给曲线是一条垂直线；另一方面，农民持有和获得收入流的偏好和动机是不变的，所以对持久收入流的来源需求也不变，即持久收入流的需求曲线是一条水平线。这样持久收入流的均衡价格就是长期在高水平固定不变，这说明了来自农业生产的收入流来源的价格是比较高的，也就是说传统农业中的资本收益率低下。所以，传统农业的贫困落后，及其不能成为经济增长的源泉的根本原因，就在于资本收益率低下，在这种情况下，就不可能增加储蓄和投资，也就无法打破传统农业长期停滞的均衡状态。

第五，负的规模效应。

传统农业存在着规模负效应，即随着规模的扩大，土地生产率和总要素生产率通常下降。这一实证结论与亚当·斯密时期的经济学说恰好相反。那时的经济学家认为，生产率可以通过劳动分工引起的规模经济而增加。所谓规模经济，是虽随着经营规模的扩大，每单位投入的产品即生产率会不断增加。许多经济活动都存在着规模经济，这已被现代经济发展的经验所证实。在现代社会，大公司的生产率通常多于小公司，这种经验使许多人设想在传统农业中规模较大的农场可能也会有较高的产量，因此，如果扩大农场规模，农业生产率将会提高。然而，大量的实证研究表明，在传统农业地区，农场规模与单位土地面积的产量之间，农场规模与总的资源效率之间，存在着普遍的负相关关系。这种事实大量存在于农场平均规模小而人口密度大的亚洲地区[4]。负的规模效应的生成，主要是由于传统农业企业家精神的缺乏和劳动管理水平低所致。传统农业的经济规模都是很小的。

2. 传统农业的技术特征

传统农业的技术以农民世代使用的生产要素为基础。这些生产要素被世世代代的农民所使用，当代农民从其父代接过这些生产要素，又将其传给下一代。生产要素本身的更新和变化很小。所以，传统农业在技术上基本是停滞不前的。当然传统农业在技术上停滞不前，并不意味着传统农业的技术是凝固的，没有任何进步，而是与漫长的发展过程相比，这种变化是微小的，这种进步是缓慢的。传统农业技术进步的缓慢，是导致传统农业发展缓慢的基本原因。

传统农业的知识和技术，缺乏科学的实验和研究为基础，农民是从实践中通过感性认识总结知识和技术，并将这些知识和技术不断积累起来，再以口头传授或示范的形式相传下去，尽管通过长时间的积累和摸索，生产的知识和技术也会不断增长和丰富，但由于不能很好地上升为理性知识，缺乏科学的总结和归纳，这使传统农业的知识和技术具有很大的局限性。因此，传统农业对自然的驾驭能力、利用能力和改造能力都是有限的。以经验为基础的技术，不能对自然形成有效的驾驭，农业只能完全受制于自然，听天由命，这是传统农业发展缓慢的另一个技术原因。

传统农业的知识和技术由于来源于对过去经验的总结和积累，过去的经验或做法对现时的操作具有非常重要的作用，因此，农民就养成崇尚过去的观念和习惯，农民总是向后看，即向过去看，而不是向前看，这在很大程度上决定了传统农业和传统农民的保守性质的特征。

传统农业技术以经验为基础，这并不意味着传统农业的技术就一定是不科学的。长期的实践经验，尤其是经过无数代的实践证明是正确的经验，也会成为自然规律，在此基础上形成的农业技术，本身就是科学的技术。事实上，传统农业技术存在着许多科学的闪光点，即使在现代社会，这些技术仍然是很重要的。比如，我国传统农业所积累起来的精耕细作技术，有机农业技术，旱作农业技术，土地利用技术，物质循环技术，用地养地技术，生态农业技术等，在现代农业实现可持续发展中仍具有十分重要的作用，这些传统农业精华技术与现代农业的技术相结合起来，既可以发挥现代农业高效率的优势，又可弥补现代农业对自然生态环境的外部不经济，是实现现代农业持续发展的重要措施。因此对传统农业全盘否定的做法是错误的，甚至是有害的。充分挖掘传统农业的技术精华，使其在现代农业发展中发挥出更大的作用，是现代社会的一个不可忽视的任务。

3. 传统农业的哲学特征

传统农业虽然水平低，发展慢，但其包含着十分丰富的哲学内容，也包含着非常宝贵的辩证思想。这些哲学思想集中体现在人和自然的关系方面。总结我国传统农业的辩证思想，我们认为，以下两个方面是十分宝贵的。

第一，天时地利人和相统一。

在农业生产中，自然因素总是作为生产的要素参与农业生产过程中。马克思曾说过："在农业方面，大体说，自然就有自然力在协同发生作用"，"在农业中自然力的协助，从一开始就具有广大的规模"。[5]因此，在农业生产中，自然因素具有重大作用。但是，自然因素作用的深度和广度，却又在很大程度上取决社会的经济因素，取决于人的主观能动性。

我国传统农业十分强调人和自然的关系，主张人与自然的协调，主张农业生产要实现天时、地利、人和相统一，即自然与人相统一。这种天时、地利、人和相统一的思想，核心是农业必须遵从自然规律，按自然规律办事。后魏时期的农学家在《齐民要术》中所概括的经营农业的指导思想，就深刻地表现了这一核心。他们认为经营农业"顺天时，量地力，用力少而成功多"，如果不是这样，则"任情返道，劳而无获"，这就像"入泉伐木，登山求色，手必空；迎风散水，逆板走丸，其势难"。明代大农学家马一龙曾指出："今天时、地脉之外，又加上'物情'的因素"，即掌握作物本身特性问题，这就是我国传统农业在哲学上所注重的四个基本要素。清代农学家对这四个要素思想进行了更多的阐述，《浦泖农书》指出："农之为道，习天时，审土宜，辨物情，而后可以为良农"；《农书》一书中说："天有时，地有气，物有情，表以人事司其柄"。我国传统农业提出的农业生产的四个因素（即天时，地力、物情和人力）及其对四个要素的巧妙运用，是对农业生产哲学的概括。在这四个因素中，作物的特性是从事农业的出发点，天时、地利是满足于物性的基本条件，而人力的作用是调节、控制其他三个因素，以保证农业生产的顺利进行。

我国的传统农业在注重适应自然、按自然规律办事的同时，还十分强调农业生产中人的积极能动作用。清代著名学者陆世信对此作了精辟的总结："天时、地利、人和，不特用兵为然，凡事皆有之，即农田一事关系尤重。水旱，天时也；肥瘠，地利也；修治垦辟，人和也。三者之中亦以人和为主，地利次之，天时又次之。假如雨晒时若，此固人所望也，然天可不必，一有不时，硗确卑下之地，先受其害，惟良田不然，此天时不如地利也。田虽上产，然或沟洫不修，种植不时，则虽良田，故之买田买佃，此地利不如人和也。三者之中，论其重，莫重于人和，而地利次之，天时又次之；论其度，莫要于天时，而地利次之，人和又次之；土情肥美，则下农之所获与上农之所获等，劳逸顿殊故也。然使之即得天时，既得地利，而又能济之以人和，则所获更与他人不同，所以贵于人和也。"陆世信在这里，不仅深刻论述了客观规律与主观能动性之间的辩证关系，而且还十分强调人的作用。这种辩证思想对实际生产的影响，具体表现为对土地加工的精细，对栽培技术的改良，对培肥地力的重视等，从而推动了传统农业的完善和发展。

第二，时宜地宜物宜为基础。

如上所述，传统农业在人力之外，提出了"时宜""地宜"和"物宜，"这"三宜"逐步演化成农业生产必须遵循的基本原则，即因时制宜，因地制宜，因物制宜。"三宜"是农业发展的基础，如果违背了"三宜"，农业生产必然受到严重的影响，必然不能顺利发展。

传统农业经营中，为了贯彻"三宜"原则，在土壤耕作中总结了因土质，定时宜；因土质，定耕法；因地势，定深浅；因时宜，定耕法；因时宜，定深浅；因作物，定耕法；因作物，定次数等宝贵经验。这种"三宜"原则在施肥技术上更是具体，《知本提纲·修业章》中指出："时宜者，寒热不同，各应其值，春宜人粪，牲畜；夏宜草粪，泥粪苗粪，秋宜火粪；冬宜骨蛤，皮毛粪之类是也。土宜者，气脉不一，善恶不同，随土用粪，如因病下药，即如阴湿之地，宜用火粪，黄壤宜用渣粪，沙土宜用草粪、泥粪，水田宜用皮毛蹄角及骨哈粪，高燥之处田用猪粪之类足也。物宜者，物性不齐，当随其情，即如稻田宜用哈蹄粪，皮毛粪；麦粟宜用黑豆粪，苗粪；菜蔬宜用人粪，油渣之类足也。"

因时、因地、因物合理耕作，是我国传统农业的优良传统，是科学利用自然规律和作物生长规律于农业经营，充分利用自然力的具体表现，它可以趋利避害、扬长避短，利用最适宜土地要素和相应的耕作措施进行农业生产，达到事半功倍的效果。这种因时制宜、因时制宜、因物制宜的农业生产和经营原则，对现代农业的发展同样具有重要作用。

6.2.2 传统农业改造的依据

传统农业在漫长的发展过程中，取得了辉煌的成就，创造了传统文明推动了人类文明的进步。尤其是传统农业注意在充分用地的同时，通过增强有机肥料、栽培保肥，实行同作物之间的合理轮作，以及耕作改土等一系列措施，松土养地，保持地力经久不衰，维持其系统内部物质能量的平衡，这种做法具有永久的意义和价值，在未来农业生产中仍将继续发挥作用。

但是，传统农业对自然力的开发和利用，仅仅局限于农户自身的物质条件和技术范围，以人畜力为动力，以手工工具为手段，以土地和劳动力为基本生产资料，以封闭的方式进行生产，其生产水平低无法满足社会发展的需要，具有很大的局限性。

首先，传统农业对资源的宏观利用不足。传统农业的目标是自给自足，农户在安排生产活动时首先从自身的消费需要出发，即"小而全"的自给自足的目标。尽管从微观角度分析，传统农业生产要素在每个生产单位都表现出最优配置，甚至对资源达到尽可能利用的程度，如劳动中使主要劳动力从事关键技术和重体力活动，妇孺老少等劳动从事劳动强度较低的活动，真正做到了劳动力充分利用，精耕细作所形成的劳动集约使农业具有较大的劳动需求，从而能容纳劳动力的充分使用；对耕地的利用则通过间作套种、复种指数提高等，庭院、房前屋后等得到充分利用。然而，如果从宏观角度考察，由于自给自足的目标模式，使传统农业不可能把既定的生产项目安排在其最适宜的区域之内，这样就限制了农业资源的宏观利用率。自给自足的安排也降低了社会对消费的需求，限制了商品经济的发展。所以，传统农业的生产是低效的，微观上对资源配置的有效率在宏观上则导致了资源配置的缺乏效率，导致了资源利用的浪费。

其次，传统农业的低生产率不能有效地扩大再生产。传统农业的劳动集约特征，使得单位土地面积上的劳动投入很多。由于没有工业性投入的装备，因而增加农业生产集约的措施无一不表现为对劳动投入的增加，所不同的只是劳动投入的形式不同而已。另一方面，传统农业技术又是以生物措施为主要内容的，主要包括以"轮作多种"和"间作套种"为主要内容的种植制度，以精耕细作、防旱保墒、"三宜耕作"整地排水为主要内容的耕作技术；以中耕除草、加强田间管理为中心内容的栽培技术，以充分用地，积极养地、用养结合为主要内容的土地培植技术，以农牧结合、多种经营为主要内容生态措施，但由于缺乏外部能量和物质的大量注入，使得这些措施在增加产量方面的作用有限，而且增产的速度是十分缓慢的。一方面是以劳动为主要形式的集约投入，另一方面是产出增加的缓慢，因此传统农业的生产率尤其是劳动生产率是很低的。低的劳动生产率，导致了传统农业生产出来的农产品在满足了其内部消费需求后，所剩甚少，不能进行大规模的积累，因而无法实现有效的扩大再生产。

再次，传统农业封闭的循环系统不利于对新技术新投入的使用。传统农业经济系统循环的特征是封闭型循环，自我循环。在这个系统中，生产和生活所需要的一切物质能量均由自身提供，生产的粮食够一家人生活用口粮、牲畜用饲料和生产用种子，人畜用粪便和一定比例的养地作物可以满足培肥地力的需要，人力和畜力可在技术保证的条件下完成生产作业的所有项目。传统农业正是依靠自身的条件在经营单位内部实现了物质能量的循环，并且逐渐使这种循环达到最高水平，成为较稳定结构。传统农业的这种封闭性及无序性，既造成了其稳定性，又形成了对新要素引入的排斥力。由于完全靠自身所提供的条件运行，传统农业受外界条件的影响很小，一旦内部的运行达到优化水平，其格局就会长期保持。在一个封闭系统内，每个因素的变化都会引起整个系统的变化，单因素一般很难进入这个系统。所以，传统农业不仅对新要素引入的吸引力不强，甚至对新要素还具有一定的排斥力，这就决定了传统农业多年来一直沿用相同的生产要素，农业生产技术几乎处于停滞状态。对新要素引入的排斥，是传统农业落后性的一个主要表现。

最后，传统农业的低投入、低产出、低积累模式不能适应社会经济大规模发展的需要。传统农业的投入主要是土地、劳动和畜力，尽管劳动投入的集约度较高，但劳动的机会成本很小，近乎零，所以传统农业的总投入水平是很低的。低产出又决定了低的剩余水平，大规模积累便是不可能的。传统农业的资金积累速度更慢，由于传统农业的生产方式是为了直接满足经营单位自身成员的生活需要而建立起来的，加之生产规模小，对资金的需求很小，另一方面能够提供用来换取资金的产品也少，货币持有或为适应农家买卖之需，或作为储蓄手段。有限的资金积累并不主要用于增加生产投入，而是用于购买土地，因此，传统农业的积累不能有效地推动农业生产的扩大和水平的提高。

总之，传统农业存在着落后性、封闭性、保守性，不能适应社会经济发展的需要，必须对其进行改造。

6.2.3 传统农业改造的重点

对传统农业进行改造是必要的。不改造，农业就不能有效的发展，整个人类社会也不能得到有效发展。但是，对传统农业的改变并不是全盘否定传统农业。如上所析，传统农业总体上讲是落后的，但传统农业本身也存在一些闪光点，尤其是传统农业的有机技术体系，是人类社会的主要财富，这些闪光点应该得到继承和发扬光大。所以，对传统农业进行改造必须坚持辩证的观点，在改造的同时，吸取其精华。改造的重点是改变落后的物质技术基础条件和对社会化生产不相适应的方面。

现代经济理论分析表明，改造传统农业的关键是打破其封闭的内部循环系统，引进现代的生产要素。这些新的现代要素的引入，可以使农业收入流价格下降，从而使农业成为经济增长的源泉。然而，如何才能通过引入现代生产要素来改造传统农业呢？

　　首先，要建立一套适于传统农业改造的制度体系，以实现对农民最大限度的经济刺激。这些刺激实际上是打破了传统农业经营者的心理平衡，使得他们把追求更大的生产和收入作为重要的价值取向，并把这种取向转化为实际的经济活动。

　　其次，要从供求和需求两个方面为引入现代生产要素创造条件。在引入新的生产要素时，供给方面的作用往往是重要的。如果生产要素供给方面不能提供适合市场条件和农民需求的生产要素，则即使是现代生产要素也无法顺利引入传统农业，这就要求科学研究能够研究出适于实际条件的生产要素，并通过推广机构把这些生产要素传播到农民手中，使他们真正成为农民自己的生产要素。从需求方面看，要使农民乐于接受新的生产要素，就必须使这些要素对农民是真正有利可图，农民对新生产要素的需求与新要素所给农民带来的经济利益成正比，即一种新的生产要素越能增加农民的收益，农民就越需求这种要素。生产要素的获利状况既取决于生产要素的价格，也取决于农产品的价格。因此，还要建立有利于农民采用新生产要素的价格制度。

　　最后，要对农民进行人力资本投入，这是传统农业改造成败的关键。现代生产要素的充分发挥作用，要依赖于会采用现代生产要素的农民。如果农民知识水平和技术能力都很低，不知道如何使用现代生产要素，则不仅现代生产要素的生产能力要大打折扣，甚至在一些情况下现代生产要素的使用还会给生产带来更大的损失，如不知兑水比例的农民如果使用高浓度农药防治病虫害，就有可能造成把农作物也毒死的结果。所以，通过教育、培训以及提高健康水平等途径，尤其是通过教育途径，向农民进行人力资本投资，提高农民的技能和知识水平，就成为传统农业改造的最重要之点。

6.2.4　现代农业的形成

　　传统农业改造的目标是建立现代农业。然而，这个目标是否科学合理，现代农业作为传统农业改造的结果能否成为人类农业发展的一个理想模式，这些问题涉及对现代农业的价值判断。

　　与传统农业相反，现代农业是广泛应用现代科学技术、现代工业提供的生产要素和科学管理方法的社会化发达农业。在按农业生产力的性质和状况划分的农业发展史上，现代农业属于农业的最高阶段。

　　从基本内涵上讲，现代农业大体是指 20 世纪 50 年代以来经济发达地区的农业。也就是说，从 20 世纪 50 年代开始，作为一个特定的科学范畴和农业发展的具体形态，现代农业就真正出现并正式形成了。但是，现代农业的形成和出现，同样经历了一个较长的过程，这个过程大致可追溯到 20 世纪初。美国是现代农业的典型代表，以美国为例，20 世纪初形成的有关农业教学、科研与推广"三位一体"的法律制度[6]，及与农业有关的科研成果，对推动农业的现代化起到了决定性的保证作用。从 20 世纪 20 年代开始，美国就全面启动了农业现代化过程，先后经历了四次大的发展阶段。第一次是 20 年代，机械大量用于农业生产，使农业生产在手段上实现了革命，手工工具让位于机械类工具，人畜力让位于机械动力，机械化的大发展，推动了产量的提高，尤其是推动了农业劳动生产率的极大提高。因此，农业现代化从一开始就表现为生产手段的现代化。第二次是 30 年代，杂交玉米商品化开发成功并投入生产，使玉米产量大幅度提高，良种技术又进一步诱导出了化肥技术和农药技术，所以从 40 年代中期开始（亦即第三次大发展），化肥和农药在农业中大量使用，化肥技术极大地扩展了良种技术的生产边界，使农产品总产量进一步大幅度提高。50 年代以来，各种现代化技术进一步配套，农业全面实现了现代化，现代农业随即形成。因此，从现代农业形成的过程看，现代农业就是现代化了的农业。

现代农业出现以后，随着科学技术的不断进步以及管理水平的不断提高，现代农业也在经历一个动态变化过程，进而现代农业的水平也是不断提高的，比如电子计算机自动控制技术出现并成功地应用于农业后，现代农业在生产手段上就由开始时的机械化逐渐演进成自动化，即在电脑自动控制技术下的机械化。可以预计，随着科学技术水平的进一步提高，现代农业的内涵会进一步丰富。当一个新的质变发生后，现代农业会迈向另一个阶段，如后现代农业。

现代农业的特征非常明显，可以概括为以下几个方面：

第一，生产手段的机械化和自动化。

即机械化、电气化的农业生产工具和设备，代替了人畜力的工具和设备。凡是能使用机器操作的部门和工序，都完全使用了机器操作。电力在农业中得到了广泛的应用，电子计算机等自动化设备在农业中广泛普及，使农业生产逐步走向工厂化、自动化。在畜牧业和蔬菜、花卉温室等生产机械，已形成了高度的自动化和工厂化生产。农业生产除其对象是生命有机体外，在生产工序的自动化流程上，与工业生产已无明显区别。生产手段的变革，为农业引入了一场深刻革命。

第二，生产技术的科学化。

即建立在现代科学基础上的农业生产技术，代替了单纯依赖经验的传统技术。在农业生产的各个领域，如种子、肥料、农药、栽培、饲养、土壤改良、水利建设等，现代科学技术得到了广泛应用，农业生产已经越来越需要依靠深入揭示客观规律的科学。农业生产由经验转到了科学，极大地提高了农业生产力水平。

第三，生产过程的社会化。

即农业生产的社会分工越来越细，协作范围越来越广泛而密切。一方面，农业生产的地域分工、企业分工日益发展，形成了农业生产的区域化、专业化；另一方面，原来在农业生产中的许多生产过程，如繁育良种、肥料制作、饲料加工、农机具修理、农产品加工销售，不断地从农业中分离出来，形成一系列为农业生产服务的产前和产后部门。产中与产前和产后部门的广泛联系，又形成了农工商一体化经营，即农业综合经营（如第 3 章所分析的）。生产过程的社会化，极大地提高了农业的商品化水平，农业已经成为一个几乎完全商品化的产业。

现代农业的形成，是人类农业生产力发展的一个质的飞跃。现代农业所展现出来的成就，是迄今为止人类农业发展的历史画卷中最为辉煌的一叶。

首先，现代农业的成就主要表现在它完全地改变了农业生产的面貌。这种改变表现在：第一，实现了农业技术的现代化，使农业不再是依靠经验的摸索，而是立足于现代科学的直接指导。农业生产技术现代化的主要内容，一是培养良种，实现良种化。良种的使用，是现代农业生产量大幅度增加的重要推动，可以说，没有良种的推广，就不会实现现代农业在农产品产量上的显著增加。二是增施肥料。无机肥的施用，是现代农业开放式循环以及从外部向农业系统注入能源的主要表现。化肥技术与良种技术存在着很强的互补性，良种技术诱导出了化肥技术，因为在低投入的情况下良种技术无法发挥其充分的生产力；化肥技术又进一步诱导出了新的良种技术，因为只有对化肥反应能力更强的品种，才能完全实现化肥技术的生产边界，才能使化肥所体现出的高投入在经济上变得合理，良种技术和化肥技术，是现代农业技术的两个重要支柱。三是病虫害防治，使用了高效的农药，大面积地防治农作物病虫害和杂草的危害，使农作物摆脱了病虫害及莠害的威胁。四是利用土壤科学的成就，对各种不同形状的土壤，通过耕作制度的调整和肥料投入结构的优化等，改善土壤的物理、化学性能，提高土壤的团粒结构，提高土壤的生产力。第二，实现农业生产手段的现代化，使农业不再是落后的手工操作，而是立足于生产工具的机械操作。机械化操作以及在机械化基础上自动化操作的实现，极大地缩短了农业与工业的距离，使农业生产不再是"脏、累、苦"的过程，农业劳动力也不再是简单式的"苦力"。在温室中实现的现代园艺业集约化生产，在畜棚中实现的现代畜牧业的集约化生产，都极大地改善了农业劳动者的工作环境，使农民变成了农业工人。第三，实现了农业生产管理的现代化，使农业不再是缺乏社会分工、不进行经济核算的小农经济，而是立足于社会化分工和严格经济核算的商品经济。

其次，现代农业的成就表现在它极大地增加了农产品产出量，为社会供应了数量极大丰富的农产品。现代农业在生产技术和生产手段方面现代化的直接结果，就是提高了农业的生产能力，使农产品产量显著增加，满足了社会对农产品不断增加的需求。以美国为例，从 1940 年到 1970 年 30 年间，全部农产品生产量增加了近 70%，其中畜禽生产增加了 71%，劳务生产增加了 72%，水果生产增加了 25%，人均谷物占有量超过 1000 公斤。急剧膨胀的农业生产力，导致了农产品的严重过剩，美国政府不得不采取限制生产的政策，以限制生产为核心的农业政策所产生的一系列支出随即演变成美国政府一项沉重的财政负担。现代农业使农产品生产能力大幅度提高的效应在西欧表现得尤为明显。第二次世界大战后，西欧各国的农业比较落后，农业所生产的农产品不能满足社会的需求，农产品短缺现象十分严重。从 20 世纪 50 年代开始，西方各国开始着手其农业现代化的建设，在机械化、科学化和社会化等方面大力推进农业的发展，到 60 年代就基本实现了农业现代化。现代农业的出现，极大地改变了西欧国家农产品供给短缺的状况，使农产品供给由短缺转为过剩。以法国为例，1970 年与 1950 年相比，谷物产量增加了 1.3 倍，肉类产量增加60%，奶类产量增加 80%，到 1968 年法国就成为农产品净出口国，到 1973年法国就跃为世界上第二大农产品出口国，当年就出口农产品 71 亿美元。农产品生产过剩，同样成为西欧各国农业实现现代化后的一个基本现象。所以，农产品供给的极大丰富化，是现代农业最为辉煌的成就。

再次，现代农业的成就表现在它极大地提高了农业生产效率。生产手段的现代化使农业劳动者所能承担的农活数量大大增加，生产技术的现代化使动植物所能提供的农产品数量大大增加，因此，现代农业就表现出了高生产效率的特征。农业劳动生产率高是这种高效率的最典型表现。以美国为例，从 1950年到 1985 年，平均每个农业劳动力生产的粮食由 1.5 万公斤增加到 10.5 万公斤，增加了 6 倍；平均每个农业劳动力生产的肉类由 1000 公斤增加到 7800 公斤，增加了近 7 倍；平均每个农业劳动力负担的耕地面积由 250 亩增加到 850 亩，增加了 2.4 倍；平均每个农业劳动力负担的人口由 15 人增加到 70 人，增加了近 4 倍。这种高劳动生产率的现象在其他发达国家的农业同样存在，如加拿大 1985 年平均每个农业劳动力生产的粮食达到 9.3 万公斤、肉类达到 4650 公斤、负担的耕地达到 1310 亩，澳大利亚这几个指标的数值分别为 5.4 万公斤、5050 公斤和 1550 亩，英国分别为 3.3 万公斤、4700 公斤和 152 亩，法国分别为 3.3 万公斤、3275 公斤和 157 亩，丹麦分别为 4.9 万公斤、8865 公斤和 240 亩。如果与同期发展中国家相比，则发达国家现代农业的劳动生产率比发展中国家要高出 100 多倍。土地生产率提高是现代农业高生产效率的另一个表现。高土地生产率在人地比率较为紧张的现代农业中表现得更加明显。统计资料显示，发达国家现代农业的土地生产率大大高于发展中国家，且二者之间的差距在拉大。以美国和印度比较为例，1950 年美国的土地生产率比印度高66 公斤，幅度为 147%，到 1970 年，美国土地生产率高于印度的水平达 136 公斤，幅度达 181%，印度单位面积谷物产量相当于美国的比例由 1950 年的41% 下降到 1970 年的 35%。农业生产效率提高，说明了现代对自然的利用程度大大提高。农业效率的提高，为城乡居民对农产品消费水平的提高奠定了坚实基础，为农业劳动者收入水平的提高奠定了坚实基础。

现代农业取得如此辉煌成就的实质，就是成功地用知识代替了资源，这种知识体现在促进生产率大幅度提高的生物技术、化学技术、机械技术和管理技术上。

6.2.5　现代农业的生态环境代价

现代农业尽管取得了相当辉煌的成就，但是，经过半个世纪左右的实际运行，逐渐暴露出了自身存在的问题和危机，尤其是在资源和环境付出了可以说是巨大的代价，归纳起来表现在以下几个方面。

第一，对能源过分依赖，使现代演化成了"石油农业"。

现代农业主要立足于的现代工业性投入如机械、化肥、农药以及现代化的加工、储藏、运输等，需要消耗大量的能源。所以，现代农业实际上是以能源的大量投入和消耗为基础的。现代能源资源又以石油为主体，因此，现代农业对能源的依赖实际上就是对石油依赖。石油投入对维系现代农业水平的不断提高，农业所消耗的石油资源越来越多，农业对石油投入的依赖性越来越大。以美国为例，据计算，每种植 1 英亩玉米所消耗的热能，1945 年年初为 92.6 万千卡，到 1970 年以增至 290 万千卡，这相当于近 40 公斤汽油，农业生产及与农业有关的工业能源消耗占全美能源总消耗量的 10% 左右，这使农业成为美国能源消耗最大的部门之一。在当今社会，美国每人一年消耗的食物，是用 1 吨汽油生产的。如果世界各国都采用这种能源集约的农业生产方式，那么占全世界目前消耗量 50% 的汽油都将用来生产食物，全球的石油储备会在 30 年内耗竭。所以，现代农业对石油能源的过分依赖，使现代农业在一定程度上变成了"石油农业"。

"石油农业"所带来的负效应是明显的。首先，它给人类社会的资源持续利用施加了沉重的压力。1985 年于 1950 年相比，全世界农业生产所消耗的石油能源增加了近 6 倍，平均每年增长近 6%，其中拖拉机燃油消耗增加了 5 倍多，平均每年增长 4.8%；灌溉用燃油消耗增加了 11 倍，平均每年增长 7.3%；肥料制造耗能增加了 9 倍多，平均每年增长 6.6%。农业生产所消耗的石油资源，是一次性能源资源。这种资源消耗后，是无法再恢复的。第一次石油危机以来，全世界一次性能源生产的增长率已显著下降。据估计，为了满足人口增长和生活水平提高的需要，如果仍按现代农业对工业能耗的利用率计算，则一次性能源的生产及用于农业份额的产品增长速度应超过 6%。从目标情况看，一次性能源生产的增长绝对满足不了这种需要。况且，现在世界上可供开采的石化能源，除煤以外都很有限。如上所述，如果世界各国都用美国的方法搞农业，则世界所储存的全部石油资源在 30 年内就会耗完。因此，现代农业能源耗用水平，与世界的资源供给能力不相适应，世界的能源供给潜力无法承受现代农业的高能耗。

"石油农业"所带来的第二个负效应是从能源利用角度看农业生产效率降低。虽然从劳动、土地等投入要素衡量，现代农业极大地提高了生产效率，但从能源投入衡量，现代农业的生产效率却大幅度下降了。以美国为例，1945 年生产每公斤玉米消耗能量为 536 千卡，到 1970 年已上升为 704 千卡，上升了近 1/3。1700—1983 年的近 300 年间，美国玉米生产的能量产出增长了 2.5 倍，单位能量投入所产生的玉米能量由 10.5 下降到 2.55，下降了 76%，平均每年降低 0.5%。1983 年与 1945 年相比，能量投入生产率下降了近 30%。在当今时代，美国人吃 1 罐只有 270 卡热量的罐头玉米，是用 2800 卡热量生产的，由此可见其能源利用率之低。与传统农业相比，现代农业的能源生产率相形见绌。据计算，现今传统农业生产方式下用 0.05 至 0.1 卡的能量可以生产出 1 卡热量的食物，而在现代农业生产方式下则需 0.2～0.5 卡的热量才能生产 1 卡热量的玉米、大豆、花生等等。

"石油农业"还可直接造成了对环境的污染。农业动力机器造作业时所排放出来的大量废气，是环境空气污染的一个主要来源。为农业生产提供现代投入要素的工业的大量生产，也造成了对环境的污染。

第二，对化学物品的大量投入，使现代农业严重的污染了环境。

如前所述，化肥和农药的大量投入，是现代农业产出量显著增长的一个重要支撑。但是化肥和农药的使用，也造成了严重的环境污染问题。

首先，化学物品的使用污染了地下水资源。1950—1990 年，美国农业中的化肥施用量（按有效成分计算）增加了 3 倍多，农药（包括除草剂）使用量增加了近 3 倍。这些化学物品的残留物渗透到地下，进入地下水系统，对水资源造成了严重污染。据测算，美国衣阿化州大学盆地从 1958 年到 1983 年 25 年中，地下水中的硝酸盐浓度增加了 3 倍，其他各州也都存在着化肥污染地下水的问题。根据美国环境部门的调查，20 世纪 80 年代末期，至少有 46 种化学杀虫剂，造成了 26 个州的地下水污染。有的专家估计，美国农村的饮用水有 63％被农药污染。加利福尼亚州农村地区有 1 万个水井被杀虫剂污染[7]。地下水污染对居民生活和健康造成了威胁，专家认为这是食道癌、胃癌等疾病发病率提高的原因。

其次，化学物品的使用还破坏土壤本身的生物系统。由于大量残留化学物质存留在土壤中，抑制甚至损害了土壤中的微生物的活动，影响了土壤中物质养分的正常循环，使土壤板结，土壤自身的生物系统受到损害，这进一步影响到植物的抗病能力和土壤的生产能力。

再次，化学物品的使用也使农业从业者和农产品受到污染。在美国，由于化学农药的大量使用，农业工人的健康受到了直接的危害。农业工人的伤亡率仅次于建筑业和采矿业，农业被列为三大危险行业之一。化学物质在作物及产品表面的存留，也使农产品受到污染，污染了的农产品又进一步威胁居民的生活和健康。

第三，现代生产方式造成了水土流失。

由于现代农业大面积的连年种植，大量使用化肥、除草剂加上长期的机械的耕作，造成了严重的土壤流失现象。据估计，美国每年流失的土壤高达 31 亿吨。目前，全美作物耕地中有 44％土地侵蚀规模超过了容许范围，28％的土地又被列为高度侵蚀土地。美国依阿化州的土壤，原来十分肥沃，经过长时期的现代农业运作，现以损失了一半的表土。平均而言，依阿化州农民每生产1蒲式耳的玉米，就要损失1蒲式耳的表土，种植大豆损失表土更多。美国中部一带农田的表土，早年深达1.8米，是世界上罕见的肥沃土壤，目前表土只剩下15厘米，其余部分都在冲刷过程中流出。专家估计，美国由于土壤流失造成的直接和间接经济损失，每年要超过400亿美元，政府每年用于这方面的治理费用高达10亿美元以上[8]。

第四，专业化生产导致农业上集中采用作物和畜禽品种，减少了农业生物遗传的多样性。

为了便于专业化大面积和大规模生产，不论在作物方面还是在家畜方面，现代农业往往都只使用少数的几个品种，这与过去的传统农业使用众多的本地品种截然不同。遗传多样化的减少，对农业生产是很危险的。首先，一些生物遗传资源会因此而完全丧失，一旦丧失则无法得到恢复，这将是无法估量的损失；其次，由于品种单一，如果一旦病虫害爆发，损失将相当惨重，甚至会全军覆没。例如，1970年美国玉米发生叶枯病，使全美15％的玉米产区颗粒无收，就是因为所有的玉米种子都来自于一个易感叶枯病的品种所致。

第五，高度的畜牧业集约经营，对生态环境造成很大的破坏。

集约型的畜禽饲养，是现代农业的一个基本表现。据统计，美国的肉牛饲养主要集中在13个州，共有42000处肉牛育肥场，其中200处最大的肉牛育肥场就集中了肉牛总数的50％。集约化饲养首先生成的问题是厩肥处理非常困难。大量的畜禽粪便集中在一个地方，不仅造成了空气污染，而且造成了地下水污染，如何解决集约型畜牧业带来的空气和地下水污染问题，成为农业发达国家一个头痛的问题。此外，高度集中饲养，用水量也十分集中，必然造成地下水采取过量，水源枯竭。如美国育肥肉牛场集中的中西部和西部各州，主要依靠横跨8个州的世界上最大的Ogallala地下蓄水层供水，目前其中3个州的地下水已开采了一半[9]，如此长期不断地采水，蓄水层早晚会枯竭；加利福尼亚州42％的灌溉用水用于生产肉牛和其他家畜饲料，大量采水的结果，造成水位下降，地面下陷。畜禽的集中饲养，不得不用多种化学药物防治疾病和刺激生长。如合成代谢类固醇可以使肉牛增重5％～20％，提高饲料利用率5％～12％，增加瘦肉率15％～25％，因此被广泛使用。美国全部肉牛育肥场中95％以上使用各种生长激素，仅1988年全美的肉牛饲养场就用了560万公斤抗生素作为饲料添加剂[10]。消费沉淀有化学药物的肉类，显然对人体健康是有害的。

第六，机械化造成了机械对人力的排斥，农村人口尤其是青年人大量流往城市，这在农村和城市两个社区都生成了问题。

现代农业机械动力替代了人力，农业生产所需要的劳动力大量减少，农业的就业人数因而大量减少。如美国农业中的就业人数 1910 年时为 1239 万人，1940 年减为 845 万人，1970 年进一步减为 275 万人，1970 年与 1940 年相比，农业就业人数减少了 2/3，平均每年减少近 4%；农业就业人数占社会总就业人数的比重也由 1910 年的 32.5%，减少到 1940 年的 18.8%，再进一步减少到 1970 年的 3.65%，到 20 世纪 80 年代，农业就业人数份额只有 2%，即每 100 个社会劳动力中，只有两个是从事农业生产的。农业就业份额的下降，是农业劳动生产率提高的一个重要表现，低农业就业份额背后的支撑是高农业劳动生产率。又比如日本，1950 年农业就业人数达 1721 万人，1980 年减至 606 万人，减少了近 2/3，平均每年减少 3.4%，农业劳动率所占的份额也由 1950 年的 50.7% 下降到 1980 年的 10.4%，下降了 40 多个百分点，目前日本的农业就业份额已降至 5% 以下。农业劳动力大量转移到非农业部门就业，就既是农业不断发展的表现，又是整个经济不断进步的表现，是经济发展的一个必然规律。但是，现代农业所推动的农村人口尤其是农村青年往城市转移的结果，在农村和城市两个方面都产生了一定的负效应。从农村方面讲，首先，农村青年大量脱离的结果，直接导致了农业劳动力的劳龄化，这在日本表现得非常明显。从城市方面讲，农村人口的大量涌入城市，加重了城市的失业现象，对城市的住房、交通、治安、环境等带来的压力。

总之，现代农业在制造辉煌的同时，也制造了一些问题，这些问题的核心，就是现代农业为环境注入了负的影响，使现代农业的可持续发展受到了挑战。因此，现代农业与自然生态环境的矛盾，或者说是现代农业可持续发展的矛盾，是现代农业发展的一个根本矛盾。

现代农业暴露出来的种种问题，早在 20 世纪 60 年代就引起人们的警觉。1962 年美国生物学家卡逊（Rachel Carson）在经过了长达 3 年的详尽调查研究的基础上，撰写了《寂静的春天》（Silent Spring）一书，率现对现代农业提出挑战。卡逊以大量的事实，说明现代农业中大量施用的 DDT 和六六六等被称作"神奇特效"的杀虫剂，严重污染水源，杀死虫害天敌以及自然界大量生物，对自然生态环境造成了严重影响，并指出，这些长效农药可以进入食物链并浓缩，最终会对人类造成致命后果。卡逊写道："我不是主张化学杀虫剂根本不能用，我要说得是，受我们委托来支配决定（是否）使用那些有毒的，对生物有剧烈作用的化学药剂的人，没有经过认真挑选。他们对这些制剂的害处不是全然无知，就是知之甚少"，"在允许使用（DDT、六六六等）这些化学制剂之前，对他们对土壤、水、野生动物和人类自身究竟有什么影响，并没有作过多少研究。对一切生物赖以生存的自然界的统一性如此漫不经心，后代子孙是不会宽恕的"，"我们必须与基础生物共同分享我们的地球。"卡逊警示道："在掠夺大自然方面，我们已经走的够远的了"。

卡逊的论点在美国引起了广泛的争论，争论推动了社会对自然社生态环境的关注。美国国会和政府也注意到了包括农药等现代农业投入在内造成污染的严重性，遂于 1969 年在世界上第一个成立了国家环境保护机构（环境保护署，Environment Protecting Agency，EPA）以及"总统改善环境质量委员会"，1972 年美国率先完全禁止使用 DDT，其后各国亦陆续禁止使用 DDT。

6.2.5 现代农业的替代模式

对现代农业引发出来的生态环境问题的广泛关注和批评，同时也推动了人们对现代农业发展调整的思考和研究，许多学者在理论上研究现代农业的替代模式，从而形成了现代农业发展的新的对策和模式，使现代农业在提高农业生产效率和增加农产品供给的同时，能与生态环境共生共荣，实现可持续发展。

1. 有机农业

有机农业（Organic Agriculture）是现代农业发展思潮中兴起较早、影响较大的一种农业模式。最早在学术活动中涉及有机农业的是奥地利学者 Rudolf Steiner（1924）。在 Steiner 之后的 20 世纪 30 年代，英国植物育种 Albert Howard 出版了《农业圣典》一书，在该书中，Howard 比较系统的提出了有机农业的思想。而最先将有机农业思想应用于农业实践的先驱者是美国人 J. I. Rodale，1940 年 Rodale 买下宾夕法尼亚州的库兹镇的一个拥有 63 英亩土地的农场，在这个农场开始了有机园艺的研究和耕作，并于 1942 年出版《有机园艺和农作》杂志。但是，在 20 世纪 70 年代以前，尽管有机农业耕作在美国、日本及西欧许多国家存在着，但规模较小，发展水平较低，影响也不很大。70 年代以来，随着现代常规农业引发的生态环境问题日益显现和严重，发达国家学术界和政府机构对现代常规农业替代模式的倡导和追求，极大地推动了有机农业的发展。由于有机农业不主动使用或少用化学合成肥料和农药，倡导通过有机肥、轮作或间作套种、种植绿肥等措施实现农业再生产的物质能量平衡循环，这种农作方式会对自然生态环境造成危害，不会像现代农业常规农业那样引发一系列的外部不经济，从而更好地迎合了人们由于现代农业外部不经济，而对改善生态环境、保护生态环境、保护人类安全的强大需求。所以，有机农业的农作方式在欧洲和美国等广泛的扩展，影响日益增大。西欧各国有机农业在企业数量经营面积上都增长较快；在美国，20 世纪 80 年代末已有 5000 多个农场实施有机农业，越来越多的农场自行模仿有机农业的做法，政府对有机农业的投资也不断增加。

关于有机农业的内涵，美国农业部《关于有机农业的报告和建议》（1980）中指出："有机农业是一种完全不用人工合成的化肥、农药、生长调节剂和牲畜饲料添加剂的生产制度。有机农业在可行范围内尽量依靠作物轮作、作物秸秆、牲畜痊肥、豆科作物、绿肥作物、场外有机废料、机械耕作、含有矿物养分的岩石和生物防治病虫害的方法保持土壤肥力和土地的可耕性，来供应植物养分并防治杂草和病虫害。"[11]该报告还认为，从目前来看，如果化学集约农业不同程度的向有机农业转移，就可以缓解已经出现的生态环境问题；从长远来说，实行有机农业，可以保证一个更为稳定、有支持能力、有赢利的农业制度。

第一，有机农业是代表一定范围内的一种农业生产的广泛概念。一些农民出于某种信念而坚持绝对不施用任何化学肥，农药及其他合成的化学制品，而另一些农民则比较灵活，在必要时仍施用一定限量的化肥和农药作为应急手段，这些农民都自称是有机农业农场。

第二，实行有机农业的农场规模多是 10～50 英亩的小型农场，也有 100 英亩甚至 1500 英亩的巨型农场，这些农场都是生产水平较高、经营管理较好的农场。

第三，向有机农场转变的动力，主要是出于对土壤和人类及牲畜健康的保护，防止农药的潜在性灾害，期望减少能量与物质的投入，以及对环境资源的担心。

第四，有机农业并不是倒退到 20 世纪 30 年代的农业技术，有机农业在限制化肥或农药使用的同时仍采用新式农机具、优良品种和注册过的种子，以及科学的有机残余物管理方法和水土保持措施。

第五，大部分有机农场采用轮作，包括豆科菜作物，以保证提供土壤足够的氮素。

第六，牲畜饲养是有机农业中的一个重要组成部分，采取种植业与畜牧业的复合经营，可以合理利用饲料和既肥等。

第七，有机农民在种植玉米、大豆及其他谷物时不使用或最低限度地使用除草剂。

第八，有机农业中的磷钾两种元素，当前是从土壤矿物质风化中取得或依靠土壤中的残留化肥获得，将来这两种元素可能要进行增施补充。

第九，有机农业的农活操作几乎是劳动密集性质，需要较多的劳动力和畜力，但投入能源较少。

第十，有机农业的经济效益在玉米、大豆等生产方面比化学集约农业低，这是由于实行有机耕作需要种植多种多样的作物特别是产量较低的豆科作物。

有机农业虽然包括作为常规现代农业的一种替代模式在一定程度上显示出生命力，因为它可以有效地克服常规现代农业所导致的一系列生态环境问题，但有机农业的发展也面临着许多挑战。首先，由于不使用化肥、农药等具有高产出效率的现代农业投入，有机农业的效率较低，产出量比常规现代农业明显减少，因此，其生产能力无法满足城乡居民生活和经济发展不断增长着的对农产品的需求；其次，由于具有劳动密集性质，有机农业需要占用较多的劳动力和畜力，这与发达国家劳动力普遍短缺的现实不相吻合，因此，实施有机农业，会引起劳动力和畜力的短缺；再次，生产效率的降低以及劳动力使用数量的增加，都会使有机农业所生产出来的农产品价格上升，这会给消费者增加支出负担；最后，有机农业对化肥及农药的全盘否定，使有机农业与常规农业之间形成一条鸿沟。正是由于面临这些挑战，对有机农业的学术操作和政策制定都出现了激烈的争论。美国农业科学技术委员会发表的有机农业实施评价报告中，虽承认有机农业有很小部分的效果，比如害虫的生物控制是有效的，但认为搞有机农业没有能充分提供含氮植物堆肥，而且转向再生农业需要更多的土地，追加的土地基本上是废地，因此，是难以实行的。一些学者也认为，少用化肥和杀虫剂，对于环境当然是好的，但不必要实行有机农法。1982 年美国国会众议院的部分议员曾提出"1982 年有机农业法案"（The organic Farming Act of 1982），试图从法律上为实施有机农业提供支持，但该法案终以 189 票对 198 票被否决，反对者认为该法案所提出的有机农业技术措施，如种植绿肥作物和牧草、轮作和间作套种、施用既肥和堆肥等，是 20 世纪 30 年代已详细研究过的农业技术，采取有机农业会引起人力、畜力的短缺和农产品成本增加的问题。这些争论以及不同意见，在一定程度上制约了有机农业的发展。

2. 再生农业

再生农业（Regenerative Agriculture），从渊源上讲，是对有机农业思想的基础上进一步形成的。再生农业的开拓性实践者是美国人 R. 罗代尔（Robert Rodale）。R. 罗代尔是 J. I. 罗代尔（J. I Rodale）的儿子，在其父的影响下受到了早期的农业思想教育，一本由土壤学家 F. H. King 撰写的专门研究中国千百年来进行无废弃物农业的专著使他收益很深。之后，他又结识了有机农业思想的创始人 Albert Howard，Howard 给了罗代尔父子两代人以深刻的影响。在长期经营其试验农场的过程中，R. 罗代尔亲身体会到现代农业是建立在大量化学肥料、农药和除草剂基础上的能源和化学集约农业，虽然取得了历史上从未有过的高产，但是这种高产的代价是巨大的。地下水及土壤遭受污染，成千上万吨的土壤流失，物种日趋单一化，小农场主面临无法承受的高额生产成本。R. 罗代尔认为，人类社会已有上千年的农耕历史，而真正依靠大量投入并成为特点的现代农业迄今不过百余年，在以往的九千多年里，农民之所以可以仅仅依靠极其廉价的系统内部投入而得以生存下来，也正说明自然界有一种迄今尚未被完全认识的再生能力，这种能力来自于某种"自我治疗恢复力"，只有找到这种恢复力并将其"释放"出来，就能够使农业得到再生，就能够避免现代农业所产生的一系列环境不经济问题。本着这种信念，R. 罗代尔于 1972 年创建了拥有 304 英亩试验地的"罗代尔再生农业研究中心"，在其父有机农业研究的基础上，开始再生农业的研究工作。

关于再生农业的定义，R. 罗代尔这样解释到（1983）：再生农业就是在不断提高的生产力水平上，增加土地和土壤的生物生产基础，它具有高度的内在经济和生物稳定性，对农场或耕地以外的环境的影响最小，甚至无影响，不使用杀虫剂生产粮食，力图转向最小依赖不可更新资源的过程中，为日益增长的大量人口提供粮食。再生农业进展的评估标准有 5 条：①不在继续增加外界资源化学投入；②当地农民感兴趣和接受程度不低于 35％；③在当地民间自动传播的程度；④可以度量的劳动生产率的增长；⑤生态方面健康状况的改善。

罗代尔再生农业研究中心在创建之初的研究重点是免耕、少耕和水土保持的耕作。从 20 世纪 70 年代末起，研究方向开始转移到以降低投入、使土壤再生、保护环境和生产健康、高产食品为中心，其工作主要分为三个方面：

第一，传统性的园艺研究。进行旨在帮助家庭园艺者得到最大限度的高产，并着眼于长期的土壤"健康性"的改善。主要作物是蔬菜、草本植物、花卉和果树。主要内容包括通过豆科覆盖作物和堆肥改善土壤肥力、集约化园艺技术和害虫的有机防治等。

第二，农艺及农作制度研究。这是该研究中心最主要的研究项目，重点是如何变常规现代农业为"再生农业"，以最大限度地增加农民收入和尽可能减少外界投入。主要内容包括禾谷与豆科作物的间套种及豆科混作、覆盖栽培、控制杂草生态、氮素再循环及耕作方式等。这些实验都已进入大田农作制度的试验，即不仅仅考虑一种作物、一年的收益，而是按照生产中的实际状况进行通盘设计和综合效益分析，并考虑包括畜牧业进入农作制度的试验内容，即研究农作物与牧草的结合。上述研究中的机械化操作条件下的大（小）麦套种大豆和玉米地内进行豆科作物或牧草的超量播种混作两项试验成果，已开始推广应用于生产。

第三，农作物的开发研究。罗代尔对多年生谷类作物寄予厚望，认为将来成功的"再生农业"主要应建立在多年生物（包括果树、园艺作物）之上，因为它们能够大幅度的减少水土流失，还可以减少劳动力、种子和其他投入。目前，该中心已经筛选出了200多种作物，最重要的选择标准是营养能力和适于机械化收获。关于籽粒苋的研究和推广工作已进行了10余年，这种原产于中、南美洲的高营养耐旱作物，现已在包括我国在内的很多国家进入大片的生产应用。该中心仅籽粒苋的品种资源就收集了1400多份。

罗代尔再生农业研究中心还十分重视宣传和推广工作，为此制定了两项有特色的工作制度。一是建立全国性的协作试验网，除了在中心所在地（库兹镇、马克撒托尼镇）和兰开斯特县各有两个试验场外，还有研究介绍中西部和东西岸地区的农场，以指导进行同类性质的现场试验研究，并在主要农业州的不同生态类型区建立了长年密切联系的示范试验农场13个。二是重视向社会不断宣传"再生农业"的宗旨和展示研究工作的进度，主要方式是在试验中心和试验网点所在地，每年在作物生产期间举办"田间日"（Field Day）活动，邀请农民和各方面人士来观摩和讨论，平时亦向社会公众开放。此外。该中心还接受外国研究生和实习生，这项计划得到了美国农业部的资助。近年来，每年约有6位外国研究人员到此进修。中心还与著名院校如康乃尔大学、加州大学伯克里分校等保持密切的协作研究关系。

罗代尔再生农业研究中心还有计划地向发展中国家扩充其思想和成果，使其在国际上影响日益增大。1985年由美国国际开发署发起，举行了有75个国家和私人组织代表参加的首届再生农业会议。目前，中心的国际部已在非洲、拉丁美洲和亚洲的 4 个国家选择了若干农户，进行现场试验研究并建立了相应的服务机构。

再生农业虽然取得了很大的进展和成果，已形成一定的影响，但这种农业模式仍在进行之中，其一些思想已被常规现代农业吸收和利用。

3. 生物农业

生物农业（Biological Agriculture）作为一个术语在欧洲比较常用，其内含与美国的有机农业、再生农业很相近，但欧洲学者认为，美国的有机农业含义不够清楚，因而提出了"生物农业"这一概念。

根据 Hedge（1982）的定义，生物农业是这样一种农业，它试图提供一个平衡的环境，在这个环境中通过提高自然过程和循环来控制病虫害；通过适度的投入能源和资源，维持该系统最佳的生产力也就是说，生物农业是通过自然过程和生物循环来保持土地的生产力，用生物学方法防治病虫害，实现农业系统生态平衡的环境。生物农业的倡导者认为，向生物系统中引入化肥会使自然过程发生"短路"，因此，生物农业亦要求在农业生产系统中不使用化肥和化学合成杀虫剂。

生物农业所要达到的目的是：①持续农业，即通过维持和提高土壤大的生物肥力来保证未来的食物生产；②自我维持的农业，即系统应尽量能够依赖自身范围内的资源，而不依赖大量外部资源的输入；③实现自然系统中的生物过程的农业，即只有循环生物学原理，农业才能获得成功。上述三个目的中，第三个是最重要的，它是生物农业的基本原理所在，即生物农业是基于生物学原理而不是忽视或与之相悖的农业生产方式。

生物农业的基本原理的要点为：①土壤、植物、动物和人类的健康是通过养分循环连接着的；②土壤肥力下降或由于不适宜的耕作措施造成的土壤平衡失调都会削弱循环；③为了维持和提高土壤肥力，所有生活物质及废弃物都必须归还土壤，强调用有机肥料替代化学肥料，并尽可能地使土壤覆盖植物或腐烂物；④这种归还为再循环提供基本元素，并净化那些可能会造成污染的废弃物；⑤土壤必须保持有序的结构，物质在体表分解，腐殖物能够使地表下的土壤肥沃，这就需要尽可能搅动土壤，强调蚯蚓在形成土壤团粒结构的作用，因此，在土壤耕作措施上要注意减少对蚯蚓的危害，提倡采用少耕或免耕法；⑥要像自然生态系统那样使多种动植物共存，并各自形成混合的群落，这就要求在耕作上提倡作物轮作、间作和混合放牧；⑦一个地区的资源通常能够维持区域内生物的生长；⑧通过系统内生态平衡和各种栽培措施，如轮作、间作混种等方法防治病虫害，可不用或少用化学农药。

由于生物农业更强调生物学过程，思想基础比有机农业雄厚，思路比较宽广，因而更容易被人们接受，它的基本原理对校正常规现代农业的生态环境偏差有重要作用。

4. 自然农业

自然农业（Natural Agriculture）最早出现在日本，冈田茂吉是其创始人。从 20 世纪 30 年代末起，冈田茂吉以旱地为对象，开始了自然农法的实践与研究；1942 年又着手研究稻作；1948 念开始编辑出版杂志《地上天国》，宣传和普及自然农法；从 1950 年开始，陆续在在全日本设立了 53 个自然农法试验场，并召开自然食品展销会；20 世纪 80 年代又创立了自然农法国际综合开发中心，使自然农法活动进入新的时期，该中心是日本全国性组织，每个县都设有分会，负责组织、研究宣传和推广。

关于自然农法的实质，日本另一位倡导自然农法的学者福冈正信在其 1972 年出版的《绿色哲学》中指出："自然农法是自然之道，是宏观的省力之道。'什么也不干'是自然农法的出发点和归宿，是手段，是通向幸福之路的富民之道。'什么也不干'是稳超胜券的不败农法。不耕种，不施肥，不用农药，不除草，是自然农法的四大法则。自然农法具有节约、省本、高产、无公害、土地越种越肥等优点，这一切都是科学农法无可比拟的。其经验归结到一点就是'无'字，一切无用论。"从实践看，自然农法的生产者有两大共同点：一是都把维护地力作为经营农业的根本，尊重土地为基础的物质循环规律，并提出"农医同源""身土不二"的口号；二是都十分重视"化学农法"所带来的弊端，关注化肥、农药对人类健康造成的影响，拒绝使用化肥和农药。目前，日本自然农法国际综合研究中心在以下五个方面加强了自然农法的活动，一是围绕人们的身心健康，生产并供给无公害、清洁、有益健康的作物；二是恢复有生命的土壤，以提高作物品质，确保安全生产；三是开发和确立省工、节能的生产技术；四是创造人们心境愉快的农业工作环境；五是开发自然食品运动。

自然农业在日本尽管有了较大的发展，其对常规现代农业的生态环境偏差也发挥了重要的校正作用，获得了许多研究者、生产者和消费者的接受及政府的认可。但自然农业仍不能成为今后农业发展的主要模式和方向。其主要原因有两个方面，一是自然农业的产品生产量比常规现代农业要低得多，无法满足社会不断增长着的对农产品的需求，尤其在日本，人多地少，农产品难以实现自给，一些主要农产品尚需进口。因此全面实现自然农法，会使日本农产品的供求缺口增大，对国际农产品市场的依赖程度加大，这就决定了在大范围内推行自然农业是不可能的；二是自然农业会提高单位农产品成本，不利于农产品参与国际竞争。这两个方面决定了自然农业作为一种生产制度，尚无法取代常规现代农业，只能在部分地域内推广。

5. 生态农业

生态农业（Ecological Agriculture）首由美国土壤学家 Willianm Albrecht 于 1971 年提出。Albrecht 认为，通过增加土壤腐殖质，建立良好的土壤条件，就会有良好健康植株，可少量使用化学肥料，禁止使用化学农药，避免环境污染。1976 年，英国学者 M. K. Worthington 根据其对欧洲有机农业的调查和亲自试验，对生态农业提出了新的认识。之后，其他一些西方学者相继对农业生态问题进行了研究，使生态农业在内涵上不断完善。从实践看，西欧各国在推行生态农药方面起步较早。根据荷兰的统计，20 世纪 70 年代西欧各国各种生态农业加在一起的面积比例已增加到 $0.03\% \sim 0.06\%$。到 80 年代中后期，德国各种生态农业的面积比例已增加到 0.3%，英国生态农场约占农场总数 1%，但其中 86% 为小于 100 英亩的小农场，主要集中在东北部沿海、新英格兰等适于牧草生成的温凉湿润地区。荷兰生态农业的面积约占农田地面积的 0.15%，实施农户 350 户，在高等农业院校还开设了生态农业技术课程。

关于生态农业的内涵，英国 K. Worthington 的定义为：生态农业是生态上能自我维持的、低投入的、经济上有生命力的，目标在于不产生大的和长远的环境方面或伦理方面和审美方面不可接受的变化的小型农业。Jackson 和 Benden（1984）的定义为：生态农业在尽量减少人工管理的条件下进行农业生产，保护土壤能力和生物种群的多样化，控制土壤侵蚀，少用或不用化肥农药，减少环境压力，实现持久性的发展。目前，一般认为，作为生态农业，必须具备以下几个基本条件：

第一，它必须是一个自我维持的系统。在运作过程中，设法使能量减少到最低限度，并且一切副产品和废弃物都要通过再循环，提倡使用降释生物及固氮植物，通过实施腐殖、作物轮作以及正确处理和施用农家肥料等技术来维持土壤肥力。

第二，它必须是多种经营的。动物（包括人）与植物的构成比例要适当，通过多种经营经营，增加农业生态环境的稳定性和最大生物产出量。

第三，它在农场规模上应该是小的。应控制投入和增加雇佣人员，提供更多的就业机会。

第四，它在经济上必须是可行的。其标准是以类似于社会上其他成员的生活方式，为农场工人提供足够的收入，以便维持农业工人的生活，并保证农场的正常开支。不能把利润增加到最大而破坏各种各样的环境因素的程度。

第五，它的产品应当在农场内部加工，增加农村的就业机会，并以较低的价格提供给消费者。

第六，它在美学和道德上必须能够被人们接受。尽可能保持农村的各种景观，使农业生态体系变得更加稳定，并使乡村特有的美丽景观以悦美之感。

生态农业的倡导者认为，正确推行生态农业，首要的是调整好耕地与畜牧占地的比例，畜牧业除生产畜产品外，还应为农业耕地提供足够的有机肥料，以保持和改良耕地的土壤肥力。英国大草原及其他地方生态农场在此方面进行的实践是，很少或根本就不用投入物，不用谷物或进口饲料喂养牲畜，农场中的耕地面积占农场全部土地面积的 30% 左右，这是保持生态农业自我维持特征的一个特性。

生态农业的实际运用表明，产量低是生态农业面临着的一个最大挑战。在德国，生态农场一般比常规现代农场减产 20%～30%；在美国，生态农业的减产幅度更大，小麦减产 53%，玉米减产 50%，棉花减产 56%。生态农业产品在品质上与常规现代农业并无明显差别。由于产量低，生态农场的收入普遍减少，正是由于面临着诸多挑战，生态农业的应用前景尚难以预测。

6. 持续农业

持续农业（Sustainable Agriculture）是在探讨常规现代农业替代模式中提出的最晚但发展前景十分看好的一种模式，这种模式在 20 世纪 80 年代初经学术界探讨提出，90 年代以来在国际上进一步引起了广泛关注并进入实施阶段，文献分析表明，1987 年世界环境与发展研究委员会提出了"2000 年，转向可持续农业的全球政策"，首次把持续农业作为世界农业发展的新方向。紧接着 1988 年 12 月，美国农业部把"低投入持续农业"（LISA）列为重点研究课题，同年联合国粮农组织制定了全世界发展"可持续农业生产"有关需求方面的文件，翌年该组织在其 25 届年会上通过了"有关发展可持续农业的决议"。1991 年 4 月联合国粮农组织在荷兰召开的"农业与环境"国际会议上发表了著名的"可持续农业和农村发展的波丹宣言和行动纲领"，要求全世界为推动可持续农业的发展共同做出努力。此后，持续农业不仅获得世界公认，而且在全世界范围内开展了广泛深入地探讨，提出了实施计划，初步形成了持续农业的理论体系。

关于持续农业的内涵，由于目前世界上对持续农业的理解尚未完全统一，所以所下的定义五花八门，多种多样，其中最具有代表性的有 20 多个，可以归并为单一属性定义和综合属性定义两类：从单一属性定义角度，国际上流行的定义主要有三个：

（1）侧重于从自然属性角度，代表性的定义是 1988 年发展中国家农业持续委员会提出的。该委员会认为："持续农业是一种能够增进人类需要而不破坏环境甚至改善自然资源的农业系统的能力"。落脚点是改善资源与环境系统。

（2）侧重于从社会角度，代表性的定义是社会学家提出的，把持续农业视为是："在不超出维持生态系统的承载能力的情况下，改善人类的生活质量的农业"。落脚点是改善人类的生活质量。

（3）侧重于从经济属性角度，代表性的定义是经济学家提出的，认为持续农业是"保护自然资源的质量及其所提供服务的前提下，使农业经济的净收益增加到最大限度"。或者定义为"在不降低环境质量和不破坏自然环境的基础上的农业经济发展"。落脚点是农业经济发展。

从综合属性定义角度，有影响的定义主要有三个：

（1）1984 年 Douglass 提出的三重定义，认为持续农业的内涵应包括环境重要性、食物充足性和社会公平性。1987 年布朗将这个三重定义进一步完善为生态、经济、社会三个持续性。

（2）1989 年美国农学会、作物学会、土壤学会讨论形成的一致看法是，持续农业是"在一个长时期内有利于改善农业所依存的环境和资源，提供人类对食品和纤维的基本需要，经济可行并提高农民以及整个社会生活的一种做法。"

（3）1991 年联合国粮农组织在荷兰召开的"农业与环境"国际会议发表的"可持续农业和农村发展的波丹宣言和行动纲领"中，将持续农业定义为："采取某种使用和维护自然资源的基础的方式，以及实行持续变革制度性改革，以确保当代人类及其后代对农产品需求得到满足，这种可持久发展（包括农业、林业和渔业）能维护土地、水、动植物遗传资源，是一种环境不退化，技术上应用适应，经济上能生存下去以及社会能够接受的"。

根据"波丹宣言"的论述，可以把持续农业的内涵概括为以下四个要点：

第一，持续农业最本质的含义是要正确处理农业发展与资源环境的关系，实现既不损害当代人的生存与发展，又不损害或妨害后代人生存与发展的能力。

第二，持续农业的战略要求维持三个持续性，即生态持续性、经济持续性和社会持续性。

第三，持续农业要通过农业技术使用和制度性改革（包括产权制度、人事制度、领导决策制度和经营管理体制等）来实现。

第四，持续农业要把农业发展与农村发展合为一个整体来考虑，或者使作为一个大的系统来规划和管理。

目前，在实践上持续农业主要采用的技术措施有：

第一，减少化肥施用量的技术措施包括：①合理高效的轮作制度，特别是与豆科固氮作物或其他养分固定作物的轮作；②增施有机肥；③土壤养分状况的深入分析与评价，以确定合理的施肥量；④低耗肥品种的种植；⑤高效施肥，将化肥适时适量地施于作物行间的准确位置上，以最大限度地促进作物生长，而不是促进杂草生长或污染环境。

第二，减少农药使用量的技术措施包括：运用综合害虫防治（IPM）技术替代纯农药防治技术，采用轮作高抗性品种，确定病虫害防治的经济价值，作好病虫害防治的预测、预报和控制工作。具体讲减少杀虫剂使用的技术包括：①高效的杀虫剂喷施技术，尽可能将杀虫剂喷施在其有效作用范围；②较多的作物轮作配置；③调整作物种植时间，使害虫危害期与作物危害期错开；④有控制的选择特定的杂草，使之有利于病虫害天敌的繁殖或给害虫提供替代型食品；⑤释放害虫的寄生物或捕食天敌；⑥利用对害虫行为特征有影响的外激素和驱虫剂；⑦采用将"毒素"通过遗传工程植入植物体内的品种；⑧通过生物多样性的保护来维持对害虫的克制作用；⑨积极发展新的耕作方式如间作、带状间作等，以增加田间生物多样性，提高对害虫的自然防治力。

第三，减少深耕和耗费石化能投入的技术措施包括：浅耕法，松耕法，底土松耕法，耙地法，表土耕耘法，免耕法等。这些措施不仅可以节约能源，而且特别有利于改善土壤水分贮存以及排水更加自然的土壤结构，促进农业生产持续发展。

第四，采用并选育适宜于低投入生产的高效作物品种，选育高病虫害抗性的品种，在育种工作中利用生物工程技术将昆虫毒素导入作物体。

综上所述，持续农业已成为世界农业发展的一个重要趋势和方向。持续农业由于在很大程度上综合了已有的常规现代农业替代模式的精华，因而具有非常强的生命力和美好的前景。常规现代农业与持续农业结合，或者说常规现代农业的发展建立在可持续的基础上，是世界农业发展的未来方向。

6.3　协调环境保护与农村城镇化推进的对策选择

协调环境保护与农村城镇化推进关系的基本准则是，农村城镇化推进要建立在农村地区生态环境良性发展的基础之上，即农村城镇化不以损伤农村地区的生态系统为代价。具体的对策选择有以下几个方面。

6.3.1　把环境因素纳入农村城镇化的大系统

传统的农村城镇化经济系统模型把整个经济社会看作一个系统，没有特别考虑环境与自然资源的影响。一般地，在传统经济系统模型中，有两个基本行为主体，生产者和消费者。这两个行为主体由物品市场和要素市场连接起来。一方面，生产者生产物品和服务，通过物品市场出售给消费者，消费者向生产者支付货币；另一方面，消费者通过要素市场向生产者提供劳动、土地、资本等生产要素，生产者利用这些要素从事生产活动，并向要素提供者提供报酬。这样，整个经济就成为一个物品（包括服务）和货币做相反的流动并联系起来的系统。然而，这个系统未能将资源环境因素包含在内，很容易对生态环境形成忽视甚至损伤，如生产者为了产出最大化可能不顾资源的更新和环境的吸收能力而增加生产。协调农村城镇化推进与农村生态环境保护关系的核心，是要把农村城镇化发展建立在资源环境良性循环的基础上，因此必须把资源环境因素纳入农村城镇化的大系统。在这种包括资源环境因素在内的农村城镇化社会经济大系统中，经济系统就成为整个系统的一个组成部分，经济系统与环境系统之间就形成了相互依存的关系，农村城镇化发展与环境优化就有机地结合在一起。

6.3.2 农村城镇化的推进要兼顾农业持续发展的三个目标

从我国的实际出发，我们认为，我国农业可持续发展的目标有三个：

1. 产量目标

即通过传统农业改造，进一步提高我国农业的生产能力和农产品市场供给能力，以满足城乡居民生活和经济发展对农产品不断增加着的需求。我国是一个人口大国，吃饭问题始终是第一位的问题。吃饭问题解决不好，整个社会稳定就实现不了。从经济发展趋势看，我国人口在未来几十年内是不断增加的趋势，据测算，我国总人口 2010 年将达 14 亿，2030 年将达 16 亿，即未来 30 年我国人口将要增加 25％以上，绝对增量接近 4 亿。人口增加会直接推动农产品需求量的增加，按现有粮食占有量计算，净增加 4 亿人口就会增加 1600 亿公斤的粮食占有量需求，这要求粮食产量至少要比现在增长 33％以上。另一方面，人均收入水平的提高，也会成为农产品需求量增加的一个重要推动力量。随着收入水平的提高，粮食直接消费（口粮）会减少，这一趋势在我国过去的 20 年里已经表现出来了，但粮食的间接消费即通过对动物性食品消费而派生出来的消费会增加。随着我国经济的向前发展，人均收入水平提高是一个必然的趋势。看来很明显，未来几十年，我国农业面临着巨大的需求压力，这是一个挑战。从资源角度上讲，未来耕地减少又是一个不可避免的趋势。如上一章所述，从 1957 年到 1998 年，我国已绝对减少耕地近 2.5 亿亩，相当于 4 个吉林省的面积。人均占有耕地面积减少了 56％以上，平均每个农业劳动力占有耕地平均每年减少近 2％。今后，随着我国经济的持续增长，非农产业对耕地的占用还会继续下去。这意味着，今后我国要以更少的耕地养活更多的人口，农业生产的任务是相当艰巨的。所以，产量目标，即保证农产品的有效供给，满足城乡居民和经济发展对农产品的需求，是我国农业发展的一个重要目标，失却了这个目标，其他任何方面都将是没有意义的。

2. 收入目标

即通过农村城镇化，促进农村综合发展，不断增加农民收入，改进农民生活质量，消除农村贫困状况。农民收入的增加，是农民生活改善的基础。没有收入的不断增加，要改善农民的生活是难以做到的。农民收入状况不仅对农民生活本身有影响，而且对农业生产和国民经济有重要影响。如上所述，产量目标是我国今后农业发展的一个重要目标，而产量目标能否顺利实现，一个重要决定性因素就是农民的积极性状况，因为劳动者是生产力中最活跃的、起决定性作用的因素。农民收入状况直接影响着农民的生产积极性，收入增加缓慢则不利于调动农民的生产积极性，收入减少则会抑制农民的生产积极性。农民的收入状况还是构成农村市场容量的主要部分，只有不断增加收入，才能使农村市场（消费品市场和资本品市场）充满活力，为工业和劳务产品提供不断扩大的市场，促进整个国民经济的不断增长。所以，在我国农村城镇化发展过程，不能忽略农民的收入问题，要千方百计增加农民收入。

3. 环境目标

即合理利用和保护自然资源，维护和改善生态环境。生态环境的良好状况，是农业农村经济实现可持续发展的主要基础，这是由农业是经济再生产与自然再生产的统一这一特性决定的。农村城镇化能否实现持续发展，最根本的影响因素是自然生态环境的状况。如果自然生态环境受到破坏，农业的可持续发展就失去了基础，建立在农业健康发展基础上的农村城镇化也就不可能实现持续发展。所以，维持一个良好的自然生态环境，是我国农业发展和农村城镇化推进的一个重要目标。

上述三个目标并不总是一致的，目标之间有一定的冲突关系。比如，增加粮食生产和农民收入就有可能破坏自然生态环境，农村城镇化推进也有可能对农村环境造成损伤。但我们认为，在可持续发展的大目标下，任何目标之间的冲突都应该依照有利于实现持续发展原则加以处理。比如，当增加粮食生产和农民收入会导致对农业生态环境的不利影响时，粮食生产和农民收入目标就应服从于环境目标。当然，服从环境目标并不绝对意味着生产缩减和收入的降低，如果这样，农业在经济上不可能实现持续发展，这样的生态环境持续性是没有任何意义的。服从于环境目标的实质在于，通过调整生产技术的模式，使增加生产和收入的活动不对生态环境形成伤害，新技术的采用和投资的追加要注重合理开发利用和保护自然资源，维护和改善生态环境，把农业生产和城镇化推进的持续性与生态环境的持续性融合在一起。

6.3.3　建立农业和农村自然资源核算制度

所谓农业和农村自然资源核算，是指对一定时间和空间内的农业和农村自然资源，从实物、价值和质量等方面，在其真实统计和合理估价的基础上，统计、核实和测算其总量和结构变化并反映其平衡状态的工作。农业和农村自然资源核算的内容，一是自然环境实物量核算，二是自然环境价值量核算，三是自然环境质量核算，这三个方面互为基础、互为补充，缺一不可。核算不仅包括静态意义上的存量核算，而且包括动态意义上的流量核算。显而易见，农业和农村自然资源核算是实现农业和农村城镇化可持续发展的一项基础性工作，它有助于确定或确认自然资源的最佳或最适度的利用水平，有助于资源在世代间利用的合理分配以最大限度地满足各代人的需要，有利于适量地、及时地判断在数量、质量和价值量等方面的变化，有利于分析自然资源变化的影响因素，有助于防止和纠正自然资源过度消耗现象。所以，农业和农村自然资源核算，是有效协调农村城镇化与资源环境保护关系的重要手段。

目前，我国尚未建立农业和农村自然资源核算制度。资源家底不清，对自然资源的利用动态缺乏真实的了解，不能不是我国生态环境趋于恶化的一个基本原因。因此，实现我国农业农村城镇化的可持续发展，建立系统的农业和农村自然资源核算制度，非常必要和迫切。为此可以考虑：

（1）组建专门负责全国农业和农村自然资源核算的机构，这个机构可以现有的农业行政管理机关为主，吸收相关部门参加。

（2）规范核算项目，由统计入手，调整和增设农业自然资源统计项目，如水资源及其利用、耕地质量及其变化、空气污染状况等等，并将农业和农村自然资源统计工作规范化、制度化，保证统计项目的系统性和相对连续性及同类农业及农村资源统计口径的一致性。

（3）完善报告制度，逐步实现定期化、规范化、公开化的农业和农村自然资源报告制度，并由中央向地方推广开来，除此而外，政府还应要求布局在农村的大型企业定期报告其资源及其利用情况、与之相关的环境情况等，政府应定期发布或公布主要资源的数量和质量情况，使资源状况公开化、社会化。

6.3.4　广泛推行生态农业模式

农业本身的可持续发展是建立农村城镇化推进与环境保护良性互动关系的重要内容。而生态农业则是被实践证明是实现农业可持续发展的一种有效模式。

应该指出，我国的生态农业与如上所述的西方发达国家在探索现代农业替代模式时提出的生态农业有着重要的区别，二者尽管名称相同，但内涵并不完全相同。为了区别起见，我们把西方的生态农业称为"西方生态农业"，把我国的生态农业称为"中国生态农业"。西方的生态农业从一开始就强调低投入，强调化学肥料和农药的禁用，这种思想的产生与西方现代农业的高投入及化学性投入引发的生态环境问题直接有关，但更主要的还是其倡导宁可牺牲农业生产力也要追求回归自然的思想倾向在起作用。然而，牺牲农业生产力的纯粹的自然生态环境保护是没有意义的，而且这种做法因无法满足社会对农产品不断增长的需求而难以在实践中推行。所以，即使在西方国家，对这种生态农业模式也难以广泛承认和接受。我国的生态农业从一开始就强调追求高的农业生产力，追求现代化农业。

我国生态农业基本理论认为，生态农业即不同于完全依靠内部封闭或内部物质循环的有机农业，也不同于主要依靠外部大量投入商品能量和物质的工业化农业，而是两者优缺点的扬弃。生态农业不是单纯的自然循环，而是自然、经济、社会的复合体，因而它必然是一个开放系统而不可能是一个自我维持或自给的系统。在能量和物质的利用上，我国的生态农业虽然也强调利用自然，充分发挥复合生态系统的"内循环"效应，以节省辅助能量与其他资源的投入量，但也强调要使辅助能量投入保持一定的水平，并在不损坏自然生态环境的条件下尽可能地增加农业投入水平，以获得满足社会需要的农产品供给。总之，我国农业生态体现了现代常规农业与农业可持续发展的结合。

我国生态农业发展应遵循以下原则：

（1）生态规律和经济规律相结合，经济规律的作用要建立在生态规律的基础上，生态规律的作用要为经济规律的作用服务。

（2）生态效益与经济效益相结合，追求经济效益不能以牺牲生态效益为代价，维护生态效益也不能以牺牲经济效益为代价，为了做到这一点，就需要在农业发展过程中既要尽量吸收保留自然生态系统中合理的、对人类有利的机制，又要善于采用现代科学技术上的一切成就，包括工业化农业技术体系中一切行之有效的增产措施，如合理使用化肥、农药（特别是高效、低毒、低残留和无公害农药）、畜禽饲料添加剂以及合适的农业机械等。

（3）产出增加与环境改善相结合，通过科学的运行，使农业在可更新资源不断得到再生的基础上实现持续的产出增加，并使环境质量获得改善。

（4）系统开放，即为满足不断增长着的对农产品的需求，生态农业必须是日益开放的农业，高产出和高商品率必然要求大量投入能量和物质，代表着现代农业发展趋向的生态农业，不应该成为自我维持的封闭系统。

生态农业的发展还要搞好四个方面的调控：

（1）生物调控，包括个体调控、种群调控和生产结构调控。个体调控主要是通过生物遗传特性的改变，使目标生物更加适应当地自然条件，更适合群体和系统的要求、更能满足人类的需要，因此，农业科研就要在选种、育种方面重点培育对环境的适应性、丰产性、抗逆性较好的优良品种。群体调控主要是调节个体与个体之间、种群与种群之间的关系，包括密度调节、群体种类组成的调节、种群内不同性别和年龄组成的调节等。生产结构调控主要指协调农、林、牧、渔业的种类及比例，以便最大限度地利用当地的农业自然资源和满足人们的需要。

（2）环境调控，即为了增加农业生物产量和改善农村环境质量所采取的一切改造生态环境的措施，包括土壤环境的调控（如耕地、耙地、平地、施肥培肥土壤的草田轮作等）、气候因子的调控（如植树造林、营造护林带网、人工降雨、防雹、防霜、保护地栽培等）、水的调控（如修建水利设施、防止水土流失的生物措施和工程措施等）、环境质量的调控（如合理使用农药、化肥、防治乡镇企业污染的物理措施、化学措施和生物措施以及合理布局以减轻环境污染的危害等）。

（3）结构调控，包括平面结构调控、立体结构调控、时间结构调控和食物链结构调控。平面结构调控是指在一定生态区域内，各农业生物种群或生态类型所占面积的比例与分布特征，平面结构既要符合自然资源特点，又要能够满足社会的需要。立体结构调控在于将不同生态位和种间互补的种群巧妙的组合起来，建成多层次的生物复合群体，以充分利用自然环境资源，如山地立体农业、平原立体农业等。时间结构调控是通过生物种群的安排，使生物对环境资源的吸收转化与自然环境的时间节律保持同步协调，以提高农业对环境资源的利用率。食物链结构调控是在增加初级生产的基础上，延长食物链环节，以层层利用、多级利用光合产物，增强农业系统的稳定性。

（4）信息调控，即建立生态农业的信息系统，通过对信息的加工和使用，保证农业系统的健康运行。

6.3.5　强化政府对农村城镇化过程中的环境管理

在协调农村城镇化和环境保护的关系中，政府发挥着重要作用。从理论上讲，生态环境的治理和维护属于经济生活中的公共产品，因此，政府有提供良好的生态环境公共产品的职责。实践中，可供采用的政府对农业和农村环境管理的基本手段有三个：行政手段、经济手段、法律手段。

1. 行政手段的使用和优化

在我国农业和农村环境管理过程中，行政手段已经得到较多运用，如规定乡镇企业的排污标准，淮河、太湖等水系污染限期达标，强行关闭一些污染严重的小造纸厂和小皮革厂，规定植树造林任务等。这些行政手段的使用，对农村生态环境的改善产生了较大作用。然而，行政命令在使用过程中也存在一些问题，主要是规范不够、约束力不强、地方政府的保护行为较为严重、缺乏经常化和制度化的检查和监督等。

根据我们的基本国情，行政手段作为我国农村城镇化过程中环境管理的一个基本手段，还应不断强化。强化的内容包括：

（1）制订明确的行政法规条文，提高行政措施的规范性；

（2）严格行政法规条文的执行，提高行政措施的严肃性，坚决纠正地方政府为本地经济利益而对行政法规的讨价还价行为；

（3）保持行政法规的相对稳定性，当一项法规制定出来后，应在一个时期内保持相对稳定，不要频繁变动；

（4）建立严肃的检查监督制度，对行政措施的执行情况进行经常化、制度化的检查监督，对违反措施的行为要按照行政系统约束关系从严处理，不得姑息迁就。

2. 经济手段的使用和优化

经济手段的内容，包括收费、补贴和建立市场几个方面。

收费手段具体包括：

（1）排污费，是对向环境排放污染物而收费，由排放污染物的数量和质量而定。

（2）用户费，是对集中处理污染物而收取的费用，收费标准根据污染物处理而定。

（3）产品费，是对在生产和消费中有污染后果或需要建立特别处理系统的产品收费，收费进入产品价格，其目的是抑制该类产品的生产和消费。

（4）管理费，是为了支付环境管理工作所需开支而向管理对象收取的费用，如登记某种受管制的化学品时要收费等。

（5）差别税，是针对产品对环境可能产生的影响而设的项目，目的是使对环境有害的产品税率高，降低其竞争能力，从而抑制这些有害产品的生产，差别税在实质上类同于产品费。

补贴手段具体包括：

（1）赠款，这是当污染者采取措施以降低污染水平时，由政府提供的财政资助，这种资助无须偿还。

（2）软贷款，其利率低于市场利率，提供给那些采取措施减轻污染的经济活动者。

（3）税收减免，通过允许加速折旧或其他形式的税收减免手段，优待那些采取防治污染措施的经济活动者。

建立市场是以排污权交易为核心的经济手段，具体包括：

（1）排污权交易。即释放污染量低于政府规定的排污标准的经济活动主体，可以把它的实际排放与允许排放间的差额卖给另一个经济活动主体，买者因而可以排放高于自家排放限制的污染物，这种交易可以在市场上广泛进行。

（2）价格干预。对于某些有潜在利用价值的废弃物，要使其成为另一个经济活动主体的生产原料而得以再利用，必须要有合适的交易价格。价格过低卖者无利可图，价格过高买者无利可图，此两种情况均无法成交，废弃物的利用受阻，而废弃物不加处理地进入环境，则会给环境带来负影响。所以，在此情况下，政府就应该进行必要的价格干预。干预方式主要有价格补贴和限价保障两种方式，前者是在废弃物市场价格降到一定水平时，政府补贴卖者，后者则是对卖方实行最高限价。这样的干预结果，可以保证对环境有害的废弃物综合利用的市场持续存在。

（3）责任保险。经济活动主体对环境的污染行为具有一定的风险，如果造成环境污染的事故或受到政府的罚款，就要承抵一大笔治理费用，所以保险公司可以开办一个险种，或政府命令保险公司开办一种保险业务，由经济活动主体交纳一定的保险金，出事时由保险公司赔偿。这样，保险费将大致反映环境的破坏程度和治理费用。保险手段可以刺激经济活动者改善生产经营活动，降低污染水平，因为如果它造成污染损害可能性越小，交纳的保险金就可能少，到它不会造成污染时，也就不需参加该项保险了。

目前，经济手段在我国农村环境管理中的使用还不充分。今后，随着我国社会主义市场经济体制的逐步确立和运行，政府应加大经济手段的使用力度，充分发挥经济手段在农村环境管理工作中的作用。

经济手段的优化应突出以下几点：

（1）应尽量体现污染者付费原则，这一原则要体现在上述各种经济手段的设计和运行上。

（2）应使经济手段的诱导机制重于敛资机制。经济手段与资金相联系，但不能把敛资作为经济手段的唯一目的，这样做不利于环境经济管理的高质量运行。敛资只是使经济手段发生效用的工具，所以，在任何时候，经济手段都应始终把对农村经济活动主体产生环境保护作用的刺激作用和诱导作用放在首位。

（3）尽可能降低实施环境保护经济手段的运行成本。增加一项经济手段，就要相应增加用于操作这项政策的人力、物力、财力和时间，即要发生相应的操作成本。在不少情况下，操作成本是影响经济手段出台的决定性因素。当一项经济手段的操作成本很高时，即使这种手段的效果会很好，也很难出台。西方国家把这种操作成本与期望取得的效果之间的比较结果称为"管理效率"。所以，我国农村城镇化过程中环境保护经济手段的设计和运行，一定要有管理效率意识，对各种经济手段的管理效率进行分析，以选择管理效率高的经济手段。从这个意义上讲，环境保护的经济手段并非越多、越细越好，要充分考虑操作成本，尽可能地降低经济手段的操作成本。

3. 法律手段的使用和优化

法律手段是政府通过立法和司法活动，对社会经济活动进行控制和监督，以规范经济活动主体的行为，使其与既定的社会经济发展目标相一致。法律手段对农村生态环境的经济管理，不是表现在诱导，而是表现为一种超经济的强制；它的核心不是物质利益，而是一种法定的、刚性的权利、责任和义务关系，虽然有的法律手段也明显的涉及物质利益，但也仅是对这种物质利益关系的确认和保护；法律手段还具有较高的稳定性，法律一旦制定出来，一般不能随意更改，可以在较长时间内反复使用。规范刚性是法律手段有效性的基础，需要强化这个基础。

　　我国农村环境管理的法治化建设已取得可喜进步，已经颁布实施了一批有关资源与环境保护的法律，如《农业法》《水土保持法》《草原法》《环境保护法》《森林法》《土地管理法》《渔业法》《乡镇企业法》《动物检疫法》《水产资源保护条例》《种子管理条例》《基本农田保护条例》《基本农田保护区环境保护规程》《农药管理条例》等。这些法律的出台，对促进我国农村环境管理工作的开展起着重要的作用。目前存在的主要问题是，法律体系还不够健全，法律之间存在着某些冲突，有法不依、执法不严的现象比较严重。所以，我国农村环境管理的法律手段也还必须强化。

　　农村环境管理法律手段优化的重点，一是完善法律体系，应通过积极地细致工作，逐步建立起一套完善的农村环境保护法律体系；二是协调法律条款，尽量减少甚至消除法律之间及条款之间的冲突，法律之间要很好的协调，既不能留下"真空"地带，也不能过多的相互交叉重叠；三是加大执法力度，严格法律的执行，坚决纠正有法不依、执法不严的现象，真正确立法律手段在管理农村环境中的严肃性和权威性。

注释：

［1］Theodche W. Schultz，TRANSFORMING TRADITIONAL AGRICLILTURE，Yale University Press，1964.

［2］Theodche W. Schultz，TRANSFORMING TRADITIONAL AGRICLILTURE，Yale University Press，1964.

［3］Theodche W. Schultz，TRANSFORMING TRADITIONAL AGRICLILTURE，Yale University Press，1964.

［4］Robert D. Stevens，The Principle of Agricultural Development，The Johos Hopicins university Press，1988.

［5］马克思：《剩余价值理论》，《马克斯恩格斯全集》第 26 卷，人民出版社。

［6］1914 年美国国会确立"史密斯—利弗法"，该法案要求州立大学农学院同地方（县）合作建立农业推广机构。

［7］G. D. Soule，Farming in Nature's Image.

［8］Year Book of Agriculture and Farm Mangement，1989，USDA.

［9］G. Rifkin，Beyond Beef.

［10］G. Rifkin，Beyond Beef.

［11］USDA，Report and Recommendations on Organic Farming，1980.

第7章　农村城镇化与城镇建设

城镇自身的规划和建设是推进农村城镇化的一项基本内容。即使农业发展与城镇化推进是协调的，农村工业化发展与城镇化推进是同步的，但如果城镇本身的规划和建设不合理，同样会影响农村城镇化的顺利推进。因此，在制定农村城镇化发展的战略和对策措施时，应该充分考虑城镇自身的建设问题。鉴于城镇建设问题将在另外一本书中专门详细讨论，故本章对城镇建设的讨论是很简略的。

7.1　城镇建设的基本内容

从城镇建设做得比较好的国家的实践来看，要实现与农村城镇化推进相适应，城镇建设的基本内容要包括三个方面。

7.1.1　城镇布局

合理的布局是农村城镇化顺利推进的重要条件，同时也是消除区域间经济差距和实现区域经济一体化的重要措施。

首先，城镇布局要与经济活动水平和人口分布状况相适应，过密和过疏都不利于经济活动的顺利开展。

其次，城镇布局还需考虑地域经济发展的平衡问题，小城镇集中布局于某一地区或平均分散于各个地区，都不利于区域经济的一体化发展。集中布局一方面会减小城镇作为经济增长点通过"扩散效应"对更多的周边农村地区的拉动作用，另一方面会扩大地区间经济发展水平的差距；而平均分散布局则不能完全保证城镇与农村非农产业发展的协调，因为农村非农产业发展水平高的地区需要和会形成较多的城镇，农村非农产业发展水平低的地区则需要和会形成较少的城镇。

再次，城镇布局要考虑交通运输条件和人文环境等，一般来讲，小城镇应当布局于交通相对便利、人文环境相对较好的位点，这样才有利于城镇对周边地区"极化效应"和"扩散效应"的实现。

最后，城镇布局要与整个国民经济发展的要求相协调，即小城镇的布局除了要考虑农村经济的发展要求外，还要在更大层面上考虑整个国民经济的发展要求，当这两个层面出现矛盾时，农村小城镇布局要服从于整个国民经济的要求。

7.1.2 城镇规划

城镇规划分为两个层次，一是城镇发展总体规划，主要是确定城镇的发展方向、主导主业及产业结构、人口规模、空间布局、位置选择和占地面积等；二是城镇建设的具体规划，即在总体规划的指导下，对城镇的厂房、住宅、街道、商场、文化娱乐设施、办公场所、供排水系统、供热系统、通信设施、体育场馆、交通等进行具体规划。

总体规划和具体规划是相辅相成的，总体规划是具体规划的纲领，具体规划是总体规划的实现。因此，城镇建设要同时注重这两种规则。

7.1.3 城镇运行

城镇的良好运行需要相应的制度和机制。因此，要搞好城镇的制度建设和机制建设。如果制度不健全，机制混乱，城镇布局和规划搞得再好，也是难以推进农村城镇化的。

城镇的制度建设和机制建设，在内容上包括城镇的管理体制、各项管理制度、决策机制、沟通机制和制约机制等。

7.2 我国城镇建设存在的问题

20世纪80年代以来，我国农村的城镇建设取得了不少成绩，在沿海经济发达地区和大城市郊区涌现出了一批功能比较完善、具有自身建设特色的农村小城镇，如贸易功能较强的桥头镇（浙江省），生产与贸易功能都较为齐全的石狮镇（福建省），生产、贸易、基础设施和文化娱乐功能都很齐全的龙港镇（浙江省）等，这些小城镇为我国农村小城镇建设树立了样板，在推进农村城镇化发展方面发挥了典型作用。

但是，从总体上讲，我国农村的城镇建设还比较落后，许多农村小城镇的建设和发展仍处于低水平的自发状态，存在着许多急待解决的问题。

7.2.1 城镇布局不尽合理

目前我国的小城镇主要分布在东部沿海经济发达地区。根据全国农业普查资料计算，见表 7-1，在全国 16126 个农村建制镇中，位于东部地区的 7479 个，占 46.4%；位于中部地区的 4682 个，占 29.0%；位于西部地区的 3965 个，占 24.6%；在全国农村镇区总户数中，东部地区占 51.7%，中部地区占 28.9%，西部地区占 19.4%；在全国农村镇区总人口中，东部地区占 51.4%，中部地区占 30.1%，西部地区占 18.5%；在全国农村镇区总非农业人口中，东部地区占 48.8%，中部地区占 31.1%，西部地区占 20.1%；在全国农村镇区总占地面积中，东部地区占 48.9%，中部地区占 30.6%，西部地区占 20.5%。

表 7-1 我国农村建制镇的地区分布差异

基本指标	东部地区 比重（%）	中部地区 比重（%）	西部地区 比重（%）
农村建制镇数	46.4	29.0	24.6
镇区总人口数	51.4	30.1	18.5
镇区非农业人口数	48.8	31.1	20.1
镇区占地面积	48.9	30.6	20.5

资料来源：根据农业普查资料计算。

在东部地区中，小城镇又集中分布在广东、山东、浙江、江苏和上海。在全国农村镇区总户数中，广东省占 10.4%，山东省占 7.2%，浙江省占 7.3%，江苏省占 6.9%，上海市占 2.1%；在全国农村镇区总人口中，广东省占 11.9%，山东省占 7.4%，浙江省占 6.1%，江苏省占 6%，上海市占 1.6%；在全国农村镇区总人口中，广东省占 11.9%，山东省占 7.4%，浙江省占 6.1%，江苏省占 6.0%，上海市占 1.6%；在全国农村镇区非农业人口中，广东省占 14.6%，山东省占 4.8%，浙江省占 6.1%，江苏省占 7.2%，上海市占 2.4%；在全国农村镇区土地面积中，广东省占 8.8%，山东省占 9.1%，浙江省占 4.6%，江苏省占 5.2%，上海市占 1.2%。

农村小城镇的这种偏斜分布，虽然与东部地区农村经济和城市经济的发展水平较高有密切关系，但广大的中西部地区农村小城镇分布不足，对推动区域经济的一体化协调发展无疑将是不利的。

7.2.2 城镇产业结构不甚合理

目前，我国绝大多数农村小城镇的主导产业特色不明显，没有形成围绕主导产业的产业群体，第三产业尤为不发达，明显滞后于第二产业的发展。表 7-2 计算列示出了全国农村建制镇镇区企业的行业类别情况，可以明显看出，工业和建筑业是目前农村小城镇的主体产业，在企业个数上，二者占近 50%，在从业人员上，二者占近 85%。这说明，在我国目前的农村小城镇中，绝大多数的从业人员以从事第二产业活动为主。由表 7-2 还可以看出，农村小城镇镇区企业的平均规模较小，只有 37 人，即使是工业企业也只有 59 人。

表 7-2　我国农村建制镇镇区企业行业分类

产业种类	企业个数结构（%）	从业人员结构（%）	平均每个建制镇企业个数（个）	平均每个企业从业人员（个）
工　　　　业	45.1	70.9	15.1	59
建　筑　业	4.2	13.4	1.4	119
交 通 运 输 业	7.2	2.1	2.4	11
批零贸易餐饮业	32.8	9.1	10.9	10
其　　　　他	10.8	4.5	3.6	16
合　　　　计	100.0	100.0	33.4	37

资料来源：根据中国统计年鉴计算。

7.2.3 城镇基础设施落后

表 7-3 是根据农业普查资料计算的我国平均每个农村建制镇所拥有的基础设施情况。可以看出，基础设施不足是一个明显的问题。中部和西部地区平均

每个建制镇还不到一个供水站，上、下水系统不畅，不少城镇根本没有下水道系统和污水排放系统，也没有生活垃圾收集处理系统，文化娱乐设施也明显不足。基础设施不足和落后，是制约农村小城镇发展水平升级和镇区居民生活质量改善的一个重要因素。因此，要提高农村小城镇发展水平，必须增加农村小城镇的基础设施供给，改变农村小城镇基础设施落后状况。

表 7-3　我国农村建制镇基础设施状况

基 础 设 施 种　　　类	平　均　每　个　建　制　镇		
	东部地区	中部地区	西部地区
供水站（个）	1.2	0.6	0.9
汽车站（个）	0.6	0.5	0.2
火车站（个）	0.1	0.2	0.2
码头（个）	0.4	0.1	0.1
邮电所（个）	1.1	1.1	1.1
电话装机量（部）	1363.6	474.0	269.9
其中：程控电话（部）	1283.1	442.6	24.4
发电站（个）	0.8	0.4	0.6
公园（个）	0.1	0.1	0.1
本镇公路里程（公里）	43.0	49.1	42.2
用电总量（百万千瓦小时）	15.2	6.2	5.9
文化站（个）	0.9	0.9	0.9
图书馆（个）	0.4	0.2	0.3
影剧院（个）	0.6	0.6	0.6
职业技术学校（个）	0.3	0.3	0.3
体育场馆（个）	0.2	0.1	0.1
广播站（个）	1.0	1.0	1.1
电视差转台（个）	0.5	0.7	0.8

资料来源：根据农业普查资料计算。

7.2.4　城镇管理水平低

目前我国农村小城镇的管理水平普遍较低，主要表现是：小城镇自身的管理制度不健全，管理机制不能适应城镇对周边地区的"极化效应"和"扩散效应"的充分发挥；管理手段落后；尚未形成有效的小城镇管理运行系统。

7.3　优化我国农村小城镇建设的对策选择

针对我国农村小城镇建设中存在的问题，我们认为，优化我国农村小城镇的自身建设应突出以下几个基本点。

7.3.1　搞好城镇的布局和规划

首先要把小城镇建设列入各级政府的国民经济和社会发展总体规划和实施计划。加快小城镇发展，首要条件必须在各级政府制定的国民经济和社会发展的总体规划和实施计划中体现出来。如果没有这一条，加快小城镇发展充其量只能是局部地区的分散行动，不可能取得较为有利而又稳定的外部环境，也不可能在全国范围内长期地有步骤加以推进。城市化进程是世界经济社会发展的共同要求和必然趋势，在各级政府的总体规划中应当具有特别重要的位置。

第一，在全国国民经济和社会发展总体规划中，要明确城市化进程的长远目标及其与国家工业化等各个相关方面的关系，形成城镇体系规划，确定小城镇和大中城市发展的布局、规模和要求，以及推进城市化的主要措施和政策导向。

第二，在5年、10年以至15年的中长期规划设想中提出城镇化进程的阶段性目标，确定阶段性的支持重点，制定相关的政策措施。

第三，根据中长期规划的要求，在每年的年度计划中提出具体的目标、要求和措施，并认真付诸实施。加快小城镇发展必须尊重客观规律，应与各地的经济社会发展水平相适应。

其次，要从宏观战略上高度重视农村小城镇的科学合理布局问题。从理论上讲，在农村发展小城镇、推进农村城镇化的一个重要目的，是要带动周边地区农村的发展。

小城镇在带动农村发展中具有两个方面的作用，第一是极化作用，即把周边农村地区的人力、资金、技术等生产要素吸引到城镇这个位点，实现生产要素的优化配置，提高农村资源的利用程度和生产效率；第二是扩散作用，即城镇把自身的经济能量扩散到周边地区，如用资金积累反哺农业，用技术储备培育农业，用新的观念和生活方式引导农民等。既然小城镇建设不只是为了城镇本身的发展，还要带动周边地区农村的发展，因此，小城镇在位点布局上就要相对均匀，不能过分集中于某一地区。

在目前情况下，东部地区农村小城镇分布要多一些，这是东部地区经济发展的结果，但我们在宏观政策上不能让中西部地区的农村城镇化长期落后下去。道理很简单，只有东部地区的农村城镇化，不能真正实现全国的农村城镇化。当然，小城镇发展的合理布局并不是要限制东部地区小城镇的发展，而是要在宏观上加快中西部地区农村小城镇的发展。东部地区小城镇数量已经达到一定规模，今后的发展重点应是提高质量，提高科技内含；中西部地区则要注重新的城镇增长点的培育，实现小城镇发展在量上的突破。

再次，要搞好农村小城镇的内部规划。不同地区由于自然、经济和人文环境不同，小城镇建设规划一定要因地制宜，突出特色，切勿一刀切、一个模式、一个范本。城镇建设规划还要把长远发展和目前起点结合起来，规划要从当前的起点入手，但又不能囿于现状，要突出发展观点，要着眼于未来的发展，这就要求在城镇的基础设施建设和城镇功能区规划上要有相对高的起点，即使是目前能力还达不到的建设，在规则上也要留下能与未来发展有效结合的"结口"，以尽可能地避免经济发展水平提高后因"旧城改造"而花费的"二次成本"甚至"三次成本"。

7.3.2　优化城镇的产业系统

合理的产业结构，是小城镇健康快速发展的重要条件。针对目前我国农村小城镇中第三产业发展滞后的现状，城镇产业系统建设应该突出两个重点：第一，强化第二产业；第二，加快发展第三产业。

第二产业尤其是工业是小城镇产业系统骨架，工业的发展不仅自身可以创造出新的就业机会，使小城镇的规模不断扩大，而且可以创造出对厂房、住宅、道路修建等建筑业的需求和创造出对金融、保险、电信、餐饮、文化娱乐等第三产业的需求，拉动建筑业和第三产业的发展。因此，在城镇产业系统中，工业居于重要位置，城镇产业系统建设，应该强化工业的发展。

农村小城镇工业的发展应以什么产业为主？不少人认为，小城镇工业应该以农产品加工业为主，即农产品加工业应是农村小城镇工业的主导产业，理由是农村小城镇发展农产品加工业离原料产地近，可以节省诸如运输费用等多种费用，且能与农业形成较强的产业关联，增强小城镇对周边地区农村的带动作用。诚然，农村小城镇发展农产品加工业有不少优势，但也具有不少劣势。如农产品的加工品尤其是精深加工品的消费市场主要在城市，农村小城镇发展农产品加工业，则会远离销地，产品由小城镇运到大中城市会花费较多运输成本，一方面是节约了原料运输费用，另一方面又多支付了产品运输费用，二者相抵，所谓的区位优势不复存在。另外，农产品加工业所需要的冷藏、消毒、卫生、快速周转等条件在农村小城镇并不比在大中城市更优越，尤其是卫生条件，当这些条件在农村小城镇并不具有优势时，农产品加工业就会主要在城市而不是在农村小城镇发展。这也许正是多年来我们一直强调农村工业应以农产品加工业为主，但农产品加工业尤其是食品加工业并未在农村真正发展起来的原因所在。

我们认为，在市场经济条件下，不能从主观上规定农村小城镇应该发展什么工业和不应该发展什么工业。市场经济是不可能划分地域和市场的，不可能把一种产业或一个地区封闭起来，进行独家垄断经营。城市工业也不可能把某种产业让出来，让农村企业先经营，在城市工业与农村工业之间是不可能划出一条产业界限的。城市工业与农村工业的分工是市场竞争的结果，而不是人为规定的结果。所以，限定农村小城镇工业以农产品加工业为主，在市场经济条件下，是难以行通的。

农村小城镇工业的产业选择原则应该是：面向市场，面向与城市工业的协作和配套，面向广大农村的原料产地和人力资源，有条件发展什么产业就发展什么产业，能够发展什么产业就发展什么产业，不应人为地去规定和限制。农村小城镇工业与城市工业的协调发展，应通过农村小城镇工业与城市工业的协作与联合而实现，而不应通过限定农村小城镇工业的发展内容来实现。

7.3.3　采用多元化的投融资政策

小城镇发展进度的快慢，很大程度上取决于基础设施建设的进展如何。根据一些地区的实践和测算，新建小城镇每平方公里基础设施建设投资大体为12 亿元不等。如果每个小城镇以 3 平方公里计算，则需要投资 3 亿～6 亿元。再加上对原有小城镇基础设施的改造，每年用于小城镇基础设施建设所需要的投资将更多。如此巨大的投资数额，单靠国家投入是远远不够的。

为加快小城镇的建设与发展，国家适当投入一些引导性资金是必要的，但是必须充分动员和利用社会力量，通过各种渠道筹集资金，实行多元化的投融资政策，特别是充分发挥民间资金的作用。国家应当采取中央与地方结合、以地方特别是县乡为主的财政性投资政策，对小城镇发展给予必要的支持。政府财政性投资的数额根据财政状况确定。绝大部分资金的来源，运用市场机制，通过社会筹资解决，主要是依靠和运用民间资金，但是不得利用行政手段和强迫命令进行硬性摊派。小城镇建设的勘测、规划及其他前期费用，文化、教育、卫生、园林、绿化等公益基础设施的建设费用，以及农民在镇区建房宅基地费用的补贴，应当由政府负责筹资解决。其他公用益基础设施的建设资金，主要通过土地出让费解决，也可以由企业和个人投资经营，有偿使用，实行谁投资、谁所有、谁受益的原则。对那些投资较大、规模效益要求较高的基础设施，如自来水厂、污水处理系统、垃圾处理系统等，可根据地理位置远近等具体情况，在几个邻近小城镇之间选择适当地点进行合资建设、共同享用，以提高使用效率和经济效益。这在人口稠密、小城镇相距较近的平原地区更有推广价值。相关商业银行要根据农村长远发展要求和信贷原则，把支持小城镇建设作为推动国民经济和社会发展的一项战略措施来对待，在确保本息如期归还的前提下，采用多种灵活方式，较大幅度地增加信贷资金，保证小城镇基础设施的建设和改造。

要通过制度和政策，调动各方面投资小城镇的积极性。按照"谁投资谁受益"的原则，建立多元化的筹资和投资机制，采取以政策投资、公益性市政设施建设专项集资、有偿集资、捐资等多种形式筹措建设资金。政府投资应主要用于引导小城镇的发展方向和引导其他经济主体的投资；政府投资主体可以是小城镇政府和县以上政府，前者主要以其财政节余进行小城镇投资建设，后者则应设立小城镇建设的专项资金，用于重点小城镇的建设；银行信贷应主要用于小城镇基础设施建设，借贷主体可以是镇村集体经济组织，也可以是内资或外资企业；积极发展小城镇房地产业，形成滚动资金，用于小城镇的开发建设。

7.3.4 突出城镇的自身特色

发挥优势，突出特色，是农村小城镇建设中的一个重要问题。目前，我国小城镇建设雷同的多，富有特色的少，要注意扭转这种局面。小城镇的优势和特色应与其自身的条件相一致，大体来讲，农村小城镇具有以下 5 种优势和特色类型：

（1）市场带动型

一般是靠近交通要道，在历史上就曾是传统的商品集散地、集贸中心或新型商品交易中心，借助这一优势，改善市场条件，扩大交易范围，就可以实现以商兴镇，如浙江义乌的小商品市场、山东寿光的蔬菜批发市场等，都是通过市场带动形成的小城镇。

（2）加工带动型

一般是拥有当地的农产、牧产、林产、渔产、矿产等资源优势，或是与城市大工业有着较为密切的联系。利用这些资源优势，或是与城市大工业的联系，发展加工业和贸易，形成专业产销基地，便可实现以工兴镇。

（3）外向带动型

一般是具有地缘优势，毗邻经济中心，地处沿海、沿江或沿边，易于利用外部市场引进资金、原料和技术，进行加工后出口，以出口带动小城镇的形成和发展，如珠江三角洲的小城镇群的形成就充分利用了这一优势。

（4）旅游带动型

一般是具有独特的自然景观、人文历史和文化内涵，利用这一资源优势，发展旅游业，从而带动小城镇的形成和发展。改革开放以来，我国不少小城镇就是利用这种资源优势发展来的。

（5）产业带动型

一般是通过开发一个优势产品，培育出一个产业，发育一个市场，形成一个小城镇，如浙江温州的柳市、安徽阜阳的皮条孙、河北的白沟等，大都是这样形成和发展起来的。

7.3.5 完善城镇的管理机制

要以提高效率为核心，构造和完善农村小城镇的管理机制。根据目前我国农村小城镇的建设状况，农村小城镇管理机制要有利于实现三个"集中"：即工业向园区集中，居住向镇区集中，农地向种田大户或农场集中。20 世纪 90 年代以来，上海郊区的城镇建设，在管理机制上就较好地体现了这三个集中的要求，从而推动了农村城镇化的较快发展。

小城镇的管理机制，还应体现"小政府、大社会"的原则，精干相应的管理机构设置，增强服务意识，提高办事效率，政务民主化、公开化和规范化。关于城镇的管理问题，我们将在最后一章中讨论。

7.3.6 节约使用土地资源

农村小城镇建设要占用耕地，这是不可避免的，但过多地占用耕地，又会对农业生产带来不利影响。因此，必须本着十分节约的原则，规划和使用镇区土地，提高土地利用率，坚决杜绝土地浪费现象。

小城镇一般应在原有小集镇的基础上进行扩建和改建，尽量利用荒地坡地，坚持少占不占耕地。地理位置应当选择在交通方便、水资源丰富的地方，但不宜选在影响洪水通行的河滩地，也不宜选在妨碍交通的干线公路两边。对于已搬迁腾空的旧房，必须进行拆除和复垦，并结合农村道路、农田水利建设进行土地整治，恢复农业用途，务必保持当地耕地总面积的动态平衡。对于小城镇发展占用的土地面积，应根据不同的规模，统一确定相应的标准，按土地管理有关法规报批，批准后方能占用。

今后新建扩建小城镇时必须把重点放在挖掘内涵上。从我国人多地少的基本国情出发，以节约用地为目标进行科学规划、合理布局，适当提高人口的密度和建筑的容积量，根据不同类型地区、不同人口规模和不同功能区建设要求等因素，确定小城镇的占地面积，不能再走单纯扩大外延的路子。今后一个较长时期内（至少到 2010 年），在统一规划和分布建设的前提下，一般建制镇实际占地面积应当控制在 34 平方公里以内，平均每平方公里的人口密度由 2054 人（1996 年年底普查数）增加到 25003000 人。中心镇实际占地面积应当平均控制 46 平方公里以内，平均每平方公里的人口密度达到 30004000 人，在东部和中部人口密集地区的人口密度还可以更大些。有些多层公寓式住房较多的中心镇，平均每平方公里的人口密度甚至可以达到 5000 人以上，目前广东有些小城镇已经达到这个水平。当然，在人口多达数万以上的中心镇（主要是城关镇）在适当增加人口密度的同时，占用土地面积也需要适当增加。但是，未经严格的用地规划审查和符合国家土地管理权限的政府土地管理部门的批准，任何地区的小城镇建设都不得擅自扩大镇区占地面积。

7.3.7　搞好城镇基础设施建设

如前所述，根据第一次农业普查资料，到 1996 年年底，全国建制镇的社区环境基础设施建设仍然相当落后，所涉及的基础设施仅有供水站、汽车站、火车站、码头、邮电所、电话装机量、发电站、公园、本乡镇公路等，而体现现代城市文明和环境整洁的排水系统、污水处理系统和垃圾处理系统等基础设施微乎其微。即使列入普查内容的社区基础设施，其拥有量和建设标准也比较低，以普遍需要的供水站为例，中部和西部平均每个建制镇分别为 0.6 个和 0.9 个，根本满足不了城镇居民生活的需要，东部虽然平均每个建制镇为 1.2 个，但是处于规模效益较低的不经济状态。再以公园为例，不论中部、西部还是东部，平均每个建制镇只有 0.1 个，也就是说 10 个小城镇才拥有 1 个公园。

按照现代小城镇的要求，社区基础设施建设需要从多方面进行考虑和安排，主要内容应当包括：一是道路、交通（海包括码头、车站等）、通信系统，二是供水、供电和燃料供给系统，三是水利、防汛系统，四是排水、污水和垃圾处理系统，五是文化、教育、卫生、体育系统，六是绿化、园林系统。随着经济社会发展水平的逐步提高，小城镇还将根据需要建立某些新的基础设施。

在上述几个基础设施系统比较齐备的情况下，小城镇对二、三产业和农民住户的集中布局才能产生较强的吸引力，小城镇的各项功能才能得到较好的发挥。特别是污水处理等由分散走向集中和其他有规模要求的基础设施，各个建制镇都建立完整的系统是很不经济的，应当在整个县域范围内进行统一规划，提倡若干个邻近的建制镇采用股份制等形式共同投资建设，实行有偿使用，以提高基础设施运行的经济效益和社会效益。对于分布在各个乡镇所辖范围内的中心村，也要有计划地适当建设一些现代基础设施，如自来水、硬化道路、电话、路灯、公共厕所等，以提高村民的生活质量。

小城镇的文化、教育、卫生、体育和福利等方面的基础设施建设，也是不可忽视的。第一次农业普查资料表明，1996 年全国平均每个建制镇拥有：文化站 0.91 个，图书馆 0.27 个，影剧院 0.60 个，小学 4.83 个，中学 1.77 个，职业技术学校 0.29 个，幼儿园、托儿所 1.11 个，敬老院 0.83 个，医院、卫生院 1.41 个，病床 37.44 个，体育场馆 0.14 个，广播站 0.99 个，电视插转台 0.63 个。应当说，这类构成社会发展载体的基础设施建设本来就是相当落后的，随着小城镇人口的增多和规模的扩大，社会发展类基础设施的现状与需求之间的差距还有可能扩大。今后必须相应加快建设步伐，尽早满足镇区和附近村庄居民的文化、教育、卫生、体育和福利方面的需求，促进小城镇和邻近村庄的社会进步。随着小城镇的发展，对原先分散在各个自然村的中小学校有必要进行适当的撤并，尽可能将中小学校迁移归并到小城镇，实在不能迁移归并到小城镇的小学也要建在中心村，中学原则上应集中到小城镇（或者乡政府所在的中心村），以压缩中小学校的数量，精干教师队伍，集中人力物力财力办好小城镇和中心村的中小学校。这不仅有利于提高中小学校的教育质量，而且与压缩财政开支、减轻农民负担有极大关系。

要加强农用道路建设。现在一般农村的大多数人居住在村庄里，随着小城镇发展的发展，若干年后农村中多数人口将迁居到镇区。这样，目前普遍存在的农村非农产业就业人员由居住地村庄前往镇区上班的情况将发生变化，即相当大比重的农民由居住地镇区前往农田作业。由于我国人多地少，小城镇距离农田一般不会太远，绝大多数只有几公里，农民可以利用各种交通工具（包括自行车、摩托车和农用汽车等）前往田间作业，犹如城市职工上下班一样。农民平时可住在小城镇从事非农产业，农忙时到农田从事农业生产活动。何况，随着农业科学种田技术的普及和社会化服务的发展，单位面积的劳动力使用量已经大大减少，一般每亩耕地的全年用工量只有十几个。即使实行两熟制的南方，一般农户全年用于田间作业的劳动日也不过 23 个月。至于不足两熟制的北方，用于田间作业的劳动日数量则更少。这种从居住处到作业点往返次数的大幅度减少，为农民迁居小城镇在客观上提供了可能。从适应农民居住格局变化要求出发，应特别重视和加强农用道路建设，适当提高农用道路的建设标准，确保农用道路畅通无阻，以方便农民从事田间作业和产品运输。

第 8 章 农村城镇化与政府管理

在农村城镇化推进中，政府发挥着重要作用。政府的作用不仅表现在如上所述的协调农村城镇化推进与农业发展、乡镇企业发展、城镇建设和生态环境保护的关系方面，因为这些方面的对策措施绝大都要由政府去操作或由政府推动去实施，而且表现在政府自身的管理行为方面。

8.1 政府在农村城镇化中的作用定位

根据发达国家农村城镇化发展的经验，尽管农村城镇化是一个在市场机制作用下不断发育的过程，但政府通过制度创新和宏观手段推动和调控农村城镇化进程，对于农村城镇化的健康发展是十分必要的。从一般意义上讲，政府在农村城镇化中的作用，主要表现在校正市场机制的缺陷、制定农村城镇化的发展规划、制定推进农村城镇化的法律法规和政策、对农村城镇化进行必要的扶持等方面。

8.1.1 校正市场机制的缺陷

在农村城镇化过程中，市场机制作用的外部性即缺陷主要表现在以下三个方面：

第一，在城镇化的拉动下，城镇的极化作用使农业生产要素，诸如劳动力、资金、土地等，过多地流转到城镇的非农产业，使农业的健康发展受到影响。

日本在农村城镇化过程中，农业劳动力就大量向城镇非农产业流转，从而影响了农业的健康发展。据统计，从 1960 年到 1990 年的 30 年间，日本从农业中流转出去的劳动力多达 1035 万人，占农村劳动力的约 65％，其中大部分是青壮年劳动力。由于大量青壮年劳动力转出，导致农业骨干劳动力减小，农业劳动力年龄老化，无后继者的农户数量日益增加。见表 8-1，农业就业人口中 60 岁以上者所占的比重 1960 年只有17.5％,1970 年增大到 27％，1980 年进一步增大到 35.8％，1990 年夏增加到 53.2％，1960—1990 年的 30 年里，60 岁以上劳动力所占比重增大了 2 倍多，目前日本农业劳动力中已有2/3 以上的劳动力年龄在 60 岁以上；骨干农业劳动力中 65 岁以上者的比重 1960 年也只有 13.8％，1990 年即增加到 43.2％，目前已超过一半，也就是说，日本农业骨干劳动力中超过一半的劳动力年龄超过了 65 岁。根据日本农村水产省的预测，日本农业劳动力的老龄化趋势还会不断持续下去，到 2005 年，农业劳动力中 60 岁以上者所占比重将达到 71.5％，其中山区农业地区将达到73.3％，中间农业地区将达到 74.1％，平原农业地区将达到 67.7％。强壮劳动力的城镇化流转，农业就业者的日益老龄化，给日本农业的健康发展注入了负面因素，粮食自给率大幅降低，导致日本不得不大量进口农产品以满足城镇化对农产品日益增长的需求。

表 8-1　日本农业劳动力的老龄化情况

	1960 年	1970 年	1980 年	1990 年
农家户数（千户）	6057	5402	4661	3835
农家人口（千人）	34411	26595	21366	17296
农业劳动力数（千人）	14542	10252	6973	5653
其中 60 岁以上者所占比重（％）	17.5	27.0	35.8	53.2
骨干农业劳动力数（千人）	11750	7048	4128	3127
其中 65 岁以上者所占比重（％）	13.8	20.3	27.2	48.2

资料来源：根据日本农林水产省资料计算。

另外，除了劳动力的过量流转对农业发展形成影响外，城镇化对土地尤其是耕地的过多、过快占用，也会影响农业发展。总之，城镇化对农业和农村资源的过多占用，会使城镇化与农业发展失去协调。

第二，在城镇化的拉动下，农村地区的人口等发展资源向城镇集中，使农村地区出现了一定程度的凋敝。同样以日本的情况为例，如上所述，由于在农村城镇化过程中农业劳动力和人口的大量非农化转移，许多农村地区出现了"老人村"和"无人村"，日本称之为"废村庄"现象。据调查，1970 年日本农村地区共有村庄 143409 个，1980 年减至 142377 个，1990 年又进一步减少到 140122 个，20 年间农村村庄减少了 3287 个，减少率达2.3％,这种"废村"

现象在日本的边远地区更为严重。伴随着"废村"现象的是耕地的抛荒。日本1990年全国农业普查结果表明，当年抛荒耕地16.6万公顷，已抛荒数年现已沦为荒地的面积达21.7万公顷，两者合计为38.3万公顷，约占日本总耕地面积的7％。耕地的复种指数也明显下降，1960年日本耕地的复种指数为134％，1990年则降至102％，耕地基本上已不再多种[1]。城镇化的结果不是城镇和农村的共同繁荣，而是农村发展滞后，城乡差距扩大，这种现象不是城镇化的理想结果，必须得到纠正。

第三，农村地区的环境污染。如上一章所述，农村城镇化的推进若不注意生存环境保护，则会在农村地区形成环境污染问题。

由于市场机制是一种"趋利"机制，上述的外部性都是在"趋利"机制的作用下形成的，因此，市场机制本身无法纠正这些外部性。政府在农村城镇化中的一个重要责任就是通过制度的、法律的和政策的约束，纠正农村城镇化所形成的各种外部性。

8.1.2　制定城镇化发展的法律并监督法律的执行

依法推进农村城镇化，是政府在农村城镇化中发挥作用的一种基本做法。以美国为例，为了推动农村城镇化的健康发展，1968年美国就制定了《新城镇开发法》，用法律规定了新城镇开发建设的一系列原则和标准等；1970年又制定了《1970年城市发展与新镇开发法》，提出了一份自1947年以来兴建的一系列新镇名单，确定了新镇的含义是"在新城镇化地区组织的一个社会，它是一个比较独立的单位，为居民提供各种活动设施，并具有足够的规模，使之能够就地得到工作。"在这些法律的推动下，美国政府加强了对小城镇发展的政策引导和信贷保障，实施了"示范城镇"的实验计划，建设了几千个人口在2万到5万之间、设备完善、环境优美、交通发达、居住便利的小城镇，这些新的小城镇遍布全国50个州。

所以，制定城镇化发展的法律并监督法律的执行，促进城镇化过程能够按照法律规定要求和方向进行，是政府在农村城镇化中的一项基本职能。

8.1.3　在政策上扶持农村小城镇的发展

政府出台扶持农村城镇化发展政策的主要考虑是，发展农村小城镇、促进农村城镇化，是缩小城乡差别、实现城乡经济社会一体化的重要途径。所以，扶持农村城镇化就是农民和农村经济，就是统筹城乡经济社会发展，就是促进城乡差别的缩小和城乡经济社会的一体化。扶持政策主要包括：为农民进入城镇就业和生活创造良好环境；把固定进入城镇工作、居住和生活的农民纳入城镇居民社会保障体系；对在农村小城镇落户的企业给予减免税收的优惠，吸引企业向小城镇迁移和集中；用各种手段限制小城镇的房地产价格，使其维护在一个合理的水平；注重环境保护工作和基础生活设施的建设，使小城镇上的居民生活得十分方便；加强治安管理，使人们在小城镇上的生活和工作富有安全感；注重对小城镇教育设施的建设。实践证明，必要的扶持政策，对推动农村城镇化的健康快速发展是非常重要的。

8.2　政府推进农村城镇化的作用方式

先行农村城镇化国家的经验表明，政府在农村城镇化推进中的作用方式基本有两种：一种是直接作用方式，另一种是间接作用方式。

韩国是直接作用的典型。如前所述，在韩国农村城镇化过程中，政府发挥了举足轻重的作用。韩国政府对农村城镇化的推动主要是通过开发"新村运动"实现的。韩国的新村运动从 1970 年开始发起，政府试图通过开展新村运动带动和促进农村地区的经济发展。政府设计并实施了一系列的开发项目，以政府行为直接推动农村地区的新村运动。政府各个部门相互协作，密切配合，事先制定周密的计划和目标，事后进行评定总结，建立严格的目标管理制度、岗位责任制和奖惩制度，从而为新村运动的开展提供了基本保证。另外，政府还在投资上做出倾斜，为新村运动提供了较为充分的资金。例如，在 1971—1978 年的财政预算中，农村地区的开发项目费用就增加了 7.8 倍，中央和地方财政投资合计增加了 82 倍。为了推进新村运动，政府无偿向农民提供水泥、钢筋等生产资料，建立农民和农民骨干的教育培训制度，制定了促进农协尤其是农协金融业发展的有关政策，为新村运动的开展提供了政策上的保证。重视农村地区的基础生活设施建设，也是韩国政府直接推动农村城镇化的一个基本表现，如政府通过财政手段，帮助农民安装电灯、自来水、在农村修路架桥、建立公共澡堂和洗衣房等。在政府的直接参与和推动下，韩国的新村运动经历了基础建设、扩展、充实与提高、国民运动，自我发展等 5 个阶段，取得了显著成绩，全韩农村已经村村通电和通汽车，农村居民户户有自来水，进入20世纪90年代后，彩电在农村的普及率已达到123.6%，电冰箱的普及率为105%，煤气炉为100.4%，电话为99.9%，汽车为20.9%，电脑为6.7%，城乡差别显著缩小，城乡融为一体，城乡经济和社会实现了一体化发展。

美国是间接作用的代表。如前所述，在推进农村城镇化的过程中，美国政府主要通过政策和法律，引导或干预经济主体的行为，使经济主体在市场机制和政府调控的双重作用下，不断推进和完成农村城镇化过程。

8.3 强化政府对农村城镇化管理的对策选择

根据我国的具体国情，借鉴国际经验，我们认为，应该强化政府对农村城镇化的宏观管理，对策选择应突现以下几个方面。

8.3.1 直接作用与间接作用相结合

由于我国的市场机制尤其是农村地区的市场机制尚未发展健全，依靠间接方式来实现政府对农村城镇化推进的作用尚不具备基础。因此，政策对农村城镇化的宏观管理在近期内应以直接作用为主，即政府根据国民经济和社会发展的总体要求，直接制定农村城镇化的发展目标和规划；政府直接参与农村城镇化基础设施的投资和建设工作；借鉴韩国"新村运动"的成功经验，在广大的农村地区启动"新村运动"等。从长期发展看，农村城镇化的推进不能离开市场机制的作用。因此，政府在采用直接方式管理农村城镇化的同时，还应注重培育市场机制，发育和完善市场，为今后政府对农村城镇化的推进进行间接管理培养基础。

8.3.2 优化农村城镇化的制度和政策环境

在目前情况下，优化制度和政策环境，对推动我国农村城镇化的健康快速发展是十分重要的。

首先是要改革户籍制度。改革的核心是取消以划分身份和限制流转为特征的户籍管理模式,逐步以身份证管理制度取代现行的户籍制度,以居住地划分城镇人口和农村人口,以职业划分农业人口和非农业人口。通过户籍制度创新,降低农民到城镇落户的条件,农民取得城镇户口后,在劳动就业、子女就学、福利补贴、社会保障等各个方面与原有的城镇居民一视同仁。为了打消农民的后顾之忧,已经城镇化了的农民的土地承包使用权在一定时间内可暂不收回,待他们的就业和收入都相对稳定后再做妥善处理。

其次是要建立社会保障制度。农村城镇化的顺利推进,离不开健全的社会保障制度。应将小城镇的社会保障制度纳入整个社会保障制度体系进行通盘考虑,逐步在农村小城镇建立结构多层次、资金来源多渠道、费用基金化、管理服务社会化的社会保障体系,建立适用于多种经济成分中各类劳动者的制度统一、标准统一、管理统一、基金统一调剂使用的一体化的社会保障制度。从内容上讲,农村小城镇的社会保障制度包括养老保险、失业保险和医疗保险三个基本方面,其中养老保险实行国家基本保险、企业补充保险和个人储蓄保险相结合的体制,并建立个人账户;失业保险按照以支定收、留有储备的原则,统一标准,实行社会统筹;医疗保险以社会统筹医疗基金与个人医疗账户相结合,并覆盖城镇所有劳动者。根据小城镇发展的进程,应当适时考虑和酝酿建立小城镇的社会保障制度。对已经在小城镇落户、有稳定住所和工作岗位的农民,根据国家的统一要求和各地的实际情况,在养老、医疗、失业等方面逐步建立必要的社会保障制度,以增强小城镇的凝聚力,保证小城镇居民的基本生活质量。小城镇的社会保障制度,由于起步晚于大中城市,要努力避免超出经济承受能力的现象发生,以财政支撑的社会保障只能控制在政府财力所能承受的限度之内,应当大力提倡自我保障和商业保险。

再次要实施有利于农民向小城镇转移的承包地管理政策。对进入小城镇务工经商并转为城镇户口的农民,允许在一定时期内保留原有的承包地。这是免除进镇居民后顾之忧的一项重要政策。因为小城镇发展和完善需要有一个相当长的过程,在这个过程中社会保障制度还难以很快建立起来,进镇农民从事非农业产业尚有一定的不稳定性,原先的承包地则是这部分居民的重要社会保障。一旦失去非农业产业的就业机会,这部分居民可以转而从事农业,减少政府的社会负担。同时还要看到,有些农民虽然举家迁居小城镇,但是并非所有劳动力都从事非农产业,一家人中实行有工有农的就业方式仍将占据相当部分,农业仍然是这些家庭的重要收入来源之一,这部分家庭不愿意放弃承包地是自然的，在政策上应当允许。即使全家劳动力都转入非农产业的，也允许他们将土地使用权转包给他人，但是绝对不允许撂荒，否则将由作为土地发包方的集体经济组织收回承包地。对于主动要求放弃承包地的农民，要讲清政策，以免出现反复。

另外，还要实施有利于农民在小城镇建房购房的房地产政策。这是扩大小城镇规模、吸引更多农民进城、加快小城镇发展的必要条件。应当大力发展小城镇商品房建设，并允许农民按照统一的规划和要求自建住房，建房资金由农民自己筹集。在东部、中部耕地资源特别紧缺和西部有条件的地区，在小城镇要尽量减少和避免建筑单家独户、占地面积较多的平房和别墅式住房，大力提倡建筑质量可靠、经济实用、面积较宽裕的多层公寓式商品楼房，为进入小城镇的农民购买住房提供充足房源，并节约建房用地，降低建房成本。随着计划生育、优生优育政策的进一步落实，农村尤其是小城镇的人口自然增长率还会继续下降，平均每个家庭的人口数量将会减少，在今后相当一个时期内大体上平均每个家庭的人口数量保持在 3.5 人左右，小城镇商品住房应参照这样的家庭人口规模和提高生活质量的要求进行设计。需要指出，居民资金购房建房仅靠自有是不够的，应将购房建房的信贷政策推向小城镇，通过抵押和分期还款付息等方式，支持进入小城镇的农民申请贷款购房建房。同时，根据保持耕地总量动态平衡的要求，还可以考虑宅基地问题上取相应的配套政策，确保小城镇住房建设用地控制在合理范围内。具体包括：

（1）全家进入小城镇、转为城镇人口、已有自己住房的农民，限期拆除原先在村庄的住房，由集体收回宅基地进行复垦。

（2）实行宅基地"以旧换新"，对退出原先宅基地的农户，在小城镇建新房所需宅基地的收费应予适当减免，或者在购买商品房时给予适当优惠。

（3）将宅基地指标集中使用，新建住房尽可能安排在小城镇的居民小区内，减少和避免分散建房。

（4）支持少数有条件的村庄整体搬迁到小城镇，在购房建房用地上实行相应优惠，将原有村庄用地进行复垦和整理。

总之，在控制住房用地上也必须严格把关，不能有丝毫放松。否则，不仅会影响耕地总量动态平衡的实现，而且会影响农村落后面貌的改变。

8.3.3　优化小城镇行政管理体制

建立一个精干高效的小城镇行政机构，是政府在推进农村城镇化方面的一个重要职责。目前我国农村小城镇行政机构臃肿，人员严重超编，使有限的财力都成了"人头费"，根本无力搞城镇建设。因此，在推进农村城镇化的过程中，小城镇的行政管理体制必须改革，应本着"小机构、大服务"和市场化的原则，大力精减小城镇的办事机构和人员，实行聘任制和任期目标考核制，并把小城镇的行政机构严格置于广大群众的监督之下，通过提高效率和优化服务，充分发挥小城镇的行政机构在建设小城镇和推进农村城镇化中的作用。

首先要建立有利于增强小城镇自我发展能力的镇级财政管理制度。经济实力尤其财政力量，是小城镇自我积累、自我发展的基础。目前，大多数小城镇的财政收入在扣除日常开支和农业支出后，所剩不多，根本不能适应自我发展的要求。可以说，这是目前许多小城镇虽然已经初步建立起来但是发展较慢的一个重要原因。因此，要重视农村小城镇财政收入增长活力的培育，扩大小城镇财源，使小城镇自我积累、自我发展的能力有所增强，为进行公益性基础设施建设提供可靠的财力保障。

其次要建立有利于小城镇全面发展的职能管理制度。小城镇的正常运转和发展壮大，需要有健全有力的管理工作。小城镇的管理工作要有新的思路，要按照社会主义市场经济体制的要求，建立职能明确、结构合理、精干高效的政府机构和管理机制。一是机构必须做到精兵简政。要按照精简、效能原则合理设置机构和人员，政府机构工作人员配备必须压缩到最低限度，而且不能再设置编外人员，这既有利于提高工作效率，也有利于减轻财政负担。二是政府管理工作必须转变职能。政府要依法行政，规范管理，改善企业经营环境。对于原有的镇办集体企业，同样要按照实行政企分开的原则，尽可能利用市场机制，从直接管理和经营企业转变资产管理。政府对基础设施的经营管理也要逐步脱钩，转变为在基础设施经营者和城镇居民之间协调设施使用收费标准，监督基础设施经营者的服务质量。三是集中力量进行公共行政管理。小城镇政府不包揽过多的经济社会事务，属于中介服务组织职责范围内的事务则由中介服务组织承担，政府重点抓好城镇规划编制及监督实施、公益性基础设施建设、环境保护、计划生育、社会治安和精神文明建设等项政府职能管理工作，其中对公益性基础设施建设和环境保护等也要尽量利用市场机制，为小城镇的可持续发展创造有利条件。

总之，政府作用的有效发挥，是推动农村城镇化健康顺利发展的重要条件和力量。要加强和充分发挥政府的宏观管理作用，推动我国农村城镇化的健康发展，推动我国农村城镇化水平的不断提高。

注释：

[1] 日本农林水产白皮书。